U0535118

[英]布莱恩·格里瑟姆 著 杨惠 译

后浪

如何成为更聪明的人

SMART THINKING

江西人民出版社
Jiangxi People's Publishing House
全国百佳出版社

改造思考的路径，开发直觉背后的创造力，让大脑不走寻常路

目　录

致　谢 7
成为更聪明的人 9

前　言 1

第 1 章　我们真的擅长思考吗 13
　　为什么我们不擅长思考 17
　　受制于直觉 18
　　并非所有直觉都不可靠 20
　　怎样识别不可靠直觉 23

第 2 章　什么是敏捷思维 35
　　何为思考 38
　　什么是敏捷思维 42
　　如何成为敏捷思维者 53

第一阶段　概念思考 59

第 3 章　什么是概念思考 61
　　学会质疑 63

摆脱以往的思考模式　64

我们应该如何做　64

分析问题的类型　65

什么是概念思考　72

测试题　77

第 4 章　如何创建概念　81

什么是概念　83

创建概念有助于我们思考　84

如何创建概念　87

实用四步骤　94

测试题　97

遐想与顿悟　100

第 5 章　如何分析概念　103

对我们有什么影响　106

什么是分析概念　108

开放概念和封闭概念　110

分析概念的三步技巧　112

测试题　123

第 6 章　如何整合概念想法　125

整合的四个类型　128

管理概念和想法的三原则　131

实用操作步骤　132

实际应用案例　142

测试题　144

第 7 章　用概念思考提升自我　147

　　学术研究　150

　　如何寻找有趣的研究课题　155

　　组织和结构　157

　　自己的想法、流畅的笔力以及更具说服力的表述　157

　　专业能力　158

　　测试题　161

第二阶段　创新思考　163

第 8 章　创新思考应具备的十大特征　167

　　善于清空大脑　170

　　乐于构思解决方法，而不是纯粹地寻找　172

　　能够简单地思考　174

　　善于发现问题　176

　　乐于寻找原因、结果和可能的解决方法　178

　　愿意接受新想法　180

　　乐于质疑自己的判断　181

　　坚定而机智　182

　　敢于不同　184

　　乐　观　186

第 9 章　如何形成自己的想法　189

　　摆脱桎梏　193

　　结构化的提问法　194

　　提问的力量　195

常规问题　197
　　列出导入问题　198
　　从不同层面探索不同视角　202
　　强大的想法制造器　208
　　测试题　209

第 10 章　如何组织想法　211
　　主导思想　215
　　如何组织想法　215
　　揭示并调整因果关系模式　218
　　技能实践　227
　　测试题　229

第 11 章　运用类比法解决问题　233
　　类比法　236
　　类比的作用　238
　　找出类比　241
　　找出不可靠类比　245

第 12 章　调整想法结构来解决问题　253
　　非对称性　256
　　调整结构　257
　　测试题　273

第 13 章　如何利用创新思考　277
　　学术工作　279
　　找出原创问题　282

潜在研究项目　284

就业能力　285

特　质　287

技　巧　287

第三阶段　做出决定　295

第 14 章　如何成为优秀的决策者　299

什么是做决定　301

不同类型的决策者　303

如何成为优秀的决策者　307

如何做出好决定　312

测试题：决策分析测试　316

第 15 章　如何评估解决方法　321

实际效果：成本收益分析　324

预测他人的反应和决定　325

参照点　336

我们必须考虑的因素　339

第 16 章　在不确定的情况下做决定　341

理解不确定性　344

低估和高估　345

如何在不确定中做出决定　348

表现方式　359

有些沟通方式更容易导致问题　360

第17章 如何做出好决定 365

创造一种演算法　367

表格分析　373

操作步骤　374

捉对比较分析　376

反思决定　380

第18章 如何运用做决定的技巧提升自己 381

学术研究中的决定　384

用做决策的技巧提升学术能力　385

陈述理由非常重要　392

用决策技巧提升就业能力　392

测试题　395

总　结　396

致　谢

教人思考很难。相对地，传授知识和理解方法通常则要容易得多。因此，除了少数勇敢的天才，很少有人愿意教人思考。我非常感谢那些支持我的人，他们的支持真的令我十分感激。毕竟，当主流为传授学生思考的内容时，我却在赞美教会学生思考方式的重要性。

同时，我也很感谢那些让我畅所欲言的朋友。在这里特别要感谢马雷克·杰泽维斯基（Marek Jezewski）和菲利普·霍尔（Philip Hall）。他们给了我许多建议和支持，从他们的专业经验中我获益良多。同样，我也要感谢我的学生们，那些英国、欧洲大陆、澳大利亚和美国的学生，他们一直乐于与我共同工作，在学习事实、解释和理论之余，也在探索自己的思考方式。

我还要感谢那些致力于揭示大脑复杂机制的人，正是他们让我们知道大脑可以把新颖的原创观点转化为约定俗成的想法，赋予它可预见性。其中最有名的人物是丹尼尔·卡尼曼（Daniel Kahneman）和阿莫斯·特沃斯基

（Amos Tversky），他们的研究从根本上重塑了我们的理解。阅读卡尼曼的《思考，快与慢》（*Thinking, Fast and Slow*）时，我的许多想法都发生了翻天覆地的变化。

同样，我要感谢纳西姆·塔勒布（Nassim Taleb），其著作《黑天鹅》（*The Black Swan*）尖锐地抨击了我们对不确定性的错误态度。在这个领域，我还要感谢葛德·吉格仁泽（Gerd Gigerenzer），他的《预算风险：学会与不确定性共处》（*Reckoning with Risk: Learning to Live with Uncertainty*）一书，让一个不易理解的问题变得清楚明白。

我特别要感谢我的编辑海伦·堪斯（Helen Caunce）。她对我兼具信心和耐心，同时，她很专业，拥有无可挑剔的判断力。我还要谢谢克拉丽莎·萨瑟兰（Clarissa Sutherland），她耐心地处理我带来的问题，并给予我理解。谢谢我的审稿人，他们都很友善，给了我许多鼓励。他们良好的判断和见解精辟的评论使这本书得到了改进。要不是他们，凭我一己之力真的很难做到这一点。

最后，我还要感谢我的妻子帕特丽夏·罗（Patricia Rowe），是她在困难时一直陪伴着我。和以前一样，在我心慌意乱、乱了分寸时，她总是静静地陪在我身边。

成为更聪明的人

超越批判性思维

每个人对"批判性思维"都有自己的认识。事实上，我们许多人都学习过它。那么，它和敏捷思维有什么区别呢？批判性思维是我们思想的审核员。它教会我们批判地评估自己的观点以及我们读到和听到的内容，看它们是否具有一致性：它们的结论基于支持它们的假设，我们的思考也不受不明假设的控制。我们学习找出观点中隐藏的价值观，识别观点中的逻辑错误。

我们还要学习评估那些支持观点的证据：它们可靠吗？它们重要吗？它们足以支持观点的结论吗？同样，我们也要学习评估那用来阐述观点的语言，看它是否能够精确、清楚且一致地传递想法。模糊不清的语言会掩盖观点的内涵吗？我们是否因为词语意义的变化而接受了错误的结论？作品在字里行间挑逗我们的情绪，理性因此被摒弃，这是作者控制我们思考的手段，在这个时候，我们必须学会识别。

批判性思维涵盖了形式逻辑、社会理论到时事等各种活动，虽然我们很难完整清楚地定义批判性思维，但它的重点都在"批判性"这个词上。它的目标是为我们提供工具,让我们养成评估观点的习惯而不是盲目地接受它。只有这样,我们才能决定是应该修正观点,保留观点的某个部分,还是应该完全摒弃它。

批判性思维有一些与敏捷思维重叠的地方。两者都鼓励我们进行自我反思,鼓励我们学会监控自己的思考。它们都借助能力去分析问题和观点,以找出需要我们处理的问题。另外,它们都强调"唱反调"的重要性,因为只有这样,我们才会去思考那些原本不会考虑的想法和假设。

创造新想法

但是,两者也存在着重要的差异:批判性思维不会创造新想法。在进行批判性思维时,我们要做的是找出所获信息的弱点,评估其可靠性,决定它可修正还是需要全盘摒弃。相反,敏捷思维关乎创造新想法,创造新概念,为问题设计解决办法,得出新观点,评估风险,并做出你自己的决定。

如果你想成为下一个马克·扎克伯格、史蒂夫·乔布斯或比尔·盖茨,如果你想知道这些人是怎样想出好点子、创造革新性概念和想法,改变这个世界的,那么你就需要学着成为一名敏捷思维者。那时候,这些想法就会变得简单。利用网站与朋友交流、拍卖、上传视频太简单不过了,你奇怪自己为何就是想不出来。你问自己,我为什么想不出好点子呢?你当然能想出来,但前提是你必须学会成为一名敏捷思维者。

在这本书中,你将学到敏捷思维的三个阶段:概念思考、创新思考和做出决定。这是一种循序渐进的思考方法,每一阶段都以前一阶段为基础。在第 1 章里,我们会学到成为敏捷思维者必须克服的问题。第 2 章,我们将学到什么是敏捷思维,怎样利用它来提高和改善就业能力。我们还会教你怎样处理企业招聘时使用的测试题。

概念思考

在接下来的 5 章中，我们会学到概念思考：

第 3 章，我们会揭开概念思考的神秘面纱。你会看到它为思考注入的创造力，以及怎样把它用于自己的思考之中。

如果你想知道怎样创造出可以改变思考的新概念，创造出新产品，想出新的服务方式以及推销产品的新方法，请阅读第 4 章。

如果你想了解不知不觉中控制思考的想法，并用新鲜有趣的方式重新组合它们，请阅读第 5 章。在这一章中，你还会学到怎样分析概念，看到包含在每个概念中的想法。

如果你想推动自己思考中的最大突破，生成让自己都感到惊讶的原创观点，请阅读第 6 章。

在第 7 章中，你将学到怎样利用概念思考提高文章质量，提高就业技巧。此外，你还将看到，只要掌握了概念思考的方法和技巧，完成测试题就会变成一件简单的事情。

创新思考

在接下来的 6 章中，你将学到释放创新潜能的技巧：

在第 8 章中，你将学到敏捷思维者身上都具有的重要特点以及自身具备这些特点的程度。

如果你希望能够持续地创造许多独特想法，请阅读第 9 章。

在第 10 章中，你将学到怎样摆脱传统想法的桎梏。你还会学到怎样组织自己的想法，用不同的方式呈现它们，揭示新的观点和意料之外的意义。

在第 11 章中，你将学到创意人士为什么总能找出意料之外的解决方案；他们是怎样运用类比法改变思考方式，并用新方式诠释思考结构的。

你希望自己有能力解决棘手的问题吗？那么请阅读第 12 章。你会学到 4 种策略，它们将帮助你为难题设计出深刻又令人吃惊的解决方案。

在第 13 章中，你会学到怎样利用这些方法来写文章，为其注入原创观点；你会知道世界各地的雇主多么渴望雇用掌握了这些技巧的毕业生以及创造思考技巧在应对三类常见测试题中的重要性。

做出决定

在最后 5 个章节中，你将学到如何评估原创想法和解决办法，做出真正属于自己的决定：

在第 14 章中，你将学到什么是好的决策者和决定。你还会学到怎样处理用来检测这些技巧的常见测试题。

如果你觉得选择和做决定是件难事，那么请阅读第 15 章。它将教你怎样摆脱干扰决定的直觉偏见。

理解怎样在不确定的条件下做出决定是我们面临的一大紧迫挑战，但我们大多数人却没有学过风险评估和做出最佳选择的方法。在第 16 章中，你将学到怎样基于精确的风险评估做出最佳决定。

我们都觉得在不同的事物之间进行选择是件难事，所以我们只好求助于直觉和印象来判断。在第 17 章中，你将学到怎样避免直觉和印象干扰，做出合理而客观的决定。

最后，在第 18 章中，你将知道通过形成自己的想法做出决定的重要性。

你将看到它为文章带来的说服力。你还会看到决策技巧对企业和职场的重要性。

学会成为更聪明的人

在读本书时，你一定会想，如果掌握了敏捷思维的技巧，我们到底能够产生多少突破性想法。本书会告诉你，只要掌握了这些技巧，你就能够打开一片新视野，找到别人看不到的新方法。当别人还在为诸多不确定因素焦头烂额的时候，你已经学会了怎样用以前不曾想过的方法解决问题，做出正确的决定。

前　言

　　训练有素的音乐家可以即兴演奏不曾见过的乐曲。他们可以结合不同的曲调和乐句创作自己的乐章。这并不需要音乐天赋，只要这个人受过训练，就能运用自己的音乐能力。事实上，我们许多人都具备这样的能力，但是我们没有接受过这样的训练，没能掌握此类技巧，因此我们的潜力没有被挖掘出来。

　　思考能力也是如此！提出创见的人并非天才，普通人也可以做到，因为每个人都具备这样的能力，只是还没有学过运用此类能力的技巧。一位钢琴家可以识谱，把音符转化成手指的律动，在键盘上舞蹈。同样，一名思考者，我们也可以学会分析概念，得出自己的创见，并把这些想法结合起来，揭示新观点，做出自己的决定。这就是本书要做的事。首先，你要知道自己具有无尽潜力，而本书要做的就是将它们释放出来。

问　题

　　现实却是残酷的。虽然我们了解许多教育知识，虽然我们的教育质量还

SMART THINKING
如何成为更聪明的人

不错，我们也在教育上花费了大量钱财，但就许多学生而言，他们的潜力并没能被开发出来。究其原因，源于大学的主要职责——吸引某一领域的专家，为他们提供最好的设施，并保证他们有时间进行研究。

大学的职责当然也包括教育学生。但是，作为大学教师，他们只是某一领域的专家，他们掌握了许多知识，于是老师和学生都倾向于把老师这一角色诠释为传递知识的工具。为了在考试中取得合格的分数，学生们必须在这个过程中显示自己能够理解和回忆这些知识，因此**老师教给学生的多为思考的内容而不是思考的方式**。

可以看到，这种教学方式开发的只是低级认知技能——理解和记忆能力，它对发展高级认知技能并没有帮助。相反，我们分析概念和想法，创造新想法，把它们整合起来形成认识问题的新思路，解决疑难问题，批判地评价观点，得出自己的判断，做出自己的决定——一言以蔽之，独立思考——靠的都是高级认知技能。

1966 年，英国医学总会就意识到了这个问题。它指责医学教育加剧了学习的被动性，充斥着死记硬背，阻碍了诸如综合、评估和问题解决等高级认知能力的发展。

这种以权威为导向的教育方式认为，老师知道所有问题的答案，他们的职责是将答案传递给学生；每个问题的最佳答案都是唯一的，只要运用已知的技巧和传统的逻辑就能找到它；学生只需要学习这些技巧和逻辑并重复使用它们就行了。最糟糕的是，这意味着学生所学的技巧仅仅只是死记陈规，他们不能发展自己的想法，去独立思考，创造新视角，找到解决问题的新方法。因此，老师整日忙碌，**造就的却只是大众观点的精确回收者**。

前　言

反对陈规

值得庆幸的是，世界各地的学生已经开始站起来反抗这种狭隘的教育方式了。2011年11月，70多名哈佛大学经济学学生抗议老师们对传授的教条奉若神明。他们认为，这些经济学教条是引发经济危机的罪魁祸首，而且没有老师根据这些教条预测到经济灾难的出现。

来自全球19个国家、42所大学的经济学协会共同签署了一份反对声明。在反对声明上，学生们不仅指责课程设计范围狭窄——其中竟不包括与经济决定相关的社会学和伦理学内容，还抱怨了他们所接受的教学。

声明的一位作者在评论这一问题时说道："每次参加考试，我都不得不把自己变成一个只会照本宣科的机器人。"

> **举例**
>
> 曼彻斯特大学的学生抱怨说，他们所受的教育就是消化经济学理论，考试也只是生搬硬套，根本不会针对证实这些理论的假设提问：
>
> 教学内容不是讨论观点，而是抄写黑板上的练习题。试卷上48个模块中有18个是选择题，分数占了总分的50%以上。

一旦我们认为某事为确定的，是一个事实，所有备选方案的讨论和分析就会结束，创造思考也不能再进行下去。再没有什么需要讨论，因此我们也便无从发展自己的思考技巧了。保罗·蒂利希（Paul Tillich）说过："一旦绝对权威发声，我们对真理的热情就会归于沉寂。"

显然，某些能力不经运用就得不到发展。要练反手击球，必须拿起网球拍不停地反手击打；要提高自己的辩论技巧，你就不得不滔滔不绝地一论再论。

> **问题**
>
> 这就是问题之所在：只有当你暂时抛开自己的判断，假设已有的解释并不确定，还有许多可能性存在时，你才可能发展自己的高级认知能力。

不确定因素的挑战

我们不愿意暂时放下自己的判断，发展自己的思考技巧，很大程度上是因为它将老师和学生都暴露在最富挑战的问题面前——不确定因素：这是我们都十分害怕并极力想避免的情况。

几个世纪以来，数学家们一直相信自己生活在一个绝对确定的世界之中。持同样信念的当然还有牧师、神学家和芸芸众生。直到今天，我们仍然相信确定性一定存在，我们仍在躲避着不确定因素。我们信奉种种权威，书店里的书架也被承诺永久信仰的书籍压得摇摇欲坠。

然而，除了数学和逻辑学这样的形式学科之外，任何学科和职业都不能避开不确定因素：实证在这里已经派不上用场。事实与我们的信念之间总存在着证据缺口。为了填补这一缺口，我们不得不给出自己的价值判断。亚瑟·库斯勒（Arthur Koestler）就曾意味深长地说："终极真相总是更接近于谎言。"

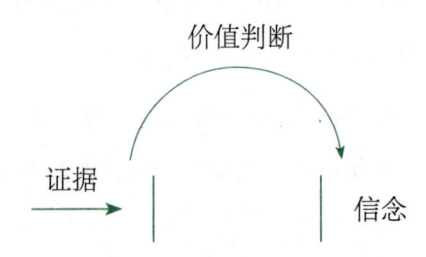

证据 → ⌒价值判断⌒ → 信念

前　言

如果我们回避独立思考的义务，拒绝接受不确定性的挑战，就是允许别人代替自己做出判断。在这个过程中，我们便无法体验生命中最令人激动的过程。抛弃确定的幻象，勇敢地抓住机会，接受挑战，我们要自己去探索这个世界令人叹为观止的复杂性。

事实上，理解怎样在信息不完备的情况下做出决定是我们所面对的迫切挑战。当提到哲学可以为研究它的人做点什么时，伯特兰·罗素（Bertrand Russell）说过，"教会他们如何在不确定因素中生活而不感到迟疑和不知所措"，这正是我们作为老师应该为学生做的。

就业能力技巧

更糟糕的是，对于那些即将步入职场的毕业生来说，教育在这方面的缺失引发了严重的后果。**世界各地的大学都告诉学生确定性的存在，但是毕业后他们却发现自己身处一个充满不确定因素的世界**。因此，在这个难以理解、难以预测、意外和错误时有发生的世界中，他们缺乏有效思考的技巧。学生学到的是习惯，是正统的参照框架，他们用过去诠释现在：没有什么是新的，没有不确定性这回事。

因此，当看到学生择业艰难，而雇主们找不到掌握恰当技巧的员工时，我们也就不必大惊小怪了。

当然，存在这一问题的并不只有英国。世界各国的公司都面临着同样的问题。学生在大学里学到的是低级认知技巧，因此他们不能进行创新思考，不能解决问题，不能做出决定。2012年联合国教科文组织（UNESCO）在其背景文件"技能缺口报告"（Report on Skill Gaps）中回顾了一项对发达国家和发展中国家120名雇主的调查。报告发现，大多数雇主都认为毕业生

SMART THINKING
如何成为更聪明的人

们"未达到最低雇用要求",这对世界经济的发展造成了严重的影响:

> 由于人口老龄化问题,技能短缺对发达国家的影响最为严重。14~25岁的年轻人是弥补技术缺口的重中之重,他们大多数人生活在发展中国家,但按照国际标准,其中只有10%~20%的大学毕业生达到了雇用标准。教育系统长期无法满足劳工市场的需求已成为一个全球性问题。

以印度为例,世界银行在其工作文件"印度应届工程毕业生的就业技能"(Employ ability and Skill Set of Newly Graduated Engineers in India)中就正好报道了这一问题。用工单位对毕业生们普遍不满,最突出的情况如下所述:

> 高级思考技巧尤为欠缺。有人建议教育机构应该重新把教育集中在评估方面和教学过程中,减少诸如记忆和理解这样的低级思考技巧课程,加大分析、解决工程问题以及提高创造力等高级技巧课程的力度。

同样,万宝盛华集团(Manpower Group)在"2012年人才短缺调查"中研究了41个国家和地区超过38,000名雇主后发现,"全球相当大一部分雇主都表示找不到掌握有效技能的人才,这种情况拖了企业的后腿"。报告写道:

> 许多雇主都认为人才短缺已成为企业达成目标的障碍,这一点是对现行逻辑的公然挑衅,特别是考虑到许多人仍处于失业状态——尤其是一些年轻人。

前　言

> **举例**
>
> 2011年，英国工商业联合会的"教育和技能调查"发现，公司存在着严重的技能短缺情况，它们很难找到合适的员工。虽然成绩不错的大学生求职者多如牛毛，但他们都不具备公司所需要的思考技巧。
>
> 英国特许人事和发展协会（CIPD）也发现了同样的问题。两大机构都强调创造技巧的重要性。CIPD的调查表明，这些"高级创造技巧是我们在未来具有竞争力的关键"。

重要就业技巧

那么，就业技巧有哪些呢？雇主们为什么如此看重它们？下面列出了其中最重要的10项：

- **沟通技巧**：口头沟通技巧和书面沟通技巧，能够清楚准确地表达自己的想法。
- **数字推理**：能够进行简单的算术演算，能够解释和使用数据。
- **逻辑推理**：能够连贯一致地推理。
- **概念思考**：能够分析概念和观点，能够把想法整合为概念，创造新概念。
- **团队合作**：能够有效地与他人协作。
- **计划和组织**：能够分析任务，制定有效计划，并付诸实施。
- **创新思考和解决问题**：能够分析问题，收集信息，创造性地使用信息。
- **领导力**：能够组建高效的团队，激发成员的斗志。

・**灵活性**：能够根据实际情况转换思想，改变工作方式；不受想法局限。

・**主动性、自我激励、自觉意识强**：具有主动性，能够激励自己跟上新想法，找到新的解决方法，能够自我反思，也就是说，能够找出自己的弱点和可以自我提高。

在这10项中，思考技巧是核心，它是在学术研究和职场中取得成功的关键。本书要讲的就是怎样提高此类关键技巧。

这些技巧可以制造出敏捷思维者：他们能够随机应变，对新想法和新方法采取开放的态度；他们自力更生，也能自我反省。你可以在具有创造力的思考者身上发现这些技巧，他们充满自信和勇气，能够面对意料之外的情况，不依赖陈旧的观点和别人的判断，总是自己做出决定。他们敢于猜测，敢于与自己"唱反调"，抓住他人认为不切实际的想法。最重要的是，他们坚持不懈：他们不会轻言放弃。

许多研究表明敏捷思维者掌握了下列认知技巧和能力：

・他们能够适应特殊情况。

・他们能够抓住机遇。

・他们能够在混乱中找到秩序。

・他们能够正确地处理新信息。

・他们能够跨越学科的限制，找出相似性。

・他们产生的新想法数量更多，速度更快，绝不拾人牙慧。

・他们能够分析概念，创造新概念；他们能够变具体为抽象，也能在特殊性中找出一般性。

前　言

・他们能够用原创方法整合迥然不同的想法，从不同的视角看待问题。

这些就是雇主们所需要的技巧。当雇主们在多如牛毛的求职者中筛选时，他们通常会做两件事：

通过测试找出掌握此类技巧的人；

训练没有掌握此类技巧的人，让他们的技能达到正常水平。

> **举例**
>
> 　　最近，赫伯特·史密斯律师事务所宣布，来申请的受训生必须接受思维技能测试，而通过测试的申请人也将接受思维再培训。此事务所引入测试的原因是许多"好成绩"学生并不能"像律师一样思考"，也就是说，他们无法进行批判性思考、分析思考和概念思考。

测试题

许多行业和越来越多的公司和非营利机构都开始用这种方法测试求职者。据估计，超过 75% 的大中型企业和 95% 的美国富时（FTSE）百强公司都在招聘过程中引入了测试。除了能够为企业带来经济效益，测试还可以降低选错人的风险。同时，测试面前人人平等，这也是更公平的选人办法。最常用的测试有文字推理、数量推理或数字推理、抽象推理、归纳推理和决定分析 5 种。

（1）文字推理

文字推理测试旨在评估求职者理解和分析复杂书面观点的能力。一些题目涉及理解段落，用来评估候选人的阅读能力，查看他们能否仔细思考段落中呈现的信息。他们的任务是仔细阅读每一个段落，然后决定选项中的陈述是否符合段落中的信息逻辑，它们孰对孰错，或两种说法都有问题。另一些题目涉及选择近义词或反义词。

（2）抽象推理

抽象推理测试评估的是求职者理解和分析图像信息，在不依赖语言技巧的情况下解决问题的能力。一些题目涉及关系识别，找出图形和图案的趋异点和趋同点。他们也可能要求求职者找出不同图案所包含的相同概念。

（3）数量推理或数字推理

数量推理评估的是求职者解决数字问题的能力。与数字推理相比，它更接近于解决问题，也就是说，它需要求职者从表格或其他数字呈现方式中提取信息，然后运用简单的计算和比例来处理，并非测试数字计算能力。

（4）归纳推理

在这类测试中，求职者会被给到大量证据，然后要求他们得出相关推论。这些证据都不完整，有时还互相冲突，求职者不得不仔细识别其优劣和可靠性。大多数情况下，求职者会被给到一系列推论，他需要从中选出最相关、最可靠的那一个。这里几乎没有一眼就能看出来的答案；你必须自己判断，在不确定的情况下给出最佳选择。

（5）决定分析

决定分析测试评估的是求职者的解密能力和理解信息的能力。求职者会被给到一个情景、许多信息以及一些暗示。这些暗示会变得越来越复杂、越来越模棱两可，求职者不能只依据逻辑推论进行判断。这模拟了现实世界做决定的情况，也就是说，并非求职者每次做决定时所掌握的信息都是条理分明的。

前　言

当然，除了这些，还有其他类型的测试，如空间推理测试。有时候，人们会把它与"抽象推理"搞混淆。相对我们上面提到的5种常见类型，它通常用来满足特殊职业专家的需要。学习本书之后，你会掌握应对所有这些测试的技巧。

提高你的技巧

对于企业来说，人才是最宝贵的：也就是其员工的想象力和思考技巧。《纽约时报》（*New York Times*）指出，微软公司现有市值已经超过了通用公司，而微软公司最宝贵的资产就是其员工的想象力。对于任何企业而言——不管是大型企业、中型企业还是小型企业，无论是福利机构、医院还是学校——它的成功都依赖于员工做出决定，以及进行创造思考和概念思考的能力。鉴于这一原因，成功的企业总是极力地招揽那些能够独立思考的毕业生。本书将帮助你成为他们中的一员。

你将学到使用和发展此类技巧的方法，帮助你发掘自己巨大的潜力。在这个过程中，你的学业成绩和就业能力都会得到提高。此外，你还会学到怎样形成自己的想法，怎样创造新概念，怎样解决最棘手的问题，怎样分析风险，做出正确决定以及怎样应对不确定性。当然，你还会学到处理测试题的技巧。最重要的是，你会学到怎样摆脱权威观点的重压，独立地思考。

第 1 章

我们真的擅长思考吗

在这一章中,你将学到下列内容:

- 直觉怎样影响我们的思考
- 怎样区分可靠直觉和不可靠直觉
- 系统 1 思考和系统 2 思考的差别
- 摆脱不可靠直觉影响的重要性

罗伯特·波西格（Robert Pirsig）在他的畅销书《禅与摩托车维修艺术》（*Zen and the Art of Motorcycle Maintenance*）中描述过"古南印度的捕猴陷阱"。这个陷阱是一个椰子，人们把它挖空，拴在一根木桩上。椰子的表皮上有一个小洞，里面放着米饭，猴子可以从这个小洞中把手伸进去抓饭。这个洞足够大，猴子手伸进去时没有任何问题，但当它抓住饭想出来时，紧握米饭的拳头却不能拿出来了。猴子就此被困住，但困住它的并非是有形的陷阱，而是一种想法。它坚信，"看到米饭就要抓住不放手"。这种行为准则虽然给它带来过好处，现在却反过来成为它的禁锢。

我们也曾看到自己以此种方式被自己的想法困住。我们努力地接受气候变化，因为我们被某种关于发展的观点禁锢了。就算这种想法已经开始对我们不利，我们还是无法摆脱它。在西方，我们很难摆脱诸如竞争这样的想法，也很难不受规章制度的约束——就算它们已经明显地侵犯了我们的最大利益。约翰·梅纳德·凯恩斯曾说过，难点并不在于没有新想法，而是无法摆脱那些陈旧的观念。

SMART THINKING
如何成为更聪明的人

> **举例**
>
> 20世纪末至21世纪初,银行都通过收购获得了成功。以低价收购一家业绩不佳的公司,无情地削减成本,你就可以造就一家更成功的公司,获得股东期望的利润水平。
>
> 但是,在2009年2月,苏格兰皇家银行,这家英国最大银行的前主席汤姆·麦基洛普爵士(Sir Tom Makillop)和总裁弗雷德·古德温爵士(Sir Fred Goodwin),都承认英国下议院特别委员会决定买下荷兰银行的部分股份是一个严重的错误。这项斥资480亿英镑的交易不仅严重打击了苏格兰皇家银行,还危及了英国的整个银行系统。麦基洛普爵士承认,我们付给荷兰银行的大部分钱都作为商誉被抵消了。

同样的事还发生在了雷曼兄弟公司和劳埃德银行集团等身上。这些银行家都是资深的专业人士,在商界打拼已久,但是在信贷危机初现端倪时,他们仍义无反顾地进行着各种交易。看起来这并不是苏格兰皇家银行董事会的仓促决定,也并非一时的头脑发热。在经过18次讨论之后,董事们才一致同意此次交易应该进行。他们就像被困的猴子一样,依赖于过去的期望模式,采取了在过去行之有效的办法,而没有去分析真实情况,采取其他办法。

> **试一试**
>
> **找出他们各自的职业**
>
> 西蒙、戴维、克利夫和贾斯汀都是专业人士:他们一个是律师,一个是牙医,一个是会计师,还有一个是老师。我们想知道的是,他们各自的职业分别是什么。具体情况如下:
>
> 1. 贾斯汀和会计师都在当地大学听过老师的课。

第 1 章
我们真的擅长思考吗

> 2. 克利夫从来没有听说过戴维。
> 3. 会计师曾帮助西蒙重组财政状况,摆脱严重的经济问题;现在,他要帮助克利夫的资产恢复正常。
> 4. 律师第一次上庭时,克利夫和戴维就坐在旁听席上。

这是一道测试题(我们将在后面再介绍),它将评估我们的文字逻辑推理能力。我们大多数人都觉得这道题很难。和那只猴子、那些银行家一样,我们并不擅长看到自己既定思维模式和期望模式之外的东西。

为什么我们不擅长思考

部分原因存在于我们的进化历史之中。在过去的几百年里,我们已经适应了自己生活的环境,把它看作家常便饭,懒于再去思考。我们的幸存,在很大程度上说,一直依赖于这些行为规则和模式,在我们之前,它们经受住了世世代代的考验。看到标志着掠食者的颜色和行动模式就不假思索地逃跑,这是幸存下来的关键。自然选择造就了我们的神经回路,它们解决了我们祖先所面临的问题:

- 这是一个威胁还是一次机遇?
- 一切都还正常吗?
- 我应该接近它还是避开它?

我们的大脑不是用来寻找真相的,而是为了获得救赎。进化心理学家们就很喜欢说，虽然我们已是现代人，但我们的大脑与石器时代并无二致。

因此，今天做出决定靠的不是持续的思考、分析和反思，引导我们决定的仍然是无可争议的规则和惯常的行为模式。虽然我们的外表已经发生了变化，但内在的保守却难以撼动。我们大多数人都盲从、轻信，都愿意相信约定俗成的假设。随着现代科学从17世纪以来取得发展，我们也曾尝试过系统化地向旧时权威发起挑战，但这种发展趋势出现的时间相对来说并不长。

受制于直觉

我们大脑中的大部分东西都不为人所见。意识只是冰山的一角。我们给出判断，做出决定时，并不能意识到自己这样做的理由。直觉决定了我

> **试一试**
>
> 阅读下列段落，看看你是否能够理解这段话。
>
> Aoccdrnig to rseearchihng at an Elingsh uinervtisy, it doesn't matter in what oredr the ltteers in a wrod are, the olny iprmoatnt tihng is that the frist and lsa tltteers are in the rghit pclae. The rset can be a toatl mses and you can sitll raed it wouthit porbelm. This is bcuseae we do not raed ervey lteter by itslef but the word as a wlohe.
>
> （翻译成中文）根据一所语英校学的研究，不论语词的序顺如何，只要字文完整，即完使全混乱，你能也读懂。因为们我读阅时是不一字个一个地字去看，而是过扫语词和句整话。

第1章
我们真的擅长思考吗

们怎样运用思考技巧，怎样选择事实、重组事件以及提炼观点。我们可以重新塑造经历，让它与我们的期待一致。同样，这一切都发生在不知不觉之中。

直觉遵循经验原则（rules of thumb），这次也不例外。但是经验原则并不适用于所有情况。我们的大脑很难加工数据，计算风险；我们发现进行各种形式的逻辑推理，努力地推理，用数学判断是一件难事。我们的直觉似乎具有坚不可摧的说服力。尽管如此，直觉还是会出现错误，还是可能误导我们。

> **试一试**
>
> 想象有一个光滑的星球，如地球，其直径为25,000英里。一根绳子的长度刚好可以绕赤道一圈。接着，将这根绳子加长1码（36英寸）。假设我们重新把这根绳子围成一个圆，均匀地绕于球体四周。这根绳子离地球表面多远？
>
> 现在，以此类推，用同样的方法测量太阳（其直径为25,000,000英里）。这次，绳子离太阳表面多远呢？

直觉告诉我们，绳子超出地球表面要比超出太阳表面远得多。但是，答案却是两者都为6英寸。虽然直觉非常肯定地告诉我们什么是正确的，但是它却错了。令人吃惊的是，此题的答案并不取决于球体的大小。你可以参考下列公式自己试着计算一下。

$$C+36 = 2\pi(R+r)$$

SMART THINKING
如何成为更聪明的人

并非所有直觉都不可靠

尽管如此,并非所有直觉都不可靠。所以,我们必须要知道,哪些直觉可靠,哪些直觉应该被摒弃。诺贝尔经济学奖得主丹尼尔·卡尼曼在其畅销书《思考,快与慢》中,指出了四种可靠的直觉:

- 为了适应环境进化而来的直觉。
- 在总能起到预测作用条件下发展起来的直觉。
- 基于漫长实践得到的直觉。
- 在精确而快速的反馈中发展起来的直觉。

适应环境进化的直觉

我们知道,人类的许多直觉都是祖先遗传下来的。数百万年以来,为了生存,我们的祖先不断地开发着这些直觉。今天,这些精准的直觉都被我们继承了下来。我们知道怎样识别信号,怎样解读面部表情,怎样理解行为模

> **举例**
>
> 你曾经想过为什么西部片里的坏人虽然先拔枪却总是被后拔枪的人击中吗?诺贝尔奖得主及量子物理学家尼尔斯·玻尔(Niels Bohr)就对这个问题特别感兴趣。他的推论是:后拔枪的人因为来不及思考而动作更快。接着,玻尔与同事们在实验室里分段模拟了枪战的过程。现在,伯明翰大学的研究者们已经可以明确指出,后拔枪的人的确要比前者快上10%。

第1章
我们真的擅长思考吗

式，怎样去回应它们。没有这些直觉，我们的祖先就无法存活，自然也就没有了我们的诞生。我们通过面部表情或谈话里的第一句话，马上感知到别人的愤怒。当然，在走进一个房间时，我们也可以即刻察觉到里面的人一直都在谈论自己。

总能起到预测作用的直觉

下象棋时，棋子和它们的移动路线都固定不变，因此棋手能够肯定地预测落子后将要发生的情况。然而，如果情况不是这样，我们的直觉和预测可就不那么可靠了。如果出现的情况与下象棋不同，是不确定的，我们就不太可能提高我们所需的专业知识。

> **举例**
>
> 纳西姆·塔勒布在其著作《黑天鹅》中提出这样的设想：如果生活在1914年，我们很难预测世界大战即将爆发。发生在2007—2008年的经济危机也是如此。最近，英格兰银行发布了危机前的会议纪要，它显示出其下的高级经济学家完全没有预料到经济危机已经迫在眉睫。1982年、1987年、20世纪90年代早期及1998年的经济危机也同样如此。

专业人士，如银行家和投资顾问，都是处理未来事务的人。他们的预测都基于过去发生的事，但过去的事件不会重复发生。因此，"专家问题"就出现了，也就是我们所说的"黑天鹅"困境：不知未知之事。塔勒布指出，"黑天鹅逻辑"指的是你所不了解的事远比你所了解的事更重要。银行家和投资顾问的问题便在于他们不了然他们的未知之事。

> **举例**
>
> 丹尼尔·卡尼曼查看了理财顾问 8 年来的纪录，指出其胜率与扔骰子的胜率不相上下。他因此得出结论，年终奖奖励的是运气，而不是他们所以为的技能。

基于漫长实践的直觉

相反，可靠直觉都是由那些多年来执着于某一领域的人发展起来的，比如医生、护士、消防员等。这些直觉是他们的神秘能力，他们能够看到别人看不到的问题。比如，医生可以根据细微症状对复杂病情做出诊断，消防员能够忽然预感到危险的存在，尽管他并不能解释到底出了什么问题。

> **举例**
>
> 据估计，成为一名象棋大师大约需要 10,000 小时的练习量，也就是说，连续 6 年，一天 6 小时，一周 5 天的练习。据说，有了这些练习，再学习数千种套路，一个象棋大师只需一眼就可以预测出两三步棋能否将死对手。

精确快速反馈中的直觉

同样，反馈很重要，它可以证实你的直觉是否值得信赖。棋手可以在即时的反馈中锤炼自己的直觉。这种情况也发生在诸如麻醉等专业操作上。麻醉师只要得到快速、有效的反馈，就可以了解他们的直觉是否可信。然而，要从 X 光照片这样的操作中发展出令人信赖的直觉要难得多，因为它极少得到诊断是否精确的反馈信息，或者其预测需要很长时间才能得到验证。

第 1 章
我们真的擅长思考吗

怎样识别不可靠直觉

直觉在我们的思考中扮演着重要而有价值的角色，因此我们必须知道，什么时候可以依赖自己的直觉，什么时候需要深思熟虑。丹尼尔·卡尼曼描述了这两种思考方式的不同：

- 系统 1 思考——快速，依靠直觉。
- 系统 2 思考——缓慢，内省，更审慎。

在意识到直觉所提供的答案并不可靠时，我们就需要启动系统 2 思考。那么，我们应该警惕哪些直觉呢？

叙述谬误

我们生活在一个不确定的世界里，但我们描述的故事却并非如此。为了理解陌生经验，消除焦虑，我们会编造出一些更具有说服力的故事，强迫自己把可识别的行为纳入其中，创造出事件的前因后果。我们会避免使用抽象词汇，用词尽可能具体。在日常生活中，我们对这些故事耳熟能详，每个人的特质、意图和个性也表现得很清楚，所以在经过处理之后，它们已经变得熟悉而可预测了，我们很容易就能理解这些陌生的麻烦事。

这就是系统 1 思考方式。它的主要任务就是将事情简化为熟悉的事件，让它们具有意义。从很大程度上说，它是一种杜撰，在这些故事里，各个因素互为因果。然而，对于无关联的事实而言，这是一种无效的思考方式，如数据。因为数据之间不存在因果关系，也不具备相似的个性特质。

可预测性和可控性是一种假象

更重要的是,叙述喜欢给我们提供一种可预测感和确定感:我们知道事情怎样发生,我们可以控制它们,预测它们的结果。受其影响,我们就会低估运气和"黑天鹅效应"造成的影响。

诺贝尔奖得主及免疫学家彼得·梅达瓦(Peter Medawar)爵士指出,这种言谈"只不过是帷幕升起时,我们在人们眼皮底下所选择呈现的姿态"。它只在表演时才行得通,因为"只有当我们回顾整个思考过程时,你才可以让它显现出这种模样"。事实上,科学发明是一种创造,误打误撞地开始,过程一片混乱,到处都是死胡同,柳暗花明只是偶发事件。

> **举例**
>
> 科学进步通常是不可预测的,但是为了理解它们,我们却常常扮演着事后诸葛亮的角色,将它们合理化,把它们看作必然事件,好像它们的发现可以用一种简单的逻辑来解释。事实上,科学家们自己也认为,这种对科学方法的合理化并不是事实的反映,而是一种想当然的情况。

运气、"黑天鹅效应"和不确定性

然而,这并不是说这之中就不存在因果关系,因果关系当然是存在的。只是在寻求简单、存在因果关系的故事中,系统1思考总会过度简化,甚至完全忽略证据的存在。事后的合理化造就了一个假象,让我们误以为一切尽在掌握之中,一切都是确定的。如此一来,我们就会忽略运气造成的影响。纳西姆·塔勒布指出:

第 1 章
我们真的擅长思考吗

历史和社会并非缓慢前行，它们大步飞跃。它们是一些互不相关的断层，中间的联系寥寥无几。然而，我们（和历史学家）却相信可预测性，把它看作一个渐进的过程……我们只是一群事后诸葛亮……人类就是喜欢这样自欺欺人。

系统 1 思考用同化事物的方式赋予其意义。它们只是一些颇具说服力的故事，带有可识别的特征和特质。它们为我们造就了可确定、可预测、可控制的假象。

终极检测

当然，对于任何解释的最终检测都基于我们能否很好地预测这件事。编造这些令人信服的故事时，系统 1 思考给我们以安全感，让我们以为自己可以预测事件，并为之做好准备，然而事实却并非如此。

没有人会比当权者更应具有预测能力、更能够预测出对大家造成影响的事件了，但是在 2007 年经济危机爆发的前夜，首相戈登·布朗（Gordon Brown）和反对派领导人戴维·卡梅隆（David Cameron），都没能预料到即将发生的事。戈登·布朗甚至还宣称，银行家们用自己的聪明才智和创造力"开创了新的世界秩序"，我们有幸生活在"将被历史称为新黄金时代开端的时代"。

同样，银行系统明明已破绽百出，戴维·卡梅隆还信心十足地宣称，银行家们努力地创造出了一种新的世界经济。他宣称，世界经济现在已经达到了前所未有的稳定状态。

> **举例**
>
> 还记得塔勒布的例子吗？他说，如果我们生活在1914年，我们很难猜测这一年里将要发生的事。战争爆发前期，大多数人脑子里想的都是快速行军的队伍，战士们在空旷的阵地里英勇作战，荣耀加身。他们万万不会想到战场只是弹丸之地，大家挤在泥泞的战壕之中，在弹坑中垂死挣扎，四周都是围着铁丝网的无人之地。

不可靠直觉

综上所述，叙述谬误影响着我们对风险和概率的评估。我们创造的因果故事让我们信心十足，我们很难再去相信未来的不可预测。很少有人明白，事后能够弄清楚的问题，事前未必就可以预测。系统1思考给我们的信心是主观的，它来源于我们的故事，而不是对问题理性的分析和评估。不可靠的直觉认为事后可以弄清楚的问题，事前也可以预测。

简化启发法

最不可靠的直觉反应多源于用一个问题代替另一个问题。我们没有深入地思考这个问题，也没有去分析它的含义，而是转向了另一个更简单的问题。在实验中，在被分派去分析事件概率并做出预测，评估某种情况发生的频率，或估计一个假设的信度时，被试者常常会忽略相关的数据信息。相反，他们会依附类似的启发或从过去经验中得到的原则，去简化这个问题。

代表性偏差

其中一种形式就是用相似的简单问题代替复杂问题。刻板印象便是典型

第 1 章
我们真的擅长思考吗

例子。我们把一个特殊的群体设想成一种模样，并且在一段时间内认为这个群体内的每个个体都是这样。

> **试一试**
>
> 你在公交车上看到一个人正在读哲学季刊《心智》（*Mind*），你会选择下列哪个答案：
> 1. 她是一名哲学博士。
> 2. 她没有学位。

我们大部分人都会选择答案 1，因为这个答案更符合我们对读哲学学术刊物之人的一般看法。但是，更可能的选项却是答案 2，因为不是哲学博士

> **试一试**
>
> 阅读下列描述，然后按其可能性从最高至最低的顺序排列下列 8 项描述。
>
> 琳达，31 岁，未婚，阳光外向，哲学学士。她非常关注歧视问题和社会公正问题，她还参加过许多反核游行。
> a. 琳达是一名中学老师。
> b. 琳达在一家书店工作，练习瑜伽。
> c. 琳达热心于女权运动。
> d. 琳达是精神病治疗社会工作者。
> e. 琳达是妇女选民联盟的一员。
> f. 琳达是一名银行出纳。
> g. 琳达是一名保险销售人员。
> h. 琳达是一名银行出纳，并热心于女权运动。

的人比哲学博士更多，所以我们在公交车上遇到前者的可能性比后者更大。

现在，检查一下你排列的顺序，看看你是否将 h 项排在 f 项前面。如果是这样，其实这样做的不只你一个人。特维斯基和卡尼曼曾把这道题拿给英属哥伦比亚大学的大学生做，92% 的人都把 h 项排在 f 项前面。他们也把这道题拿给了斯坦福大学商业学院的研究生做，83% 的人选择了相同的排列顺序，要知道，他们所有人都曾学过概率和统计的高级课程。另几所重点大学的本科生也一样：85%～90% 的人都把 h 项排在 f 项前面。

这是一个"合取谬误"的例证：我们认为，两件事情共同发生的概率要大于其中的一件。但是，合取原则却说明两件事情共同出现的概率要小于其中一件事单独出现的概率。下图就清楚地说明了这一点：

A= 银行出纳
B= 银行出纳，并热心于女权运动

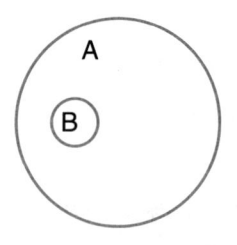

代表"女权主义银行出纳"的圆圈完全被包含在"银行出纳"的圆圈之中。因此，琳达是"女权主义银行出纳"的概率要低于她是"银行出纳"。说得更简单一点，世界上的"银行出纳"要多于"女权主义银行出纳"。这就说明一个事物所受限制越多、越具体，它出现的概率就越小。

相似是一种非常强烈的直觉。我们选择的答案总会结合最多的个性特质，

第1章
我们真的擅长思考吗

因为这些特质会制造出貌似最连贯、最合理的故事。这比计算概率要容易多了。但是,这却是错误的答案。试想一下,通过这种方式用近似性来代替概率可能会制造出严重的错误预测,特别是在涉及刑法和审议的情况下。

- 我们用简单的问题代替复杂的问题。
- 我们不问可能性,只查看相似性。
- 合取谬误:我们认为两件事共同发生的概率比单独一件事更大。

信念偏差——共享假设

同样,我们每个人都持有某些信念和假设,并用它们来解读自己的经验,赋予它意义。它们是决定的基础,告诉我们哪些事情是可能的,哪些事情是不可能的。特定领域的学者们常常会分享相同的基本假设。社会学家普遍对人性有一种看法,他们认为个体就是一种理性和自私的存在。很少有人会质疑这种观点。

这通常会影响我们的演绎推理能力。在一项研究中,参与者需要从两种陈述中按逻辑演绎出某种确定结论。

> **举例**
>
> 《科学革命的结构》(*The Structure of Scientific Revolutions*)是托马斯·库恩(Thomas Kuhn)的名作。在这本书中,他把科学进步描述为一系列的革命,一种强大的理论,一个范式,一种超越一切的成功。新范式把基础建立在研究的基础之上,定义了其广义假设:它的目标,需要去解决的问题,以及所使用的方法。

后来，科学家们习惯了库恩所描述的"常规科学"。他们把真理范式看成理所当然的东西，不愿去证伪，而把精力集中在它所定义的问题之上，去证实它，把它看作找到解决方法的保障。

试一试

我们假设每个描述都是正确的，那么，请你想一想，由此得出的结论一定是正确的吗？

警犬都不是恶狗。
一些训练有素的狗很凶恶。
所以，一些训练有素的狗不是警犬。

所有营养物品都不廉价。
有些维生素片很廉价。
所以，有些维生素片没有营养。

所有令人成瘾的东西都不廉价。
有些香烟很廉价。
所以，有些可令人成瘾的东西不是香烟。

所有百万富翁都不是勤奋工作的人。
有些有钱人是勤奋工作的人。
所以，有些百万富翁不是有钱人。

答案是前两个推论成立，后两个不成立。

如果你对此答案感到惊讶，那么你很可能已经落入了信念偏差的泥沼：

第1章
我们真的擅长思考吗

你认为先验信念比论点的逻辑性更重要，因为按照先验信念，第一题和第三题的结论是可信的，而第二题和第四题的结论却不足为信。研究者发现，当有效性和可信性发生冲突时，人们常常会给出错误的答案。如果论点成立，但结论不可信，那么只有55%的人会接受这个观点。当论点不成立，但结论可信时，70%的人都会接受它。

- 决定我们答案的是先验信念，而不是论点的逻辑性。
- 先验信念是我们判断事情可能性的基础。

锚定效应

与先验信念一样，如果我们在评估某个量之前，对这个量有一个预先印象，那么我们的评估值就会接近大脑中的这个数字。系统1思考竭尽所能在创造一个世界，在这个世界之中，我们预想的数字——这个锚定数字——就是真实的数字。

- 先入为主的概念极大地影响着我们的评价，使我们无暇顾及其他因素。
- 系统1思考影响着我们的判断，使其符合锚定目标。

> **举例**
>
> 人们要求一些房地产中介对一幢房子的价格进行评估。他们会得到一些相关信息，其中就包括卖主的要价。其中一半中介得知的"锚定价格"比原价要高，而另一半得知的要低。接着，人们要求他们设立一个合理的价格。当被问及影响他们判断的因素时，没有人提到这个给出的要价。他们都坚信自己没有注意到这个要价，他们依赖的是

> 自己的专业知识。但是，那些得知低价格的中介人比那些得知高价格的人所给出的平均价格要低得多，只是后者的41%。看来，就算是接受过专业训练，我们也不能摆脱锚定效应的影响。

可得性启发法

当有人要求我们评估事件的发生频率时，我们倾向于回顾记忆中的实例，给出答案。于是，回忆的难易便成为我们判断其频率高低的决定因素：如果我们能轻而易举地回忆起发生的实例，频率自然就高。这一次，我们又是用一个问题代替了另一个问题：我们不是评估事件发生的频率，而是在报告从记忆里提取实例的难易程度。

> **举例**
>
> 许多人都不会否认，我们对飞行是否安全的判断受到空难报道的影响。媒体和报纸上铺天盖地的宣传会在一段时间内影响我们的评判。

同样的事情也会发生在我们对街道进行安全评价时。我们读到一些吓人的故事，说我们这一片区有人行凶抢劫，于是晚上出门时我们就会担心害怕。这时，我们需要的是启动系统2思考，反驳直觉，并重新评估这些预测。

- 我们回忆实例的难易程度，影响着我们对事件频率的判断。
- 我们用容易的问题替换难题。

第 1 章
我们真的擅长思考吗

> **举例**
>
> 苏格兰皇家银行成功地收购了一些小银行,所以在决定收购荷兰银行时,可得性启发法无疑增强了它的自信。它没有过失败的经历,就容易低估其中的风险。

情感启发法

情感启发法或许是我们最耳熟能详的启发法了。与其他方法一样,我们用简单的问题替换掉难题。在这种情况下,简单的情绪反应会取代复杂的判断和决定,并给出答案。我们不再审慎思考,深思熟虑,只遵循直觉,根据爱憎来判断。

这也许就是我们在思考问题时经常犯的错误。就算是训练有素的专业人士在回答复杂问题时,也会有依赖情感反应的时候。加纳·斯利瓦斯塔瓦(Ranjana Srivastava)是一名肿瘤专家,他提到,有人指名道姓要某位医生为他治病,仅仅是因为"感觉这个医生很棒"。

- 我们把情感反应当作答案,不再审慎思考。
- 系统 1 思考热衷于直觉反应,根据爱憎来判断。

> **举例**
>
> 一个学生决定申请哪所大学?在这种情况下,她应该问自己:"达勒姆大学是所好学校吗?"然而,她提出的却是另一个问题:"我以前去达勒姆时开心吗?"

所有这些不可靠直觉都是我们敏捷思维路上的绊脚石。我们被局限在其套路中无法自拔，因此我们很难进行逻辑思考、处理数据、评估风险和概率，也很难运用自己的想象去创造独一无二的观点和解决方案。总之，它桎梏了我们的巨大潜力。

在接下来的章节中，你将学到怎样去释放这些潜能，特别是学会怎样运用系统2思考创造出更多自己的想法，进行概念思考和创造思考，更好地评估风险和事件发生的概率，从而做出合情合理的决定。

第 2 章

什么是敏捷思维

在这一章中,你将学到下列内容:

- 思考和推理的区别
- 敏捷思维的关键因素
- 成为敏捷思维者的途径
- 敏捷思维者的所为
- 敏捷思维在测试题中的运用

德国伟大的哲学家康德把启蒙描述为"人类脱离自己加之于自己的不成熟状态",他把不成熟定义为"在无他人指导时便无法运用自己理解力的状态"。接着,他向我们发出挑战,"要敢于求知",勇于独立思考。

对于个体和社会而言,与不确定性共生一直是一个大胆的挑战。很长一段时间以来,世界上占主导地位的是这样一些人:他们始终相信自己是天之骄子,他们的宗教信仰,甚至是其中的宗派,都无可争议地代表着上帝之言。由于这个原因,他们相信,他们有责任消灭所有的不确定因素,所有那些与他们的信仰和观念有冲突的东西。

直到今天,我们仍然发现自己生活在某些确定因素的庇护之下。它们的确令人心安,但是现代社会中水火不容的敌对意识无所不在,它要我们接受康德的挑战,去独立思考。虽然我们自诩为自由的思考者,对新思想兼容并蓄,但实际情况却如赫胥黎所说:"一个人的大半生都在阻止自己思考。"

> **举例**
>
> 在一项研究中,被试者被要求坐在一张椅子上,什么都不用做,只思考。一些人很难单独待着,他们无法静静地与自己的思想在一起。为了打破这种沉闷,他们宁愿接受轻微的电击,而在此之前,他们曾经表示过愿意花钱来避免电击。在15分钟的独处时间里,三分之二的男性被试者对自己实施了痛苦的电击。有一名被试者竟电了自己190下。四分之一的女性被试者对自己实施了电击。在11项类似的研究中,研究者们分别发现,各个年龄阶段,受教育程度各异,收入水平不同,以及使用智能手机和社交媒体习惯不同的人,都憎恨独处思考。

与此种情况完全相反的是,我们这个时代真正的知识巨匠们一直寻求在孤独中思索。数学家、电影《美丽心灵》(*A Beautiful Mind*)男主的原型约翰·纳什,很少阅读,他的大部分时间都花在思考上。人们总是看到他徘徊于校园的长廊里,躺在凳子或桌子上,或只是呆呆地坐着,完全没有注意他人的存在。他的一位同事曾说:"纳什总是陷入沉思之中……纳什总是在思考……如果你看到他躺在桌子上,那他一定是在思考,静静地思考。"

何为思考

那么,何为思考呢?从纳什的例子可以看到,我们首先应该把思考和获取知识区分开,不要将两者混为一谈。

第 2 章
什么是敏捷思维

思考和获取知识

若论天才的共性,那一定是他们都不喜欢照本宣科,都希望能够通过实践和思考来学习。他们相信,把自己的创见抛在一边读死书,就是背叛自己的思想。

在职业生涯中,如果只是照本宣科,按图索骥,我们必定不能为工作做好充分的准备。而且使用一些过时的方法处理事情,也会造成危害。我们完全依赖过去的经验,却不知它们已是明日黄花。现代社会瞬息万变,我们掌握的知识有一半都在不断过时,犹如昙花一现。

鉴于这一原因,我们仅仅掌握一堆模板,学会一些行为模式,还不足以应对各种情况。经济危机已经告诉我们,没有任何已知的行为模式可以用来应对小概率事件和真正的不确定因素。更糟糕的是,它们还会限制我们,将我们困在既有的行为模式之中,无法真正去思考。

- 好的思考者在实践和思考中学习。
- 照本宣科只会让我们准备不足,无法应对这个快速变化的世界。
- 我们被困在既有的行为模式之中,无法思考。

获取知识和技巧,并能精确地回忆它们诚然可贵,但是能够利用新机遇,面对意外问题的技能价值更高:那些让你去思考、去推断、去尝试、去探索、去创新的技能。

思考和推理

推理同样也常常和思考混为一谈。提到"推理"时,我们指的是用逻辑去证明：演绎或归纳。在使用演绎法推理时，我们以一些假设为根据，一步步地跟随逻辑得出结论。当用归纳法去推理时，我们并不事先给出假设，而是开始于实证性证据，然后做出推论。

因此，虽然我们常常草率地认为理性之人重推理而轻情感，但严格地说，这只表明他是一个逻辑性很强的人：他会通过一系列有效的逻辑步骤，得出一致的观点。当我们谈论一个人的信念和表现是多么理性时，真正的标准其实是它们被演绎或归纳时呈现的一致性。

但就其本身而言，推理并不完全等同于我们所说的思考。你可能在推理，一步一步地逻辑演进，得出某个一致且完全成立的观点。但是，在这个过程中，你也可能并没有思考你所使用的观点。奥托·弗里希（Otto Frisch）是尼尔斯·玻尔的同事，他回忆说，玻尔从来不相信纯形式上或数学上的观点。

"不，不，不，"玻尔会说，"你没有思考，只是符合逻辑罢了。"

> **举例**
>
> 有人相信自己被外星人绑架了，也有人相信大家在天空中看到的飞机雾化尾迹是政府偷偷散播的化学气体，这是它们用以控制我们行为的证据。你可能认为这些想法毫无道理可言，但是这些想法仍然可能是理性的，因为这些想法和他们的其他想法一致。理性指的是信念在逻辑上的一致性，与其合理性无关。

思 考

因此，思考远远不止推理那么简单。思考是泛指，它既涵盖了推理，也

第 2 章
什么是敏捷思维

包含了非理性的心理加工过程，诸如创新、解决问题、分析、综合和评估。大多数这些心理过程只在事后才会显得合理。但思考还不止如此，这里面还含有一个动态元素：你在思考就意味着你正在对想法进行主动积极的加工。相反，获取知识或逻辑思维却可能是被动的。甚至可以说，正在思考的那部分你根本就不在那里。这便是玻尔所指，思考意味着超越你的所知，或者超越你可以用逻辑来呈现的东西，其目的是为了得到新发现。

鉴于此，思考的概念也涵盖了优秀思考者共同拥有的情感特征。你可以说他们强调控制感，他们不满足于事情发生在他们的思考之中，而无法用自己的方式去评估和接受。他们会反思自己的思考，也会对它进行监控。虽然这会让人联想到细致周密和坚持不懈，但他们同样也是灵活多变，具有极强适应力的。他们追新猎奇，敢于猜想，就算他们的想法不切实际，甚至幼稚可笑，最后被摈弃，他们也毫不畏惧。

思考涉及下列内容

1. 推理
2. 非理性操作
3. 主动加工
4. 发现新事物
5. 自我监控
6. 细致周密，坚持不懈
7. 灵活多变，适应力强
8. 好奇心，冒险精神
9. 敢于猜想

什么是敏捷思维

下列两个因素是"敏捷思维"的核心，为它奠定了基础：

· 元认知。
· 反直觉思考。

这两个因素体现在所有伟大思想家的身上，不管是牛顿、霍金、陀思妥耶夫斯基，还是弗吉尼亚·伍尔夫，你都会在他们的生活和工作中发现这两个因素的踪迹。

元认知

读完这本书，你的思考水平将到达一个新高度，你会具备处理复杂多变问题的能力。为了达到这个目标，我们需要发展高级认知技能：生成想法、创造和分析概念、整合观点以不同的视角看待问题，并设计出解决难题的方法。

然而，同样重要的是，我们必须把自己放在事件的中心，监控自己的想法，根据需要灵活转变，不断尝试新想法，体验不同的心理加工过程，把看似毫不相干的观点结合起来。所有这一切都涉及元认知：在思考时，我们有信心和能力去思考我们的思考，并根据需要调整它。这就意味着你需要有意识地进行自我反思和自我监控。

元认知就是人对自己认知过程的认知。

第 2 章
什么是敏捷思维

监控内容

在思考时，元认知要我们不断地监控思考过程，但我们仍有必要了解最需要监控的是什么，也就是我们最应该留意的是什么：（1）不可靠直觉；（2）复杂决定。

不可靠直觉

第 1 章中，我们看到在很多情况下，直觉思考都是无法替代的。不知不觉中，直觉已经为我们做出了许多判断和决定。于是，第 1 章中提到的那些错误就出现了。

因此，意识到我们什么时候会犯这些错误非常重要。因为只有这样，我们才可能启动系统 2 思考来反思问题，决定是采纳、修正还是否决直觉给出的答案。

> **试一试**
>
> 球拍和球共计 1 英镑 10 便士。
> 球拍比球贵 1 英镑。
> 球多少钱？

大多数人给出的答案是 10 便士，但这是一个错误的答案。你只需要稍微想一下，就能发现这个错误。答错这道题的学生多达数千人，哈佛大学、麻省理工学院和普林斯顿大学学生的错误率达到 50%，其他大学更是超过了 80%。出现这种错误，是因为他们太过相信自己的直觉，并没有意识到这个时候很容易犯错。

SMART THINKING
如何成为更聪明的人

这是一种"认知反应测试",由谢恩·弗雷德里克斯(Shane Fredericks)设计,用来测试我们的元认知,让我们意识到什么时候应该启动系统 2 思考来反思问题。

> **试一试**
>
> 请尽可能快地说出下列命题是否符合逻辑。你的结论是由前提推导出来的吗?
> 所有玫瑰都是花。
> 有些花易凋谢。
> 因此,一些玫瑰易凋谢。

大部分学生认为这一结论是正确的,但事实上它并不成立。从下面的维恩图中可以看出,玫瑰很可能并不在易凋谢的范畴之中。

F = 花
S = 易凋谢的花
R = 玫瑰

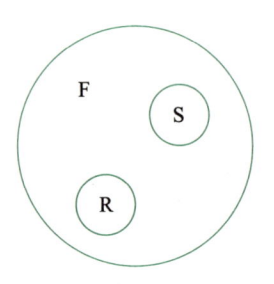

我们应该意识到,我们在这种情况下犯错的可能性很大,因此我们应当启动系统 2 思考来检验直觉给出的答案。这是一个"信念偏差"的例子:如果我们认为结论正确,就会忽略逻辑,并开始收集那些看似对它有利的论

第 2 章
什么是敏捷思维

点。如果其中还牵涉情感,出现这种可能性的概率就更大了。我们对气候变化、文身、狩猎以及核能的情感态度很可能影响我们对其利弊的判断。

复杂决定

然而,只要直觉经过充分的发展并得到可靠反馈的证明,大多数情况下,它们还是值得信赖的。

> **举例**
>
> 在日常的医疗实践中,许多处理方式都有其固定的套路。诚然,面对生死攸关的情况,医生当然应该快速做出决定。但是像处理糖尿病,修复骨折,使用抗生素等与性命无关的治疗如今都开始变得程式化了。

但是,一些问题根本不能通过常规的直觉思考得到解决。如果执意这样做,那就只是莽撞行事,把一个严肃的道德两难问题靠直觉用一句"那就这样吧",一笔带过。要想解决这些问题,我们必须更谨慎地反思,启动系统 2 思考。

> **举例**
>
> 在医学领域中,医生们在一些问题上面临着严重的道德两难问题:性别选择;是否应该实行安乐死;是否应该为了得到鲜活的器官而放弃对病人的最后治疗。

面对这些困境,单单依靠直觉进行系统 1 思考显然并不可靠。对此,加纳·斯利瓦斯塔瓦提出,我们需要一种"新医生":

他们可以根据需要快速决策，但当情况不定、事关伦理道德时，他们又能深思熟虑，充满睿智。

反直觉思考

当然，一旦我们意识到靠直觉去解决问题、去做决定并不安全，我们就必须启动系统 2 思考，认真地进行敏捷思维。但什么是敏捷思维呢？这样说吧，这种思考不同于惯常的逻辑思考可以信手拈来。我们看到，这种思考中必须包含自我意识和自我监控。我们必须"出席"这个思考过程。显然，它必须是反直觉的：它必须叫板我们的日常反应，想所不能想，创造新观点，并出其不意地把它们融会贯通起来。

概念思考

让我们试想一下，你遇到了一个自己不能解决的问题，你会怎么办呢？首先，你要重新定义它，让它更清晰，只有这样你才可能看清楚其所有内涵。因此，我们需要分析这个问题的关键概念。

虽然我们用一些概念来描述问题，但我们并没有看到这个概念中隐藏的所有内涵。这便是通常情况下，让我们无法下手解决问题的原因。

> **举例**
>
> 大多数教师的工作预算十分有限。近几年来，一些商业机构发现这是一个商机。它们可以为老师提供资金提高教学质量，从而达到让年轻消费者了解公司的目的。像艾克森石油公司这样的大企业，已经为学校赞助了教学材料。也有一些公司提供了自助售货机和其他设备，以换取在学校的商业曝光机会。

第 2 章
什么是敏捷思维

我们试想一下，你是一名老师，一家大型快餐企业想向你所在的学校提供一笔资金，但条件是你必须使用它所提供的教材。这时，你必须做出决定：是拒绝还是接受？

你应该从哪里入手解决这个问题呢？当然，你意识到事情的核心是你的"监护义务"，这样做会带来什么？事情将发展到何种地步？要想解决这个问题，你必须分析概念，就其牵涉的责任形成更清晰的想法。

你很清楚，你的职责是保护你的学生，不让他们受到任何身体伤害。但是，你还有其他义务吗？你也需要保护他们的思想吗？这个公司提供的教材可能会让他们相信某些虚假的东西，或者让他们感情用事，不再用头脑去评判自己听到的事吗？

或者你面对的问题并不能靠分析来解决，唯一的办法是整合想法：把所有想法聚集起来，重新整合它。如此一来，你可以从全新的角度出发，以更有趣的方式来看待这个问题。我们常常觉得解决问题很难，那是因为我们被一大堆零散的材料包围，不能得出自己的意见。我们需要做的就是把这些想法融会贯通起来。

> **举例**
>
> 30年前，"电话"是一个大家伙，只能放置在房间的一角，与墙上的电话线连接在一起。如果你想往家里或办公室打电话，你得先检查一下自己有没有零钱，再找一间公用电话亭，但通常情况下，电话亭不是有人正在使用，便是坏了。

但是后来，有人把大家都知道的一些想法进行了整合。新科技使得电话变小了。我们周围的电器，如收音机，都可以随身携带，连电视也变成了这样。手机应运而生。想想那些现代化产品、网站和新科技,你就会发现,它们的创意大多来自耳熟能详的日常想法,只是有人对这些想法进行了整合。

> **举例**
>
> 1948年,埃德温·兰德(Edwin Land)每次拍完一卷底片后都得把它交给专门的技术人员处理。虽然这种情况在当时很普遍,但埃德温·兰德还是感到很沮丧。为什么不能发明一种能够马上处理底片的相机呢?于是,他结合了当时的技术,发明了宝丽来相机。每个人都知道这些技术的存在,但懂得把这些想法整合成独创概念的只有兰德一人。

因此,敏捷思维可以:

1. 分析复杂概念,将它们分解成独立的观点。
2. 把不同的问题整合为一个整体,避免了只见树木,不见森林。
3. 从旧想法中得到新发现。
4. 以全新的角度、独特的视角来收集问题。
5. 创造概念,调整概念。

产生创意

你也许会想,我没能解决问题是因为我还需要更多不同的想法。你需要摆脱直觉抛出的有限想法,进行反直觉思考。我们都知道,要摆脱这些限制,产生新的想法并非易事。但是,这绝非不可能的任务。在本书后面的章节中,我们将学到一些简单的方法,教会你怎样摆脱最初的想法,从不同的角度进行思考。

可见,敏捷思维可以:

第 2 章
什么是敏捷思维

1. 脱离常规的心理结构，产生出其不意的想法。
2. 提出天真的问题。
3. 让自己沉浸在想法的海洋中。

创造思考

通常情况下，问题并不在于没有足够的想法，或想法不正确；问题常常是我们在这些想法间建立的联系。我们的直觉并非生而具有创造性；相反，它是守旧派，喜欢常规。因此，你必须从自己的想法中举一反三，大胆猜测，找出可能会解决问题的办法。

> **试一试**
>
> 请翻到第 1 章（第 4 页）的测试题。要想处理这类问题，必须进行推论。题目提供了一系列数据，我们要根据这些数据得出相应的推论，然后再按部就班地将这些推论标注在表格里，逐步排除，最后得到我们想要的答案。

1. 列出所有事实

首先，将问题提供给我们的所有事实组织起来。这个问题提供的是这几个人之间的关系，因此我们要从已知的关系出发，进行推论。

	老师	律师	牙医	会计师
西蒙				
戴维				
克利夫				
贾斯汀				

2. 进行推论，建立联系

（1）找出趋异点

从描述 1 中，我们知道贾斯汀不是会计师，也不是老师，所以我们可以在表格相应的部分画上"×"。从描述 3 中，我们看到克利夫和西蒙也不是会计师，所以我们也在他们名字的相应栏中打上"×"。同时，描述 4 很清楚地告诉我们，克利夫和戴维都不是律师，我们在相应的一栏上也画上"×"。

（2）找出趋同点

标注上述内容后，我们可以利用交叉点进行推断了。我们现在已知贾斯汀、克利夫和西蒙都不是会计师，这就只剩下了戴维。因此，我们在戴维对应的其他三种职业上画上"×"。根据描述 1，戴维听过老师的课，而且描述 2 告诉我们克利夫不认识戴维，因此克利夫不可能是老师。那么，用排除法可知，克利夫一定是牙医。这就意味着我们又完成了牙医这一项。现在，贾斯汀对应于老师、牙医、会计师的项上都是"×"，所以他一定是律师。如此一来，西蒙只可能是老师了。

	老师	律师	牙医	会计师
西蒙	○	×	×	×
戴维	×	×	×	○
克利夫	×	×	○	×
贾斯汀	×	○	×	×

可以看到，这个问题实际上比你预想的要简单得多。我们之所以被迷惑，是受系统 1 思考影响，直觉反应一下子跳了出来，问题因此变得扑朔迷离。这些直觉反应不能找到解决办法，我们所有的尝试都失败了，脑袋里只剩下

第 2 章
什么是敏捷思维

一团乱麻。但是，如果我们学着启动系统2思考，就可以更好地利用思考技巧。在这种情况下，我们便可以更合理地组织自己的思考，清楚地列出我们知道的一切，这样我们就可以用演绎法去完善缺口，找到解决办法。

3. 反直觉推理

处理这个问题时，我们的直觉思维立马启动，把我们推进了死胡同。面对许多问题时，我们都会遇到相似的情况。我们似乎无路可走，直觉把我们带向一个不能找到答案的方向，因此，我们需要进行反直觉思考，找出另外的解决方法。要做到这一点有4种方法，我们将在第12章中讲到。其中之一便是从另一个方向着手处理问题。

> **试一试**
>
> 假设你正组织一次网球比赛。首先，你需要制定一个比赛时间表。如果参赛选手有80人，你需要安排多少场比赛呢？

如果靠直觉，我们会累加从第一轮直至决赛的胜者，得出应该安排的比赛场数。但是，这里还有一种更直接、更简单的办法。我们可以从反方向思考，找出失利的人数。80名参赛者，最后赢得冠军的只有1人，所以应该有79场比赛。

由此可知，敏捷思维可以：

1. 简化复杂问题，使原本模糊的问题变清楚。
2. 分析信息和想法，找出运用它们的新方法。
3. 找出想法之间别人看不到的联系。

在不确定的情况下做决定

仅靠直觉思考，我们常常会做出一些不合乎情理的选择。我们的直觉总爱做一些违背规律的事，做出不合理的选择。这一点在评估风险时表现得尤为突出。我们能够意识到不确定因素的存在，但却无力计算出其影响究竟有多大。这一点很令人吃惊，因为进化优势本应让我们拥有可以准确计算风险和概率的直觉。

> **试一试**
>
> 在足球场上，23个参与者（包括裁判）中的两个人生日是同一天的可能性有多大？

大多数人会回答说，足球场上有23个人，一年有365天，那么其可能性是6%~7%。但实际上，答案是50%以上：其概率是相当大的。出现这样的错误答案，问题在于根据直觉，我们总是去想单个的人，而实际上，解决问题的关键在于每两个人配对的方式。23个人可以配成253对（如第一个人可以和22个人配对，第二个人可以和21个人配对，第三个人可以和20个人配对，以此类推）。这就使得他们在同一天生日的概率很高。

直觉总是存在不可信的地方，也无怪乎投机者有机可乘了。要避开直觉的缺陷，我们必须要反直觉思考。我们需要一种循序渐进的系统方法来驾驭系统2思考，合理地评估每个选项，精确地计算风险，做出最佳决定。

目前，我们能知道敏捷思维者可以：

1. 看到别人看不到的东西。
2. 再三反思显而易见的东西。
3. 应对怀疑和处理不确定因素。

第 2 章
什么是敏捷思维

如何成为敏捷思维者

美国心理学家威廉·詹姆斯（William James）曾经说过："许多人觉得自己在思考，其实他们只是在重排自己的偏见。"从某种程度上说，这句话适用于我们每个人。就算不是重排自己的偏见，我们也绝非像自己所认为的那样在进行创造思考。事实上，我们只不过在重新组织已经被表达过多次的旧想法罢了。那么我们怎样避免这种情况，成为敏捷思维者呢？在学习新知的时候，做做笔记，列出"应该做"和"不应该做"的事总是必要的。下面列出的就是一些"应该做"的事，它会为你扫平道路，帮助你成为一名敏捷思维者。

对自己的判断采取怀疑态度

我们可以看到，敏捷思维者会质疑自己的思考和想法。他们态度谦虚，承认自己的答案可能会错，或只是蠡测管窥。他们同样也知道，看似最不可能的地方，也可能成为答案。因此，他们质疑一切，对自己的判断持怀疑态度。对大多数人而言，这会令人不安；我们发现，要承认不确定性绝非易事。但是，一旦答案沾染上了不容置疑的权威色彩，思考也会有失偏颇。

再三反思看似确定的事

要做到这一点，你必须提醒自己，复杂问题需要再三权衡，慢慢判断，切忌按照固定模式草率决定。敏捷思维者懂得透过表象，深入本质。越是接触到事情的本质，你就会越兴奋，也更能产生创造能量。

忘掉自己

思考时，你要学会两件事。首先，在思考中忘掉自己。敏捷思维者意识到，在任何情况下，他们都必须忘掉自己的意愿，因为只有这样，他们才能看清事情的本来面目。相反，那些以自我为中心之人总想保全某些东西：他们丢不下自己的面子。他们很喜欢把自己包裹起来，无法开放地接受新想法，不承认自己可能犯错，更不愿换一个角度去思考问题。

敏捷思维者会在思考中忘掉自己。他们懂得站在他人的角度思考，感同身受地体验他人在某种特殊情境中的感受，理解别人的想法和喜好。因此，他们看到的更多，做出的决定也更好。他们好奇他人的生活与经历，他们善于换位，可以看到他人在类似情况下的所做所感。他们喜欢假设，愿意去体验，并通过处理和理解更多的事去发展创造能力。因此，他们能够给出更一致、更可靠的判断。

脱离组织思考的常规体系

其次，你需要摆脱思考的常规模式。**敏捷思维者的大脑不受常规思考模式羁绊。** 他们善于用看似不相关的心理框架来解决问题。他们百无禁忌，能够把最不可能放在一起的各种想法结合起来。正因为如此，他们思想自由，不落窠臼，也就避免了作茧自缚的状况。他们能够高瞻远瞩，找出更多可能的解答。

为好想法留出空间

为了有效地做到这一点，我们必须为新想法留足空间。如果我们好奇过甚，那么就算我们不想这样做，大脑也会开始建立连接。但是，在很多情况

第 2 章
什么是敏捷思维

下，它们是僵化的，无意义的：对话不断在大脑中重演，我们一而再，再而三地用正当理由说服自己，根本无暇顾及其他。我们很多人终其一生才意识到，在纷繁混乱的大脑中，重要的想法根本无立足之地。想法也许就在这里，充满远见卓识，但时光荏苒，我们竟从没有看到过它。若要好想法出现，我们必须为它们留出空间。不要让无关痛痒的预设在你大脑里转悠，强占了你的思想。

提出天真的问题

思考时，你要习惯提出天真的问题。古希腊哲学家苏格拉底坚信，智慧始于认识到自己的无知。读他著名的对话录，你会意识到这对训练我们的意识之眼，让它看到应该看到的东西是多么的重要。尽管如此，这一点却常常被忽略。许多问题的解决方案就在最显眼的地方，因此，提出天真问题便成为找出它的关键。而且更重要的是，生命也会因此变得乐趣无穷：我们总在探索，总有新想法等待我们去发现。

坚持不懈

当然，同样重要的还有坚持不懈。敏捷思维者懂得专注于某种想法的价值，因为只有这样，它们才会持续发生作用。为了找到复杂问题的解决办法，我们可能需要把某种想法一直留在头脑中，几天、几星期，甚至几年。英国数学家，无论是牛顿还是怀尔斯（Andrew Wiles），都深知坚持不懈的重要性。要知道，怀尔斯可是花了整整九年时间才证明出费马大定理呀！

> **举例**
>
> 当被问及如何工作时,爱因斯坦回答道:"思考,思考,不停地思考,日复一日,年复一年,99 次得出的结论都是错的,第 100 次我终于对了!"而当人们问牛顿是怎样发现万有引力时,牛顿说:"不停地思考!"他解释道:"我心里一直想着这个问题,它不断在我脑海中浮现。忽然,曙光展现,一点一点,终于豁然开朗。"

不惧失败

除了坚持不懈,还要坚信自己最终一定会取得成功。越怕失败就越不敢冒险:我们会退回到低级认知技巧,回忆我们知道的东西。敏捷思维者都是乐观的人:他们充满希望,认为自己一定会成功,不惧怕失败。乐观主义者更容易进步,因为他们目标更明确。他们不会惧怕成功路上的障碍。

做做白日梦

累了一天,你可以做做白日梦了。这看似偷懒,但大脑需要时间去回答问题,去加工和整理我们的想法,并形成新的联系。胡思乱想的时候,可能恰恰是感觉最敏锐的时候,好点子也会应运而生。

在想法出现时抓住它

最后,我们需要一个好体系。想法的出现是一个连续不间断的过程。不管这个想法是好是坏,它都可能会孕育其他想法。当我们思考一个问题时,

第 2 章
什么是敏捷思维

我们想出来的主意可能没有任何作用,但是很可能问题的解决方案就诞生于这个想法衍生出来的其他想法之中。它们是种子,最终会孕育出果实,所以当它们出现时,我们应该记录下来,使它们具有系统性。

第一阶段

概念思考

据世界银行《变化中的国家财富》(*The Changing Wealth of Nations*)报告，发达国家80%的财富都是人力资源。1988年，菲利普·莫里斯（Philip Morris）以129亿买下卡夫食品公司时，其物质资产不足20个亿，剩下的都是智力资产——员工的想法和创造力。

这一点很是惊人，但当你认识到想法是一种资产类型时，你会更吃惊。经济学家把它描述成"非竞争性资产"，换句话说，它可以共享，可以被人们共用，这一点和诸如土地、劳动力和资金这样的传统资产完全不同。如果我有一台挖掘机，我借给了你，那么只有你可以使用它。另外，它将不可避免地有所耗损：它会渐渐变旧，它的工作效率会降低，需要进行检修和保养的次数也越来越多。相反，想法的边际效应却是递增的。我与你可以共享一种想法，可以共同使用它，我们还可以发展它，为它注入新观点，使它更有价值。

现在，让我们更进一步思考一下概念，这颗所有想法中最耀眼的星星。它们是理解之源，是擎起世界的力量：它是我们诠释世界最有效的方式，可以减少生命中的困惑，赋予我们塑造环境的能力。

概念是普遍分类，是我们从特殊经验中归纳出来的普遍性。我们把某些事物分成一组，它们具有特殊的特征，遵循同样的想法和原则；它们赋予了我们超越世界特殊性的能力，以绝无仅有的方式加深了我们的理解。事实上，用更严格的话说，这是一种"匪夷所思"的方式。每一次使用概念，我们都在用从过去经验中获得的认识迎接当下，塑造未来。

然而，虽然它们影响深远，但大多数情况下，我们并不知道它们是怎样影响我们思考的：它们影响我们所做的结论、进行的判断，但我们并不能控制它们发生作用的方式。我们也许会想，为什么这个问题那么难解决。但事实上，这不过是概念以及它们引导的思考方法阻碍了我们找到解决问题的方法。

因此，我们需要思考我们的思考（元认知）：去分析这些概念，揭示它们形成模式的方式，因为我们组织想法的方式就存在于这些模式之中。只有这样，我们才可能重新设计它们，创造新的概念，找到释放无尽想象力的新方法。这便是我们在这一阶段要做的事。

第 3 章

什么是概念思考

在这一章中,你将学到下列内容:

- 怎样不落窠臼地思考
- 怎样清楚地定义问题
- 概念思考与其他思考形式的区别
- 概念思考成为强大促变因素的原因
- 评估概念思考技巧的测试题

要问大学教育是什么，我们可以回答说，它是发展我们概念思考能力的学习：让我们超越日常对话，远距离审视它；质疑我们对概念的运用以及它们对思考的影响。我们从自己的观点中抽身出来，问自己："以这种方式使用这一概念时，我了解它所有的内涵了吗？""我能整合这些想法，把它们聚集在同一个概念中，看到我以前不曾看到的东西吗？""如果我这样运用这一概念，它会把我的观点引向相反的方向吗？"

学会质疑

不幸的是，我们总是被一些强大力量拽向相反的方向。学习任何一门学科，接受其表达方法和概念都是非常重要的一部分。要想理解文献和杂志中的论点，懂得老师传授的观点，我们必须先学习用来呈现想法的概念。

想要进入某一特定行业，这样的方法同样适用。想成为律师必须学会以律师的方式思考，想成为医生、老师、建筑师、科学家或经济学家，也同样如此。但是，我们也应学会怎样逃离概念和解释的樊笼，为难题寻找变通的解决办法，特别是当传统方法已经过时，需要新方法来解决问题时。

虽然我们一直努力工作，希望成为学者，但有时候，我们也会怀疑权威的话，质疑某领域领头人的基本假设。于是，问题出现了：人们认为我们肆意妄为，对学者不敬。2011年哈佛经济学院学生罢课就是一个例子。

摆脱以往的思考模式

近500年来，科学实现了重大突破，但寻找新答案恰恰也是科学家所面临的挑战。他们所受的教育，进行的训练，让他们做好了充分的准备，能够用既定的方法去处理科学问题，但他们所在领域的一些难题仍然没能得到解决。因此，唯一的解决方式就是试着进行不同的思考。

我们应该怎么做呢？从来没人教过我们怎样用这种方式思考呀！我们的教育关注的是本学科或本职业中大多数人接受的原理和步骤。人们总是告诉我们，我们必须埋头苦读本学科文献。如此一来，我们所受的教育只教会我们用同样的方式思考，但有些问题用这样的思考方式根本得不到解决。难怪人们会说，**天才就是能够摆脱所受训练，做出有效反应的人**。

我们应该如何做

最有趣的是，革新性突破并非源自研究者获得了更新更好的数据，而是

第 3 章
什么是概念思考

源于他们思考的优劣以及他们所创造的概念。在面对困难,无法解决问题时,人们需要跳出日常概念,不落窠臼地思考,这样才能找出问题的答案。一旦他们揭示了这些概念的结构以及概念塑造理解的方式,他们就可以对这些概念加以改造和利用,以新方式整合或创造新的概念,从而找到苦寻不到的答案。

通过这种方式,问题在人们脑海中变了样。答案如侦探破案一样终于浮出了水面,但实际上它一直就在人们眼皮底下。事后,某些让人瞠目结舌的突破看起来也不过如此,但能想出它们的人却是真正的天才。哥白尼、伽利略、达尔文以及爱因斯坦等科学家都是这样的天才。

> **举例**
>
> 绝大多数人都认为地球是静止的,整个宇宙围绕着地球转动,但伽利略和哥白尼却不相信这一"显而易见"的事实。同样,爱因斯坦也因质疑绝对空间和绝对时间才得出相对论,从而推翻了牛顿200年来占主导地位的物理学概念。

这些例子表明,影响决定的不仅仅是信息的数量,更在于思考的质量,以及我们使用的概念。我们常常听到"信息时代"这个词,听到人们提起掌握新信息的重要性,但更重要的却应该是我们对信息的运用。如果不懂得质疑所用的概念,那么我们的结论很可能就是在不断重复过去的错误。

分析问题的类型

那么,我们首先要做的是什么呢?面对一个问题时,我们首先要做的当然是分析它,看看这个问题属于何种类型。只有这样,我们才可以更清楚地知道怎样去推进它。问题是,当大脑快速排列想法时,它们会不自觉地跳回最早的组织方式。在这种情况下,其他思考会停止下来,我们所做的也只是收集需要的资料以证明最初的想法了。和科学范式一样,它会桎梏我们所想,束缚我们研究前行的方向。

> **举例**
>
> 19世纪20年代晚期,乔治·史蒂文森(George Stephenson)修筑从曼彻斯特到利物浦的铁路时,他思考应该使用何种轨距。最初,他选择了4英尺8½英寸(1435毫米)的轨道,因为有人告诉他,这种规格的铁轨可以承载100节车厢。也有些人说,英格兰东北部的煤矿使用的就是这种轨距,甚至有人声称这一轨距可以追溯到罗马帝国时期,罗马战车行驶在坑洼地时用的就是这种间距。
>
> 面对种种说法,史蒂文森本可以问自己:"最常见的尺寸是多少呢?"但他并没有这样做,他提出了一个更好的问题:"怎样能让乘客更舒服呢?"于是,他没有去管世界上大多数铁路使用的标准窄车厢,而是用一种更宽敞、更舒适的车厢取而代之。

据称,18世纪法国作家、哲学家伏尔泰坚信,我们应该根据某人提出的问题,而不是他给出的答案来判断他。**聪明的头脑能提出一些独特而有趣的问题,并且善于弄清问题,分析它们的内在要素。**

问题清晰,答案才会清楚。否则,我们看到的只是表面现象,屡见不鲜的内容。我们看到的问题,可能根本就不是问题,只是问题的一个征兆。只有提出清楚的问题,我们才能找到正确的方向,找到我们需要的想法和证据;我们管控自己的思考,它会告诉我们什么重要,什么不重要。问题越是清晰,这种管控就越有影响,越有效。

第 3 章
什么是概念思考

最重要的是,我们必须知道,我们提出的问题属于何种类型。它是事实、价值观还是概念?如果混淆了这几种情况,我们给出的解决方案也必然混乱,无法处理重要问题。

> **举例**
>
> 几年前,本地一家医疗权威机构决定中止某位病人的透析治疗。这位病人无家可归,住在一间旅社里。医疗资源有限,人们不得不做出这个决定。

但是,好理由取决于你提出的问题类型。如果不能区分涉及的问题类型,你很容易用解决一种问题的方式去解决另一种问题:也就是说,你很可能把一个事实问题,当作一个概念问题去解决。

> **试一试**
>
> 下面是用来解释这一决定的陈述。请看看你最易落入哪种陷阱。你能看出哪些陈述的是事实,哪些陈述的是价值观,哪些陈述的是概念,哪些又是几者兼而有之吗?你能找出它们兼具了什么吗?
> 1. 病人很粗鲁。
> 2. 他具有攻击性。
> 3. 他生活质量差。
> 4. 他不应受到治疗。
> 5. 他没有工作。
> 6. 他无家可归,住在一间旅社。
> 7. 应该接受治疗的是他,不是其他人。
> 8. 他无依无靠。
> 9. 他没有家人。
> 10. 他把病房弄得一团糟,护士不得不为他清理。

SMART THINKING
如何成为更聪明的人

答案如下。

混合型：（A）事实/概念：8、9、10；

（B）事实/价值观/概念：1、2；

（C）价值观/概念：3。

单一型：4、5、6、7。

事实/概念

（A）项中的三个陈述都是事实，但是"无依无靠""一团糟""家人"指的又是什么呢？对于一个人来说，某种情况可能是"一团糟"，但对另一个人来说，他平常就是这样乱扔乱放，根本不值得去收拾整理。说到"无依无靠"，病人也许没有家人，但他在旅社里可能有许多朋友。甚至"家人"这一说法也可能产生问题。他可能没有血亲，但他有一些亲如"家人"的好友。

事实/价值观/概念

（B）项中如"粗鲁""攻击性"这样的词不仅用来描述行为方式，它们也是一种评价：我们通常不喜欢这样的行为。同样，这些词中也会引出概念问题。"粗鲁"和"攻击性"指什么？它们表达的是否只是个人的偏见，或者我们在用一种否定标准判断这些行为？

价值观/概念

相同的问题可能出现在（C）项的陈述之中。很明显，这句话中使用了"差"这个词来表达价值观，但我们同样可以用"生活质量"这种说法来提出概念问题。遇到这种情况时，我们需要仔细分析。

第 3 章
什么是概念思考

事实和价值观

显然，一些人会争辩说："他的治疗当然应该中断，他只是住在旅社里的流浪汉！"对于这些人而言，这只是一个简单的事实问题。然而，你可以看到，事情远不是如此简单。事实上，他的确住在旅社里，但这句话的意思是，正因为如此，他的生活质量差，他不配接受治疗。同样，这一简单的事实陈述也引出了一个概念问题和一个价值观问题，即"什么是好质量的生活？""没有达到这种标准的人是否就应该停止治疗？"

事实和价值观之间存在着极大的差异。简单地说，事实说明事情是怎样的，而包含价值观的陈述阐明事情应该怎样。前者是描述性的，后者却是规定性的。事实旨在表现世界是什么样子，因此它是一种理性判断：我们可以看它对世界做出的描述是否准确，并用对或错来评价它。相反，价值观陈述是关于这个世界应该怎样。它并不想描述这个世界的样子，因此也不能用对错来评判。

事实	价值观
关于情况的陈述	关于情况应该怎样的陈述
具有描述性	具有规定性

像"他没有工作"和"他无家可归，住在一间旅社"这样的陈述很明显是事实陈述，可以很容易用对或错来证明。相反，像"他不应接受治疗"和"应该接受治疗的是他，不是其他人"这样的陈述阐述了人们应该怎样对待这个病人，对待他的治疗问题。如果我们不能指出这些判断建立在不确定或自相矛盾的证据之上，或是其论述不一致，那么就算我们不同意这些判断，我们也要面对一种不可辩驳的价值判断、一种规定，哪怕它与我们自己

的价值判断截然不同。

> **试一试**
>
> 我们可以看到，许多测试题都可以用来评估理解复杂观点的能力。你需要区分出问题中的事实和价值观：这些词句表达的是价值判断，还是中立的陈述状态？请看下列问题：
>
> （1）"我们买茶还是咖啡？""我们应该买茶还是咖啡？"请解释这两句话的区别。
>
> （2）请指出下列词语是中性词、褒义词还是贬义词：
>
> 敌人，喋喋不休，秘密，粗心大意，密谋，声名狼藉，摇尾乞怜，同伙。
>
> （3）"我应当道歉。"
> "我想要道歉。"
> "我试图道歉。"
> "我想道歉。"
> "我会道歉的。"
> "我愿意道歉。"
> 请说出上述几句话的差别。

事实和价值观之间的差别不难理解，但是人们还是很容易不知不觉地把价值观带入论点中。通常情况下，当词语在上下文中的意义有所改变或出现不同用途时，它们就兼具了两种情况，既是事实，又表达价值观。"诚实""承诺""英雄主义""懦弱"这样的词语，常常用在特殊语境之中，既是对事实的描述，也表达了价值评价。

第 3 章
什么是概念思考

> **举例**
>
> "约翰承诺给莎拉 30 英镑。"这是简单的事实陈述句。但是"承诺"一词不仅指设法做某事或避免做某事,它也指遵守诺言是"好",不遵守诺言是"坏"。换句话说,这个词既有描述意味,又有规定意味。因此,根据"约翰承诺给莎拉 30 英镑"这句话,我们可以推断出这句话带有价值判断,意味着"约翰应当付 30 英镑给莎拉"。

概念思考

同样,概念问题也可能藏在简单的事实陈述中而无人注意。运用概念时,我们都会问同样的问题:"是的,但你说的 ×× 是什么意思?"在一次调查中,我们试着反思自己使用常见词语的方式。我们认为不能再想当然地看待这些词汇,因为我们的观点就藏在对这些词汇的使用之中。

有时候,我们不得不从讨论中抽身出来,问自己诸如此类的问题。在关于那位透析病人的陈述中,我们不禁要问:"'无依无靠''攻击性''家人'这几个词分别指什么?"通常情况下,我们的讨论会凸显这些概念的意义,因为双方对某概念的使用方式完全不同,对不同事实的讨论似乎变成了对概念差异的讨论。

概念思考就是一种独特的提问类型:它是一种自我反思,探索着我们对常见词汇的应用方式。

什么是概念思考

我们知道，处理概念问题势在必行，那么这类思考与其他思考方式有何不同呢？

- 概念思考就是要超越日常话语，把它们当作新词语来审视。
- 像孩子般天真地思考我们使用的概念，不预设，判断之后再接受。
- 思考我们的思考，也就是元认知。

只有以这种方式疏离对概念的常规理解，我们才可以分析它们，化整为零，揭露想法的模式及其联系的组织形式。接着我们就可以用不同方式整合这些想法，创造新模式，找到处理问题的新方法。我们也可以合并两个或以上的模式，创造出新概念。

- 我们可以**分析**它们，化整为零，揭示它们的组织模式。
- 我们可以**整合**想法，创造新模式，找到处理问题的新方法。
- 我们可以合并两个及以上的模式，**创造**新概念。

除了最简单的操作，思考就是把各种想法联系起来。概念思考的重要性就存在于这一事实之中。就其自身而言，想法的价值和意义并不大，只有我们将各种想法结合起来时，它才会变得有用。

第 3 章
什么是概念思考

> **举例**
>
> "我面前这个物体为红色。"这种想法有其表达的意思,但它并无实际价值,也没有太大的意义。
>
> 但是,如果我们将这个想法与其他想法——如"这个物体是一个人"或"红色的是血"——联系起来,它的意义就大多了。

这阐明了十分重要的一点:**思考的质量并非取决于想法的优劣,而在于我们发现的重要关系,以及我们在它们之间建立的联系。**为了将它们联系起来,我们在不知不觉中创造模式,组织想法,让它们塑造我们的思考。概念中所包含的正是这些模式。

想法结构

因此,只有学会思考概念、分析概念,揭示想法之间的潜在模式,我们才不会一再走入死胡同,才能找到解决问题的方法。有时候,我们会看到自己在原地转圈,困在同样的想法之中,如果无法从不同角度思考,我们永远不会取得进步。为此,我们必须学会分析概念,建立与众不同的联系和模式,并找到更好的解决方法。

大脑根据经验来创造行为模式。这些模式会反映出我们的信念、价值观和喜好。但我们保存下来的只有成功处理日常情况的那部分。它们是捷径,有了它们,我们就不必每次做决定时都花时间去计算了。

多年以来,我们的思考通过这种方式不断进步着。这些行为模式已经融入了我们的日常生活,总在不知不觉中帮助我们穿行于各种可能性之间。通过这种方式,我们可以诠释经验,答疑解惑,预测行为可能带来的影响。

> **举例**
>
> 作为消费者，我们面前摆放着各种令人眼花缭乱的选择，我们当然不可能逐一评估。于是，我们走了捷径：形成可以组织信念、价值观和喜好的模式，让这些模式成为操作标准，在做决定时引导我们采取习惯方式。

大多数问题以这种方式得到了解决。我们每天采取同样的程序来工作，每次逛超市时，我们脑袋里装着同样的购物清单，这些清单无疑反映了我们的消费习惯。电视频道让人眼花缭乱，但我们只会在最喜欢的那几个之中切换。

不幸的是，熟悉的模式未必最有用。大多数情况下，我们都意识不到这一点。模式一旦形成，我们就不会再去反思它，因为这样做只会妨碍它的运作。我们会选择熟悉的内容，这样一来，我们可以在无限的可能性之中游刃有余。因此，我们通常会忽略与选择相悖或让我们怀疑既定行为模式的东西。

> **举例**
>
> 20世纪50年代，认知研究发现，购买新车之后，消费者仍会继续关注这款车的广告。与此同时，因为担心自己后悔，他们通常不愿了解其他的信息。

幽默和填字游戏

这些模式搭建了理解框架：它们存在于我们所做的每一件事中。没有这些模式，我们很难看到诙谐点，也看不懂幽默评论。如果不去识别、比较或

第 3 章
什么是概念思考

适应这些模式,我们甚至很难玩好填字游戏。

> **试一试**
>
> 你能根据谜面给出答案吗?
> 谜面:"存款,预定"
> ——打两个字

这个谜面分为两部分,它们指向同一个词。你可以分析谜面所表现的想法结构,发现目标是找到其共同点。这个共同点就是答案。毫无疑问,答案是"储备"。你的存款是一种储备;预定或预留餐馆的桌子或火车上的座位也是一种储备。

说到诙谐与幽默,彼得·梅达瓦(Peter Medawar)爵士在其著作《寄语青年科学工作者》(*Induction and Intuition in Scientific Thought*)中写道:

> 西德尼·史密斯将军是有名的才子。一天,他和朋友在老爱丁堡非常狭窄的街道上散步。忽然,他们听到两个妇人在隔窗争吵。"她们不可能达成共识。"史密斯对他的朋友说,"她们根本不在同一间房子(premises)里"[1]。

在这个或其他类似的例子中,两种或多种想法在结构上存在着真正的或表面上的相似之处。正是这种结构上的相似造就了诙谐。在这里,我们立刻就可以意识到,"房子"这个词有双重含义。

---

[1] 作者这里用到了一语双关。Premise 一词,除了有房子的意思之外,还表示"前提、假设"。作者说"他们根本不在同一间房子里",也指她们对事情的看法完全不同,因此不可能达成共识。

顿 悟

更重要的是，当各种想法结构真正相似时，我们会茅塞顿开，突然就明白了不易理解的原理或想法。这种豁然开朗的感觉真是太美妙了！正如老师给你做了一个类比，本来很难的问题一下子就一目了然了。**顿悟源于你忽然明白了两套想法在结构上的相似之处：主语和类比。**

描绘想法间的相互关系

为了赋予孤立事实和想法以意义，我们必须揭示它们之间的联系，描绘出它们之间的相互关系。分析想法间的因果关系和概念关系是两种最有效的方式。

检验自己运用因果关系描绘想法的能力，我们会在第 10 章中涉及，而在接下来的三章内容中，我们就会学到怎样运用想法之间的概念关系来描绘它们。学习的内容包括怎样创造新概念，怎样分析其意义以及怎样将我们的想法整合为新模式。在这个过程中，你一定会发现，它是我们所有行为的核心。

不幸的是，我们很难在大学里学到这些技巧。老师分析问题时，我们可以学学这些技巧。老师整合各种想法，得出新想法，找到审视问题的新方法时，我们也可以学学这些技巧，可是这样的时候屈指可数。如果我们能够认识到这种情况是多么重要，多么有意义——但遗憾的是，我们大多数人都没能意识到这一点——我们可能会记住这些细节，然后如法炮制。

但是，大多数人没有这样做。为了弥补技巧上的缺失，他们开始仿效学校里传授的对抗性辩论技巧，社会各阶层因此争辩不休，媒体上也充斥着各政党间的争端。然而，**现代政治中的对抗言论，它们的简单思考模式却阻碍了我们进行概念思考和创造思考的能力。**我们思考时只在乎能否操控观点，

第 3 章
什么是概念思考

能否赢得争论,因此不会坦诚地直面事实,精确地呈现证据,揭示真相,更不会去管它是否支持我们自己的观点了。

测试题

文字推理测试

当然,如此一来,我们自然无法完成雇主们用来检验此类技巧的测试题。这些测试的主旨在于评估我们能否理解和分析复杂的书面观点,包括诠释和区分极其相似的复杂概念。为了正确地处理这些问题,我们必须能够分析概念的微妙内涵,否则我们很可能会弄错整段文字的要点。

在下面三章内容中,你将学到发展此类技巧,成功处理类似问题的方法。现在,请试着完成下列测试,它们可以就你的技巧给出评价。

区分词义

这类问题将评估你区分近义词的能力。

> **试一试**
>
> 1. 区分下列词语:
> (1)中立、公正、公平
> (2)撤回、撤销、放弃、摈弃
> (3)顺从、逢迎、卑屈、服从、亲切
> (4)说谎、误导、不告诉、失言、违约

SMART THINKING
如何成为更聪明的人

2. 请说出下列每组词语的区别：
(1) 暗示和隐含、蔑视和忽视、简单和简化
(2) 感觉和感观、减轻和缓和、同情和同感
(3) 逞能和勇敢、希望和乐观、大方和大度
(4) 理性和理智、幻觉和妄想、正确和真实

理解词义

下面是段落理解问题，分析的是你的阅读能力，测试你能否理解段落中词语的微妙含义。

试一试

19世纪下半叶，劳动力和信息突破了国家界线，新的改变压力应运而生，也带来了前所未有的社会分化和文化分裂。小镇以不可思议的速度发展为大城市，农村人口流入城市，欧洲各地有外国劳工不断涌入。在新兴文化阶层和流行大众媒体的推波助澜下，新的世界性文化发展起来。单是交流方式的变革就促成了品味、文化和时尚的融合。它们触及了整个欧洲商业社会，除了一些特别注重地方保护的地区，其他各地特有的民族风格都在逐渐消失。舞曲、电影、无线电及廉价休闲文学深受美国影响，到了20世纪30年代，曾经是国家自豪感和归属感来源的社会认同和文化认同，已经开始消失在不断变化的统一世界性文化之中。

(1) 下列哪个词语的意义最接近第二句话中的"不可思议"一词？
A. 不可思议

第 3 章

什么是概念思考

B. 从来未有

C. 不可能

D. 未必发生

E. 难以置信

（2）下列哪一个词可以最恰当地替换第三句中的"推波助澜"？

A. 激发

B. 影响

C. 造就

D. 准备好

E. 维持

（3）下列哪个词的意思与第五句中的"保护"相同？

A. 防卫

B. 隔离

C. 安全

D. 屏蔽

（4）下列哪个词与最后一句话中的"归属"是反义词？

A. 无关联

B. 独立

C. 局外人

D. 不相干

E. 任意的

答案：A、A、A、C。

段落逻辑

　　这类问题通过确认段落中提出的某些观点，如结论及支持它们的原因，评估你理解段落逻辑的能力。通常情况下，问题的答案不止一个，因此你需要选出最佳答案，这个答案可以更精确、更完整地解答这个问题。请注意：切忌提出与段落无关或矛盾的假设。

第 4 章

如何创建概念

在这一章中，你将学到下列内容：

- 概念的含义
- 如何利用概念进行创造思考
- 创造概念的实用方法
- 如何处理文字逻辑推理题
- 概念思考的重要性

我们的思考总是从一般到特殊，从抽象到具体。这是我们解释事物的方式：看到两个人在路边争吵，我们会理解为路怒症发作。在这一章里，我们将反向思考：从具体到抽象。如果说，从抽象到具体是我们解释事物的方式，那么从具体到抽象则是我们理解它们的方式。要做到这一点，我们可以从具体想法中创造新概念，也可以用第 6 章中要提到的方法，用新的方式将它们整合起来。

思考有其模式，大多数模式通过概念表现出来。我们收集想法不过就是在寻找模式，因为这些模式将帮助我们诠释想法，找出它们的意义。然而，通常情况下，各种想法会汇聚成一个结构，但我们并不能用既有的概念描述它。因此，我们必须发明一种新方法来呈现想法的模式——也就是说，创造新概念。

什么是概念

概念是对特殊事物的一般分类。它具有普遍性，涵盖具有某种特征的"所有事物"。哲学家罗素解释道："对普遍性的觉察叫构思，而我们觉察到的普遍性叫概念。"这些概念或一般分类所代表的是想法模式。通过这些想法模式，我们将经验分类、组织，也正是通过这些想法模式，我们可以用特殊的方式看待事物。

这些模式给了我们诠释世界的能力，让我们能够把控生活中的疑难问题。我们的思考可以超越细枝末节也得益于它们：我们可以概括事物的一般性，得出可以扩展理解力的结论。概念是实现这一目标最有效的方式。每一次使用概念，我们都在用过去的经验考量现在，并塑造影响未来的行为方式。

我们在上一章中看到，这些模式的形成得益于概念思考：我们摆脱收集到的想法、事实和信息，重新组织它们，把它们归纳为揭示其关系的一般术语。

> **举例**
>
> 所有具有相同特性的职业被分成一类，称为"行业"。这一概念表现了个例必须遵循某种想法模式。要成为一名行家，我们必须具备某些特征：非业余，精通，熟练掌握主要的知识和技巧，而且我们必须投身其中，负有其他成员所没有的道德责任。作为回报，我们可以享受垄断权，也掌握着这一团体中生杀予夺的大权。

创建概念有助于我们思考

但在实践中，学会创建概念对我们的思考有何益处呢？它将怎样帮助我们进行创新思考，帮助我们看到以前没有看到的东西，帮助我们产生创意解

第 4 章

如何创建概念

决难题呢?

组织信息,检索信息

就最简单的层面而言,这些强大的工具与现代图书馆里的分类系统作用相同。只要信息储存在其名目之下,我们就可以从浩繁的有用信息中找出它们。事实上,我们能够幸存下来靠的也是它。生者与死者之间的差别,就在于能否识别出代表危险掠食者的某种颜色和异动。

> **举例**
>
> 1944 年,上映了一部很著名的电影,叫作《双重赔偿》(*Double Indemnity*)。片中,爱德华·罗宾逊(Edward G. Robinson)扮演的核保人员告诉老板,他错把一名坠车身亡的人当作了自杀。他快速地检索了一些概念,这些概念形成了组织每一种自杀的保险精算证据的一般分类系统,快速地定位出显示此人不可能以这种方式自杀的证据。

诠释信息,评估信息

但是,概念并非只为我们提供大量信息这么简单。运用此类强大的思考工具,我们可以处理复杂材料,轻而易举地给出判断。

> **举例**
>
> 会计能够看懂资产负债表,老师可以读懂学术论文,律师能看懂诉讼,记者可以把孤立的事实联系起来。每一个人,只要动用理解概念的能力,都可以解读复杂材料,赋予它意义,并非常轻松地判断出它的价值。

更具创造力

概念的创造潜力引人瞩目。每次创造概念，我们都会把情况中的所有可能性清楚地罗列出来，形成一种结构。我们可以从这些出发，天马行空地思考：不仅仅是眼前的事实，更包括可能的情况以及以后会出现的情况。

> **举例**
>
> 在向一名律师咨询后，你觉得自己受了冷落，你希望得到注意的许多细节根本没有被注意到。在与汽车修理厂、商店或其他商业机构打交道时，你会劝自己，他们没有义务对你刮目相看，但是对于律师而言，情况却并非如此。你会提醒自己说，他们是专家，更应该知道自己的职责所在。随即，你的脑海中浮现出这种情况下的所有可能性，你开始在头脑中把这些可能性清楚地组织起来，以找出对策。

在思考概念时，我们会提取适用于所有情况（过去、现在和将来）的一般概念或原理，把它们从扎根于现在的具体情况中抽离出来。因此，我们面前呈现的是某种情况下的所有创造潜能，超越了一切具体细节。正因为如此，我们才得以摆脱种种杂乱无章又模糊不清的可能性。

预测能力

正因为如此，它赋予了我们预测能力，让我们知道应该做什么，不应该做什么。只要创造出能够描绘周围状况的模式，我们就可以预测将要发生的事。有了预测能力，我们可以更好地解决疑难问题。

第 4 章
如何创建概念

> **举例**
>
> 经济不景气的时候，政府认为投资基础设施项目可以促进发展，增加收入，减少失业率。但为了避免通货膨胀，他们需要知道合适的刺激强度。他们需要一个概念，这个概念可以描绘这种决定生成的环境。于是，1931 年凯恩斯的学生理查德·卡恩（Richard F.Kahn）创造了"收益增值率"这一概念。这一概念正好可以做到这一点。
>
> 经济学家可以根据这个概念预测可能出现的影响，因此他们可以精确地计算出怎样在不加剧通货膨胀的情况下刺激经济发展。投资基础设施项目可以增加工人和公司的收入，他们用增加的收入投入消费又会影响到其他生产商和零售商。于是，这些生产商和零售商会雇用新员工，购买新原料，更多公司和员工收入因此得以增长。通过这种方式，最初的投资引发了连锁反应，影响着整个经济状况，收入增加，对商品和服务的需求也会相应增长。
>
> 这一刺激的唯一局限是被纳入税收、储蓄和其他退款的金额。"收益增值率"明确指出，边际储蓄倾向越低——以此种方式抽取——收益增值率就越高。事实上，收益增值率与边际储蓄倾向成反比。因此，如果十分之一的刺激金额被提现，那么收益增值率就是 10，也就是说，如果政府投资了 25 亿在这些基础设施项目中，我们可以预测经济增长将为 250 亿。

如何创建概念

虽然创建概念听起来是一个复杂，甚至神秘的过程，但是我们还是可以学会如何创建它。为了推销产品，从事公共关系和广告业的人，可以想出新奇的点子；发明家和设计师，可以设计新产品，发明新服务，如利用网络交友，他们都在想方设法地创造新概念。最初，这只是个别行为，后来却发展成了普遍现象，也就是说，实现了从特殊到一般的转变。

> **举例**
>
> 斯坦利·库布里克（Stanley Kubrick）的电影作品《2001：太空漫游》（*2001: A Space Odyssey*）获得了1968年的奥斯卡奖。电影开始于一个令人不寒而栗的场景：一只猩猩捡起一根动物骸骨，将头骨敲成碎片。接着，他双手握着这根骨头，无声无息地高举过头顶，用它形成了一个概念。于是，这不再只是敲碎头骨的骨头，而是可以用来打倒所有敌人的"武器"了。

想法以同样的方式聚集起来，形成一种模式。最初，我们会寻找吻合这种模式的现成概念，求之不得，于是我们转而开始创造可以代表这种想法模式的新概念。

> **试一试**
>
> 测试题：抽象推理
> 第90页和第91页是抽象推理的例子，它将测试我们不依靠语言技巧理解和分析视觉信息的能力。请你区分各图形之间的异同，然后再根据这些异同得出其共有规律。

一些人说他们完全不知道怎样着手，但是在粗略地比较了四五个图形之后，大多数人就会清楚这一概念的核心特征。事实上，他们的答案很可能是

第 4 章
如何创建概念

武断的，毕竟就在几分钟之前，他们还说自己完全不知道这是什么，也完全不懂怎样去分析，得出结论。

用这种方式利用抽象图形有一个好处，那就是我们不会先入为主。如果使用语言，语言之间的相似性很可能让我们产生一些预设。我们不会受制于他人的想法，认为某些权威人士已经论述过这些问题了。我们靠一己之力形成这些概念，丝毫没有假人之手。

在逐一查看下列图形时，你会看到一个概念渐渐浮出水面。我把它称作"四形镶嵌图"。并非所有图形都是四形镶嵌图，因此你必须形成自己的想法概念来区分四形镶嵌图和非四形镶嵌图。完成这一步后，请回答下列问题：

1. 哪些图形是四形镶嵌图？
2. 分析四形镶嵌图的概念，并列出三项核心特征。
3. 你可以从下列特征中任选三项：

（1）底部为长方形。

（2）中心为圆形。

（3）三角形包围圆形。

（4）长方形包围圆形，与三角形相交。

就算你之前不知道四形镶嵌图是什么，但是随着概念的出现，你也能一目了然地看到其核心特征。

图 1

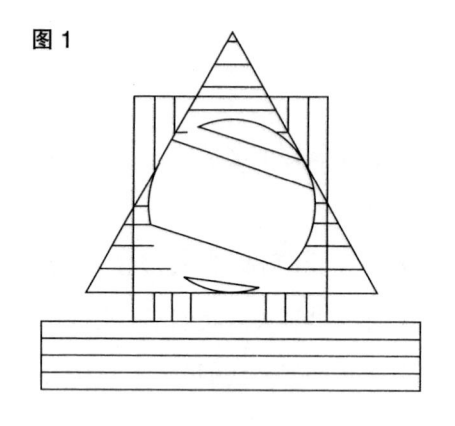

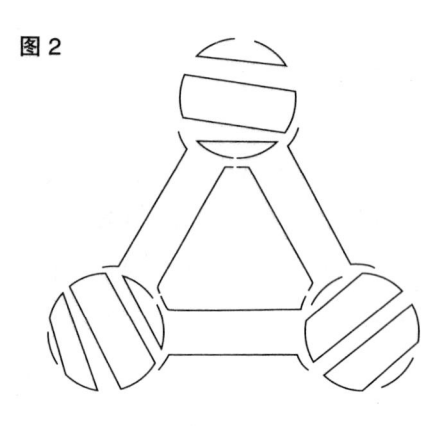

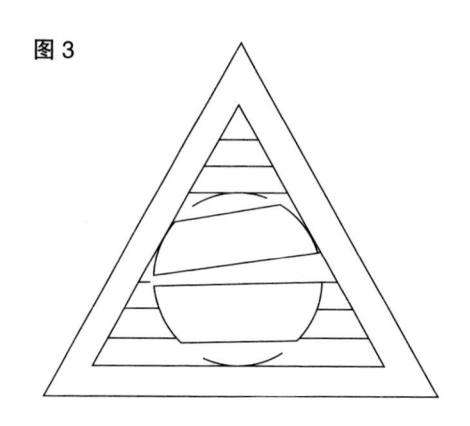

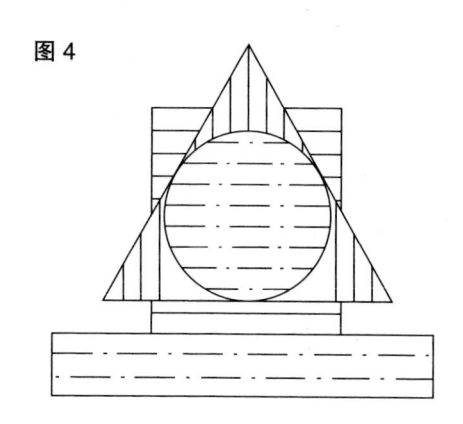

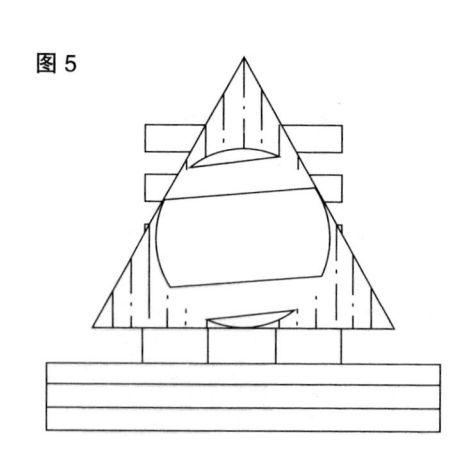

图 2

图 3

图 4

图 5

图 6

图 7

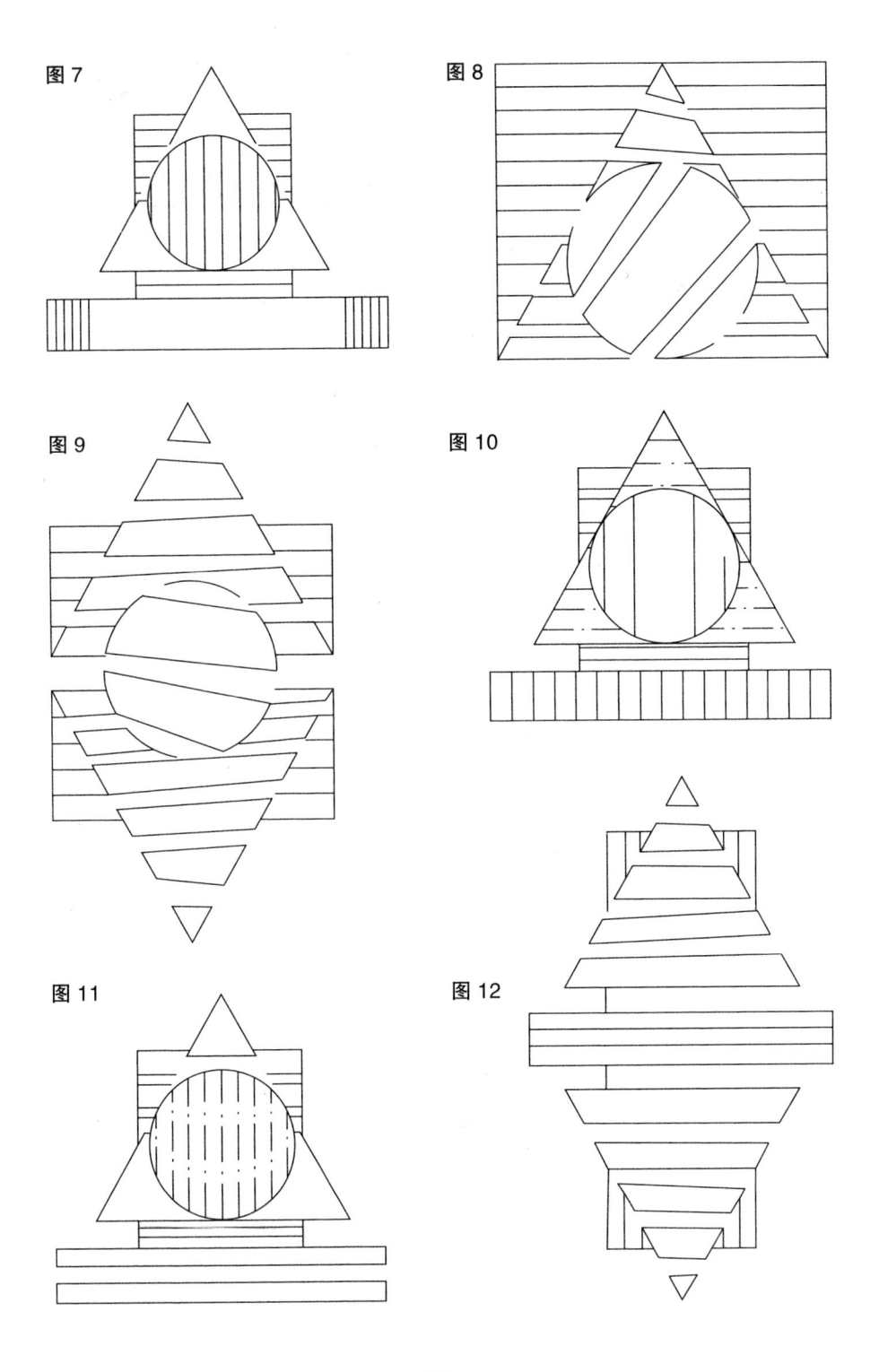

图 8

图 9

图 10

图 11

图 12

91

SMART THINKING
如何成为更聪明的人

> **试一试**
>
> 　　下列测试题与上一题相似，但它用到的不是抽象图形，而是语言。这是一个"类别组合问题"。题目要求与上题一样：创造一种概念。就这道题而言，它是一种可以涵盖所有范本的名目。
>
> **已知下列三类事物：**
> 　　A. 桌子、椅子、长凳、衣柜
> 　　B. 香蕉、菠萝、橘子、桃子
> 　　C. 火车时刻表、搜查许可证、结婚证、财产协议书
>
> **提示**
> 　1. 找出每一组各属什么类型。
> 　2. 把这些类型结合起来，创造一个可以涵盖它们的新类别。
> 　3. 在标签上写下新类别的名称，并用一句话描述它。
> 　4. 尽可能多地找出属于这一新类别的事物。
> 　5. 列出符合新类别事物的其他特征。
>
> **参考答案**
> 　1. 家具、水果、印刷文件。
> 　2. 树上长的东西。
> 　3. "木材是家具的原材料，木材也是纸张的原材料，水果和木材都来源于树木。"
>
> 　　这些问题的答案都不是唯一的。请你运用自己的想象力找出更多答案。

第 4 章
如何创建概念

从这两道测试题中可以看到，我们每个人都具备创建概念的能力。但是，对于大多数人来说，我们欠缺运用这些能力的技巧，以至于我们无法释放自己的潜力。通常情况下，我们看不到各想法之间的联系，而它们却是创建新概念的关键。看看下面的例子，然后好好想一想，你能否看到促成这一商业想法成功的联系。

> **举例**
>
> 1995年，《人物》(People)杂志刊登过一个故事，各电视节目，如《奥普拉脱口秀》(Oprah)、《日线NBC》(NBC Dateline)以及《早安美国》(Good Morning America)也都讲到这个故事：两位母亲注意到自己孩子身上的有趣举动，小宝贝喜欢看其他小婴儿微笑。于是，她们根据这一发现发散思考，普及到一般情况，并因此得出了一个新理念。
>
> 她们认为，如果自己的孩子有此种反应，那么其他人的孩子都应该会这样。孩子哭闹时，妈妈需要安抚他们，这是所有妈妈都会遇到的棘手问题，而这一发现也许能够解决这一难题。于是，她们发明了婴儿杯，内有27分钟的视频录像，记录着85名孩子的笑脸，还配上了音乐。她们把这一发明推荐给诊所、日托中心，甚至是普通家庭。不久，月销量已经超过了35,000套。

与许多好点子一样，这一想法也来源于反直觉思考能力。很特别的是，她们没有放过大家都能注意到的问题。她们思想开放，敢于怀疑一切，天真地提出问题。因此，她们在平凡之中发现了不平凡，发明了每个父母都需要却没能发现的东西。**我们需要反直觉思考，天真地提出问题**。

当然，你也许会说，婴儿杯只是小东西，不值得大书特书。事后回过头来，你可能会发现，这只是简单的理性演绎。但在没有先例的情况下，她们能够把事物联系起来，这并非易事。我们曾经说过，那些最伟大的科学发明事后追溯起来也不过如此。婴儿杯的发明自然也不例外。人们能够在因特网上交流，这也是再明显不过的事了吧？然而，想出"脸书"这一主意的，不是也只有马克·扎克伯格和阿伦·格林斯潘（Aaron Greenspan）吗？

实用四步骤

本章开头，我们讲到概念之中蕴涵着想法模式，我们可以通过这些模式将经验进行组织和分类，也可以用特殊的方式看待事物。因此，创造像婴儿杯这样的新概念——确切地说，是所有创造行为——都涉及模式形成的能力。这种能力需要在想法之间建立联系来获取。我们在上一章也曾经提到，决定思考质量的不是想法，而是其联系的重要性。新联系造就新概念，新概念带来面对世界的新方式。史蒂夫·乔布斯说：

> 创造就是把事物联系起来。当你询问某人怎样完成创造时，他一定会心怀愧疚，因为他并没有真正创造什么，他只是看到了事物之间的联系。他似乎总能很快找到事物之间的联系。

因此，我们必须要学习建立联系的技巧——建立特别的、深刻的联系。不幸的是，我们的创造力并非与生俱来。系统1的直觉思考对我们具有非常大的影响，这就意味着我们只能看到自己想要看到的东西。就算看到所有事实，我们也会对联系模式视而不见，而恰恰就是这些联系能让我们得到新概

第 4 章
如何创建概念

念，找到解决问题的办法。它似乎与既定想法模式的视角毫无关联。

另外，系统 1 思考运转速度很快，如此一来，我们就会错过某些东西，并由此武断地得出假设，思路也很跳跃。所以我们注意不到概念，那些深刻的想法，哪怕它们就隐藏在众目睽睽之下。

- 大脑的创意并非与生俱来。
- 我们只能看到自己想看到的东西。
- 系统 1 思考运转速度很快，我们会错过某些东西。
- 我们没能注意到概念，那些深刻的想法，哪怕它们就隐藏在众目睽睽之下。

然而，我们可以学着用一种简单的方法来创造新联系。这种方法能教会我们深思熟虑，只有这样，我们才不会认为一切都是理所当然的。只要循序渐进地使用这种方法，我们就能更好地进行反直觉思考。

步骤一：列出所有事实

首先，我们需要系统地罗列相关问题的所有事实。回想一下几何图形问题，你会发现我们了解所有必需的材料。接着，我们需要独立创造它，小心不要犯下自以为是的毛病。不幸的是，我们总是轻信自己已经知晓全部内容，不愿将它们罗列出来。也正因为如此，我们可能会遗漏某些可能性。

因此，你需要列出所有事实，简单地思考。有些人把一些事看作显而易见的常识，但一些研究者却会针对这些内容提出自己的问题。正是因为如此，他们才获得了顿悟，打破僵局，豁然开朗。这些问题看似没有必要，也显得微不足道，但事实却并非如此。因此，你需要减慢节奏，重新审视那些看似明显的假设。记住：没有什么是理所当然的！

步骤二：进行推论，建立联系

想要建立联系，进行推论，最简单的方法便是找出**趋异点和趋同点**。趋异点指那些明显存在矛盾的事物，而趋同点指那些互为支持的事物。趋同点互为补充，可以更清楚地揭示其内涵，它可能是观点的逻辑延伸，也可能是观点的证明。

想了解联系的动向，跟踪推论，你需要建立一个清楚的结构：一个模型（参见第 2 章 50 页内容），或者任意形式的模式备注——通过它，你一眼就能看到想法之间的联系。如果你不清楚模式备注是什么，请参见下一章的例子。在某些情况下，这种方式可以使解决方案一目了然。

步骤三：假设 / 创造新概念

不管是创建新概念，还是构思解决问题的假设，我们所做的事殊途同归，即将想法联系起来。罗列所有已知事实或可推断情况，这些联系模式就会变得更清晰。因此，你也可以轻松地创造出想要的概念，或为要解决的问题找出两三种可能的解决方案。这一点，我们会在下面的例子中讲到。

步骤四：检验

完成上一步骤后，你需要对假设进行检验。在下一章中，你将学到用非典型例子、对比例子和不确定例子来检测你的概念。

第4章
如何创建概念

测试题

对于阐明一种方法而言,最好的办法是用它来解决文字推理问题。我们在第 2 章也介绍过这类问题。

> **试一试**
>
> **谋杀案**
>
> 近期的一桩谋杀案有 6 名涉案人:柯林斯、弗兰奇、古奇、黑格、莫兰和沃克。他们可能是受害人、凶手、证人、警察、法官和行刑人。此案情况如下:受害人遭到近距离射击,当场身亡;证人没有看到案发过程,但他声称听到了争吵声和枪声。经审讯,宣布凶手有罪,判处死刑,判决得到执行。
>
> 根据下列事实推断出他们各自的身份:
> - 莫兰认识受害人和凶手。
> - 审判期间,法官要求柯林斯陈述枪击事件。
> - 沃克是 6 人中最后一个见到弗兰奇还活着的人。
> - 警察声称他在尸体附近看到过古奇。
> - 黑格和沃克素未谋面。

步骤一:列出所有事实

首先,搭建结构,把已知的所有事实都放入这个结构之中。这个问题与第 2 章中处理过的问题相似,提供的也是每个人之间的关系,因此我们需要从这些关系出发,做出推论。

步骤二：进行推论，建立联系

首先，我们必须从已知的事实中得出完全可靠的推论，再将它们系统地放于结构图中。完成这一步后，我们便可以进行假设了。接着，我们将一步一步地检测，慢慢排除结构图中的选项，直到得出答案。

趋异点

莫兰认识受害人和凶手。

推论：他不可能是受害人或凶手。

趋同点

法庭上，法官要求柯林斯陈述枪击事件。

推论：柯林斯可能是警察，也可能是证人或凶手。

沃克是6人中最后一个见到弗兰奇还活着的人。

推论：（1）沃克可能是凶手，也可能是行刑人。

（2）弗兰奇可能是受害人，也可能是凶手。

警察声称，他在尸体附近看到过古奇。

推论：古奇可能是证人，也可能是凶手。

根据上述推论，你可以得出下表内容：

	受害人	凶手	证人	警察	法官	行刑人	
柯林斯	×				×	×	可能是警察、证人或凶手
弗兰奇			×	×	×	×	可能是受害人或凶手
古奇	×			×	×	×	可能是证人或凶手
黑格							
莫兰	×	×					认识凶手和受害人
沃克	×		×	×	×		最后一个见到弗兰奇活着

第 4 章
如何创建概念

步骤三：假设 / 创建概念

现在，我们可以根据已知提出假设。

事实

黑格和沃克从未碰过面。我们知道，沃克是最后一个见到弗兰奇还活着的人，所以他要么是凶手，要么是行刑人。同时，弗兰奇可能是受害人，也可能是凶手。

假设

如果沃克是行刑人，那么黑格一定是受害人，否则与其他人物一样，他们一定碰过面。

步骤四：检验

假设沃克是凶手：那么，他一定见过故事里提到的每一个人，其中当然也包括黑格。所以，沃克只可能是行刑人，而黑格只可能是受害人。

假设沃克是行刑人：那么，黑格自然就是受害人，否则他们一定碰过面。

因此，我们可以得出结论：沃克是行刑人，黑格是受害人。

完善结构图

现在，我们可以在结构图相应的位置填上 × 或 ○。这时，我们发现，法官的对应栏中只剩下莫兰的名字；警察一栏中也只剩下了柯林斯。于是，证人一栏只剩下古奇。最后，凶手一栏也只剩下了弗兰奇。见下图：

	受害人	凶手	证人	警察	法官	行刑人	
柯林斯	×	×	×	○	×	×	可能是警察，证人或凶手
弗兰奇	×	○	×	×	×	×	可能是受害人或凶手
古奇	×	×	○	×	×	×	可能是证人或凶手
黑格	○	×	×	×	×	×	
莫兰	×	×	×	×	○	×	认识凶手和受害人
沃克	×	×	×	×	×	○	最后一个见到弗兰奇活着

遐想与顿悟

虽然这一描述非常简单，但它仍然可以展现出罗列已知信息的重要性，因为只有罗列出信息，我们才可以把形成新概念的想法——也就是我们在这里用假设所呈现的内容——联系起来。然而，尽管如此，我们还是会遇到不清楚的情况。突发的灵感，照亮前进方向的概念，并没有出现。在这种情况下，如果你对难题虽百思仍不得其解，那么你必须学会放弃意识思考，想想其他办法了。

> **举例**
>
> 在一项研究中，参与者被告知有四段分开的链子，每段链子有三节。打开一节链子需要2分钱，合上一节需要3分钱。最初，每节链子都是合上的。参与者的任务就是把这12节链子连成一个圈，但花费不得超过1角5分钱。

第4章
如何创建概念

> 参与者完成任务的时间为半小时。第一组参与者中途不休息,只有55%的人完成了任务。第二组休息1个小时,在休息时间内,他们可以做其他事,完成任务的人达到了64%。第三组休息了4个小时,成功率达到了85%。

这就说明潜意识可以有效地组织和架构我们的想法。在其传奇著作《成为作家》(*Becoming a Writer*)中,作者多萝西娅·布兰德(Dorothea Brande)描述了创造的过程。她把潜意识描述为"格局的伟大来源"。潜意识能比意识更快地看到模式之所在:

> 思想之下,大脑深处,他(作家)完全没有意识到……活动已在推进,他的故事已被融合,融入了整个作品之中。

因此,多萝西娅·布兰德指出,我们必须学会相信这种"高级想象力",它真的会对我们的思考有所助益。我们必须让位于这种"天性的强大之力",因为它就是直觉知识的来源。

在这个联系建立的过程中,与它之前长期的工作相比,顿悟似乎得来全不费工夫。想法逐级汇聚,线索相互印证,我们看到了完整的解决方案。它是一个各部分都吻合的完整体。彼得·梅达瓦认为这类顿悟具有三个特点:

- 来源的意外性;
- 概念的完整性;
- 没有意识过程的参与。

格式塔心理学家沃尔夫冈·科勒(Wolfgang Köhler)坚信,我们在黑暗中跌跌撞撞，寻找问题的解决办法，这并非偶然。事实上，这是一种普遍现象，这个时代许多最伟大的思想家都曾提到过这一点。法国数学家亨利·庞加莱（Henri Poincaré）、德国化学家奥古斯特·凯库勒（August Kekulé），甚至是爱因斯坦，都曾描述过相似的经历。伟大的见解看似来得不费力气，是自发的，但事实上，在这之前，他们已经进行了长期的工作。当他们停止工作，当他们不再去想这些问题时，当他们做其他事，甚至是在白日梦中，答案不期而至。

> **举例**
>
> 爱因斯坦年轻时曾在专利局工作。有一天，他坐在办公桌前神游千里，忽然看到对面楼顶上有一名建筑工人。他幻想着这个人可能会从屋顶上跌下去，就在这时，他灵光一现。他把这次体验描述为"生命中最快乐的想法"。他意识到这个人在落地之前不可能感觉到自己的体重。这就是他可以用来延伸重力学的线索。于是他得出了相对论。马克斯·玻恩（Max Born）后来把这描述为"人类思考自然的伟大壮举，它是哲学思考、身体直觉和数学技巧的最惊人结合"。

所有这些经历中都蕴涵着一种循序渐进的系统方法。沿着本章描述的步骤，你就能获得顿悟，找到解决问题的方法，创造出新概念。不管你是有意识的，还是借助潜意识的帮助，大脑将把你带到以前不曾去过的地方，看到那些没有见过的事。

第 5 章

如何分析概念

在这一章中,你将学到下列内容:

- 分析概念对思考的重要意义
- 概念意义对上下文的依赖以及上下文的使用目的
- 怎样区分开放概念和封闭概念
- 如何揭示概念所表达的想法模式
- 怎样应用非典型例子、对比例子和不确定例子检测概念

晚年时，爱因斯坦说他每天都去办公室，只是因为"他想要和库尔特·哥德尔（Kurt Gödel）一起走走"。帕利·尤格拉（Palle Yourgrau）在《没有时间的世界》（*A Word without Time*）中解释道，哥德尔利用相对论计算出宇宙飞船怎样穿梭于过去和未来。但是接着，在分析了什么是时间后，他又在物理学界投下了一枚重磅炸弹。

他指出，我们回到过去，时间就会停止，可"静止的时间根本就不能被称为时间"。爱因斯坦意识到这句话的意义：时间并不只是相对的，它是一种想象的东西，它并不存在。实际上，哥德尔已经证明，在相对论主导的世界里，世界并不存在。通过分析时间的概念，哥德尔提出了一个革命性的观念：一个没有时间的世界。

哥德尔所做的，无非是我们每个人在分析概念时所做的事：**打开阀盖，察看下面的发动机**。正是这驱动了我们的思考，决定了我们思考的方向，否则，我们就会失控。我们也许会想，为什么理解某些事就这么难呢？为什么我们使出浑身解数还是找不到问题的答案呢？答案是：我们并不知道问题由我们自己的概念所造就。当我们打开阀盖，看到下面的想法模式时，我们就会看到新想法。哥德尔正是通过这种方法看到了相对论的含义。

对我们有什么影响

对学术工作的影响

在学术工作中，它的重要性太明显不过了。学习历史时，我们必须知道"革命"这个词的含义才可能使用这一概念；研究文学时，我们必须分清什么是喜剧，什么是悲剧，分清反讽和讽刺的区别；学习政治时，我们会遇到诸如自由、意识形态、平等、权力、权威等概念；法学上，我们必须弄清惩罚、义务以及法律和道德的差别；商业学上，贿赂、佣金、礼物、奖励和小费的区别，也需要我们去弄明白。

对工作的影响

我们可能认为，分析概念只是学术问题和学习知识相关的事，但我们每个人都需要揭开阀盖，看看概念怎样影响我们的工作。我们生活在一个二手世界里，我们思考的质量取决于我们从他人那里得到的解释。要成为一名优秀的老师、护士、牙医、眼科医生或理疗师，你必须避开其他人对概念的理解，自己想一想："这一职业到底是什么？我还能为我的病人和顾客做点什么？"

第 5 章
如何分析概念

> **举例**
>
> "社区医生"这一概念50年来一直在发生变化,几乎完全改变了模样。医生不只负责个别病人,还要肩负起预防全社区疾病的责任,倡导健康的生活方式。如果病人生活的环境遭到破坏,他还有权参与规划决策。

在工作中,你也会遇到某些概念,你需要不断地与这些概念角力,以确保自己更好地完成工作。护士、医生、医院负责人,都必须清楚地了解"照顾病人""生活质量""病人自主权"这些概念意欲何指。老师必须知道什么是"监护义务":它从哪里开始,又在何时结束。记者和编辑必须知道什么是"隐私",什么又是"公共利益",什么时候会侵犯他人。

对商业的影响

我们使用的概念不仅决定着我们诠释和组织经验的方式,也是我们行动的基础。**我们对概念的理解决定了我们的反应方式**。许多团体没能看到这一点,仍局限在自己的文化之中,相信它们应该按照惯例行事,因此他们用过时的方法训练员工。如此一来,员工只了解了过去,却不知道怎样面对未来。

要避免这种问题出现,我们必须学会概念思考,因为只有这样,我们才能超越惯例,高屋建瓴。这意味我们要分析自己所使用的概念来理解我们生活的世界,看到它们呈现的想法模式。随后,我们便可以运用想象去揭示呈现在眼前的无尽可能了。

> **举例**
>
> 商人希望找到有利可图的市场；广告经理寻找推销产品的新方法；工程师想搞创新发明和设计。在诸如此类的情况下，他们都要分析概念，找出工作重心。

我们都应该掌握分析概念的能力，因为概念会影响我们的理解和行为。要做到这一点，我们必须学会退后一步审视它们，像哥德尔一样思考。哥德尔会问，"时间是什么？"同样，我们也可以就"革命、贿赂或隐私"等概念提出问题。

什么是分析概念

问题在于，用这种方式分析我们每天都在使用的概念看似并不必要。因此，我们必须学会提出典型的哲学问题："我们说的 ×× 又是什么意思呢？"在一次研究中，为了重新理解一些常用词，我们就曾用自我反思的方式提问。

早在 2,400 年前，苏格拉底就已经开始使用这种方法来提出问题。苏格拉底抨击了对传统辩论的简化和华丽用词，仔细地调查了权威言论和他学生的观点，抱着质疑一切的态度，提出最简单的问题。通过这种方式，他揭示了他人在用词上的含糊不清，因对概念的想当然所造成的观点内涵不明，以及因用词过分自信所带来的自相矛盾。

第 5 章
如何分析概念

- 针对常见词深入提问，进行自我反思。
- 针对概念提出简单问题，避免想当然的情况。

首先，你要认识到词的意义并不单一，它视上下文以及你的使用目的而发生着变化。它们的意义不能脱离上下文而单独存在，因此我们应该考虑它们确切的用法和可能出现的用法。查字典时，我们看到字词必须放在特殊的上下文中来理解，或者根据当时的情况，根据流动的意象来理解。每个意象都记录着概念在特殊时段的意义，它发生过哪些变化，以及它正在发生的变化。因此，我们分析概念的任务，就是要描绘出概念的所有不同的使用方式。

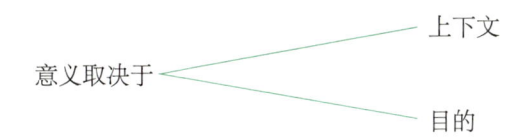

意义取决于 —— 上下文
　　　　　　 —— 目的

我们使用的大部分概念都在不断变化，这既因为文化和社会的变迁，也因为我们使用目的的不同。概念的意义，诸如"进步""成功""奢侈""必要""贫穷""繁荣"等，都与其使用者以及它们所处的上下文息息相关。

> **举例**
>
> 我们承认"贫穷"这一概念，从绝对意义上讲，指无法维持生计的人，或那些在自然环境中没有永久庇护所的人。但是，就其相对意义而言，这个词因具体情况、具体涉及的对象而代表着不同的意义。在当代社会中，贫穷可能指没有彩电，没有冰箱，或者没有二手车。

开放概念和封闭概念

封闭概念

分析之后我们发现,一些概念的意义和字典里的解释相差无几。它们就是所谓的"封闭概念"。这些概念的意义通常不会发生变化,非常明确。像"自行车""单身汉""三角形"这样的词,都有其意义结构,而且**这种结构在逻辑上具有必然性**。因此,当你说"这辆自行车有一个轮子"或"这个三角形有四条边"时,每个人都可以知道你犯了逻辑错误,人们都知道你错在哪里。事实上,按照惯例使用这些词时,我们就是把自己对这个世界的理解建立在一种以特殊方法组织的结构之上。

开放概念

开放概念的情况正好相反,我们对这个世界的经验塑造了我们的概念。与封闭概念不同,它们的意义不受复杂的正式规则所控。因此,我们不能通过查字典确定它们的意义。它们的意义取决于,也反映着我们不断变化的经验。如上面提到的"贫穷"一词,它随时间而变,在不同的文化中也代表着不同的含义。

封闭概念和开放概念的区别:

· 封闭概念受制于复杂的正式规则;开放概念随情况和经验不断变化。

· 封闭概念架构我们理解经验的方式;开放概念由我们理解经验的方式而架构。

第 5 章
如何分析概念

因此，我们所关心的不应该是这些词以及它们在字典上的定义。当我提到一个透析病人"生活质量很差"时，你也许知道这些词的字面意思，但你还是会问"生活质量差"究竟是什么意思。虽然我们明白每个词的意思，但对概念的理解还是会出现问题。

> **举例**
>
> "家人"这个词的意义并不难理解，但是这个概念仍可能出现歧义。在一些社会中，或者在一些时期里，"家人"及其相关概念的意义，如"阿姨""叔叔"，是模糊和不断变化的。狭义的家人特指有血缘关系和婚姻关系的亲戚，但是在一些社会中，这个词的意义更广泛，不仅指狭义的亲戚，也指和这家人维持长期关系的朋友。

这反映的可能是不同社会和不同阶段的发展情况。在农村占主导地位的社会里，社会流动性差，人们使用的可能是狭义概念。相反，在工业化社会中，社会流动性强，群体处在不断的变化之中，这些概念的使用更自由，也用来指好朋友。年轻夫妇带着孩子离开父母，搬到城里，所以他们希望能够重建一个安全的大家庭，因此也就把好朋友看作家中的亲人了。

> **举例**
>
> 路德维希·维特根斯坦在《哲学研究》(*Philosophical Investigations*)中以"游戏"一词为例，指出这个词没有核心特征：没有什么是所有游戏共有的。当你从一种游戏切换到另一种游戏时，会出现一些普遍特征，但另一些特征却消失了。一些游戏涉及竞争，另一些游戏却只有一名参与者。一些游戏需要技巧，另一些游戏纯粹靠运气。他指出，我们所看到的，只是"一些相似的东西，它们很复杂，互相重叠，又相互交叉"。

事实上，一些开放概念非常开放：这些概念似乎没有核心因素，虽然我们举的例子完全不同，但我们仍然用相同的名称称呼它们。

现在，该你自己试一试了。列出所有你能想到的游戏，试着找出它们共有的核心特征。

试一试

下列概念中，哪些是封闭概念，哪些又是开放概念？

1. 哺乳动物
2. 演绎
3. 奇迹
4. 抑郁
5. 剥夺
6. 危害
7. 必要性
8. 自由
9. 动机
10. 水果

答案：

开放概念：4、5、6、7、8

封闭概念：1、2、3、9、10

分析概念的三步技巧

区分开放概念和封闭概念十分重要，因为比起以封闭概念为基础的思考而言，**基于开放概念的思考渗透性更强，更有创造力，也更新奇**。封闭概念对常规的偏离并不大，但开放概念的边界更模糊，我们可以在它之上建立复杂的新想法结构。上一章中，我们创造了一种新概念，"组合镶嵌图形"，

第5章
如何分析概念

也处理了涉及创造复杂新想法结构的类型组合问题。这类思考就是创造力的核心。

鉴于这个原因,无论你在做什么,从事什么职业,进行何种学术研究,很显然都必须发展分析概念的技巧,以揭示想法下面隐藏的结构。通常情况下,在我们使用某个概念时,我们会被一个或多个想法占据,因此通过分析结构,我们可以从新起点出发,以新的想法为开始,并以它为基础与其他想法建立新联系。我们可以运用这个结构,改造它、改变它,创造新概念,找出新的解决方法。

下面,你将学习一种常用的简单三步技巧。学习完成后,请想一想你在工作中遇到的那些概念,比如"平等""权威""隐私""需求""革命"等,究竟是什么意思。

第一步:收集典型例子

首先,花一些时间收集例证:例如5~6个日常使用概念的方式。例子的差异越明显越好。通过这种方式,你可以排除它们的差异,更清楚地揭示其在本质上的相似点。

> **试一试**
>
> 我们常常听到"悲剧"这一概念出现在某些语境之中,这时候我们会想,这一概念的意义是否真如我们所想。这个词如同"英雄"一样,使我们迷惑,因为人们会用"英雄"来描述足球运动员、田径运动员,甚至是一些名人。
>
> 有人会用"悲剧"一词来描述足球队失利,止步于决赛之前,也

> 会用它来描述手机丢了。这似乎并没有完全表现出这一概念所表达的内容，特别是比起造成死伤无数，引起家破人亡、财尽人失的地震或飓风来说。

那么，我们所说的"悲剧"到底指什么呢？首先，我们要收集一些例子，在何种情况下，我们可能用到这一概念。接着，我们会分析这些例子，提取它们的核心特征——此步骤与处理前面的图形问题和类型组合问题相似。当然，我们不可避免地会提到著名的希腊悲剧和莎士比亚悲剧：

> **俄狄浦斯**
>
> 俄狄浦斯得到神谕，说他会杀父娶母。他做了很多努力来避免这种情况，但是预言还是成真了。最后，人们知道了他的真实身份，他的母亲自杀了，他也用她的胸针刺瞎了自己的眼睛。
>
> **麦克白**
>
> 麦克白渴望得到权力，他的妻子也极力怂恿他。在这些力量的驱使下，麦克白摧毁了自己所爱的一切，他最好的朋友，他的妻子，甚至是他自己。
>
> **奥赛罗**
>
> 奥赛罗爱苔丝狄蒙娜，但他还是听信了亚戈的挑拨，妒火中烧。后来，他认为苔丝狄蒙娜爱上了凯西奥，便杀了她。得知真相之后，奥赛罗拔剑自刎。
>
> **罗密欧与朱丽叶**
>
> 罗密欧和朱丽叶坠入爱河，偷偷结了婚。后来，罗密欧被赶出城，朱丽叶也被家人逼迫嫁给帕里斯。朱丽叶不愿意，喝下安眠药装死。听

第 5 章
如何分析概念

> 到朱丽叶的死讯后,罗密欧赶了回来,并在她的墓前喝下毒药。这时,朱丽叶醒了过来,发现罗密欧倒在了自己身边,便用匕首刺死了自己。

下列几个事例是我们通常所指的悲剧:

> **意外死亡**
> 　　有人想把车从车库里倒出来,但是,他没注意到自己的小儿子正在车后玩耍。车从儿子的身上碾了过去,儿子死了。
>
> **窃贼**
> 　　有人在半夜惊醒,怀疑家里进了贼。他看到一个影子在房间里移动,就朝这个影子开了枪,却发现死者是自己的儿子。
>
> **募捐者**
> 　　有人骑自行车从兰兹角到奥格罗茨去募捐。两周后,他在途中被一辆大卡车撞死。

如果你觉得找例子很难,可以想一想下面三个问题:

1. 我怎样使用这一概念?

首先,"我怎样使用这一概念,我使用它的方式有很多种吗?"如果你的答案是肯定的,就会出现一个结构:去探索每一种方式,揭示其内涵。许多情况下,我们在概念前使用的前置词非常有用,它表明词义可能有所不同。例如,"权威"前面加上数量词"一位",或"权威"用在"有"之后,"权威"一词的意义就不一样。

2. 我指的是哪一类事情?

如果第一个问题没有帮助,你可以想一想第二个问题:"在使用这一概念时,我指的是哪一类事?"这就意味着要回忆简单的日常情况。在这些情况下,你虽然没有实实在在地用到诸如"贿赂""需求"或"隐私"这样的词,但你却发现自己正在谈论它。那么,提到"悲剧"一词时,你脑袋里想的是什么呢?

3. 它与类似的词有什么区别?

要更好地回答这个问题,第三个问题通常很有帮助:"它与类似的词有什么区别?"当我使用"贿赂"一词时,它与佣金、礼物、小费、分红这样的词有何区别?在使用"权威"一词时,它与权力、力量、合法性、影响力等词又有什么不同呢?提到"悲剧",它与意外、灾难、灾害的区别又在哪里呢?

第二步:分析例子

现在,利用这些例子创建你自己的概念,运用你的概念技巧,从抽象到具体,就像你创造"组合镶嵌图形"这个概念和处理类别组合问题时一样。换句话说,找出每个例子中的普遍特征,把它们抽取出来,再将它们重新组合,形成概念。只要找出每个例子中共有的特征模式,我们就能看到隐藏在它们之中的概念。

如果你发现7个例子中只有4个具有相同的核心特征,而另外3个在某方面并不吻合,这也没有关系。在这种情况下,你需要组合这4个相似的例子,用它们创建概念,然后再用其他3个来检测这一概念。

第5章
如何分析概念

> **举例**
>
> 根据上面"悲剧"一例中列出的清单,我认为这一概念具有5个核心特征。
>
> 1. 它描述的事件涉及死亡、受伤或毁灭。
> 2. 它似乎也包括弄巧成拙,具有讽刺性,是无意行为,因为做某事而摧毁了所有的希望和渴望。
> 3. 它涉及失去不可替代之物。
> 4. 它的原因似乎并不受我们控制,要么因为性格上的缺陷,要么因为行为受到强烈的、失控的情感影响。
> 5. 最后,在这些情况下,我们似乎并不明了所有事实:其中有隐藏因素存在。强烈的欲望使我们变得盲目,其他人都可以看到最后的结果,我们却不能。这常常被称为"悲剧性讽刺"。

当然,也许你分析出的内容并不一样,但它们很可能极其相似。请记住,这里没有正确答案可言,只是一个概念,这个概念的意义会随着上下文和目的的变化而变化。

第三步:检验概念

大多数情况下,你会发现自己的总体结构正确,但有些细节或细微区别却没有看到。因此,通过检验概念,你可以找出这些基本特征,同时无须再理会某些偶然性。在这个过程中,你对核心特征的理解将得到提高。

用这种方法检验概念,步骤非常简单,但你必须刻意而为之。我们的目标是设立心理实验,检测我们的概念,首先针对这一概念的非典型例子,然后针对对比情况,最后针对不确定情况。在每一个阶段,我们都会修正这个

SMART THINKING
如何成为更聪明的人

概念，直到它正确为止。

1. 非典型例子

首先，看看你的结构，试着找出一种非典型情况，也就是为这个概念找出一个不完全吻合你结构的例子。它可能欠缺结构中的某些特性，或具有结构中所没有的某些特性。然后，分析它的特征。你可能会发现这个例子中有你之前没有发现的东西，事实上它的确吻合这个结构。或者，在考虑过所有可能性之后，你会清楚地看到，虽然对于这个概念而言，它是很好的例子，但它与结构并不吻合，因此你必须将这一例子纳入考虑之中，重新调整你的结构。

> **举例**
>
> 1981年6月10日，一名6岁的意大利小孩阿尔弗雷多·兰皮掉进了一口很窄的深井中。救援人员随即赶到，发现他落在离地面36米的地方。他们从与这个距离平行的位置开始挖掘，但这个钻孔位却让他又下滑了30米。电台直播了这一事件，虽然全力救援，但情况却愈加绝望。这个小男孩越滑越深，许多个小时过去了，阿尔弗雷多从麦克风里传出的声音也越来越微弱。最后，在6月13日早上6:30左右，小男孩被宣布死亡。

毫无疑问，这是一场悲剧，但它似乎并不吻合"采取行动时，旁观者清，但我们并不知晓所有事实"这一特征。毫无疑问，救援人员并不知道他们的行为会让阿尔弗雷多越滑越深。当然，随着时间的流逝，他们已经越来越绝望。但很难看出这件事中是否包含悲剧性讽刺：除了那些从一开始就认为小

第 5 章
如何分析概念

男孩不可能获救的人,最终的结果并非人人都清楚明了。

因此对于这一特征,我们有两种选择:我们可以摈弃"除了局中人,人人都清楚失败结果"的悲剧性讽刺因素,或者我们可以保留它,并把命运作为压倒性力量的影响包含进来,所有局外人都能意识到这种力量的存在。

不管你的选择如何,你会发现你的概念得到了提升。你可能筛除了必须摈弃的偶然性,也可能巩固了你在以前分析中不太清楚的核心特征。

2. 对比例子

检测之后,你可能更有信心,认为这一概念是正确的。现在,更大的考验来了。这一次,请思考一个与你的概念完全相悖的例子。找出一个你认为最极端的例子,它和你的概念结构完全不吻合,并且最好不具有你结构中一个或多个核心特征。现在,用这个例子检验你的结构,看看是否需要调整特征以及它们相互关联的方式。

> **举例**
>
> 2001 年的 9 月 11 日,恐怖分子劫持两架客机撞击了纽约世贸中心的双子楼,造成机上人员及大楼中近 3,000 人丧生。事发时,飞机上的乘客在最后时刻纷纷打电话跟自己的爱人道别。

同样,"9·11"事件明显是悲剧,但是有许多涉及死亡、受伤和毁灭的事件,我们却不能用悲剧来描述。那么,为什么我们要把"9·11"描述为悲剧呢?换句话说,悲剧和灾难的区别在哪里?如 2004 年的节礼日海啸就是一场灾难,它波及了 14 个国家,死亡人数多达 230,000,许多海边城市也被摧毁。

区别可能在于，在没有人牵涉进来的情况下，人们不会把这些事件看作悲剧：我们和这些事件发生关联时，它们才是悲剧。那个时候，它会引发我们的深思，改变我们看待世界的方式。如果是这样，第一个特征就需要调整，我们必须把这一点突显出来。

同样，我们也需要调整第二个特征"弄巧成拙"。很明显，飞机上的人并不想死。因此，我们应该摈弃这一特征，或者重新定义它。也许我们可以宽泛地说，"摧毁了所有希望和渴望"。这既涵盖那些受害者，我们所描述的"运气差"——他们运气太坏了，居然预订了那架飞机，也涵盖了那些主动制造危害的人。

"情况不可控"的特征在这一例子中也需要修改。显然，乘客不能控制事态，但这并不是因为结构中的两个原因，因此我们需要再加上一个原因：他人的影响——如这个例子中所示，或者自然力的影响。

至于"在不知晓所有事实的情况下采取行动"这一特征，显然乘客并不知道这次飞行将决定他们的命运，而且最终的结局也并非因为他们强烈的渴望而变得盲目，甚至不是命运或定数。结果源于他人的行为，在这个例子中，恐怖分子是罪魁祸首。因此我们需要在结构中添加新的原因。

这两次检验可能会让你更清楚地了解概念的核心特征以及定义它们相互关系的结构。如果你还不确定，你必须再用其他对比性例子测试一下。一到两个已经足够了，不需更多。大多数情况下，你已经能比较清楚地确定核心特征了。

3. 不确定例子

完成上面的步骤后，我们就可以进入下一阶段，检测选定它们为核心特

第 5 章
如何分析概念

征而得出的推论。我们需要想象一个例子，这个例子必须让你难以接受这些推论。因此，要么这个例子不属于这一概念，要么就是我们有所遗漏。

这一阶段与上两个阶段不同，我们既不确定核心特征，也不用排除这一概念的偶然特性。核心特征我们现在已了然于胸，定义概念的相互关系也已明了。在这一阶段，我们将完善分析出的区别，以便更清楚、更敏锐地理解核心特征以及它们的相互关系。因此，我们会在这些特质中加入更微妙的差别。

> **举例**
>
> 凡·高才华横溢，对现代艺术，特别是表现主义产生了巨大的影响。凡·高于 19 世纪 80 年代开始作画，但因为一直深受精神病困扰，他创作的年限并不长，只有短短几年。后来，他被送入了精神病院。几个月后，他自杀身亡，年仅 37 岁。

虽然我们可能会把这件事看作悲剧，但它却不完全吻合我们结构中的特征。

凡·高知道，自杀之后，他最在乎的东西，也就是他的艺术能力，也会被摧毁，因此我们可以猜测，他是故意的。然而，我们还是会质疑，因为他精神不稳定，他对自己行为会造成的影响到底了解多少呢？因此，我们必须想一想这个例子到底能不能说明悲剧，或者我们需要调整结构，把这一因素涵盖进去。我们或许可以把这一项改写为"**在没有意识**到的情况下，我们摧毁了自己最在乎的东西"。

"失去不可替代之物"的特征与其他例子不同，这代表着浪费他所有的"潜力"，他能取得的成就，所能进行的创作，而不是一些实实在在的事物。

这就表明，我们必须考虑这一差别，调整特征。

"在不知晓所有事实的情况下采取行动"这一特征中的悲剧性讽刺存在于一个假设之中：除了局内人，每个人都知道最终结局。在凡·高的例子中，这一假设只适合回述：回过头来看，我们每个人都知道他对于现代艺术的贡献，但是他并不知道。因此，如果我们把凡·高的事件看作悲剧，就必须考虑回顾性评估，修正这一特征。

这一检测结果有三种流向：（1）不确定情况不是这一概念的例子；（2）它是这一概念的例子，吻合你的结构；（3）它是这一概念的例子，但不吻合你的结构——这就意味着你必须调整自己的结构。不管结果如何，你都能更清楚地理解核心特征以及它们之间的相互关系。

三步技巧的表格

在上述几个阶段中，我们都在刻意提出棘手问题，用来检验和调整最初分析出的特质。下列表格清楚地呈现了每一阶段的过程。现在，你可以参照这一表格，循序渐进地自己动手了。

步骤	目标
第一步：例子 列出 5~6 个最典型的例子，例子差异越大越好	找出呈现趋同点和趋异点的材料
第二步：分析 找出普遍特征以及它们之间的相互联系	形成假设：原初概念

第 5 章
如何分析概念

第三步：检验	
（1）非典型例子 找出一些例子，这些例子要么缺少结构中具备的特征，要么具有结构中没有的其他特征，然后将它们与概念进行比较	找出结构中所有的偶然特质
（2）对比例子 找出不具备结构中核心特征的例子，然后与概念进行比较	找出核心特征以及它们之间的相互联系
（3）不确定例子 通过检查推论不易被接受的例子检测核心特征	修正我们分析出来的特质，更清楚、敏锐地理解核心特征以及它们的相互联系

测试题

在第 3 章中（参见 76～79 页），我们看过一些测试文字推理能力的问题。发展分析概念的技巧有助于你在有限的时间内高效地创建概念，即使你没有时间用非典型情况、对比情况或不确定情况去检测它也没有关系。

> **试一试**
>
> 你已经知道怎样分析概念，那么现在请参照"悲剧"和"组合镶嵌图形"的方式，检验一下你创建概念的技巧。请说出下列词语的差别：
>
> 1. 奢侈、慷慨、挥霍、浪费、不节俭

2. 特殊、反常、古怪、变态
3. 狡黠、巧妙、油滑、狡猾、精明
4. 扮演、模仿、仿效、戏仿、嘲仿
5. 不苟言笑、沉默寡言、言简意赅

第 6 章

如何整合概念想法

在这一章中,你将学到下列内容:

- 整合的四个类型
- 管理概念的三种原则
- 启动系统 2 思考进行反直觉思考的方法
- 整合想法的五步法
- 处理"洞察力"测试题的方法

如果你弄洒了盐，在把它擦干净之前，请仔细地观察一下。也许，你会从中看到自然界最基本的组织原则。盐堆的稳定源于每一颗粒的活动以及对其他颗粒的反应，这就产生了一种复杂的联系模式，最后形成了一种稳定的系统。这是混沌边缘的复杂适应系统。在这里，所有复杂系统都要解决复杂问题。只要再多一颗盐洒出来，盐堆就会下滑，直到它再次组织为一种新的稳定体。

最有趣的是，稳定的秘诀不在于单个颗粒的特性，而是其组织，其集体属性。复杂系统的所有突显特征和集体行为都是非线性的：它们大于各部分相加的总和。另外，它们随处可见，无论是简单微生物还是完整物种，无论是在人类思想中还是整个文化、社会和经济体中，都可以看到它们的踪迹。

举例

在一个经济体中，数百万个体的购买决定会相互影响，造成经济的衰退或繁荣。反过来，这也可以影响最初引发衰退或繁荣的购买决定。

最重要的是，这表明整合单个实体可以带来令人惊讶的后果。同样，**你也可以把两个不起眼的想法放在一起，得出具有惊人潜力的点子**。有时候，我们并不能从部分属性中预测出整体属性。创造性人才通常会这样做：他们通过组织想法在混乱中建立秩序；他们把不同领域的想法和专业知识整合起来，创造出最惊人的结果。

整合的四个类型

我在前面的章节中指出，教育理应发展我们进行概念思考的技巧。然而，尽管这一点非常重要，尽管人们通常以此来评估学生，我们却并没能学到这些技巧。如果我们知道自己在寻找什么，而且保持敏锐，能够在出现时发现它，我们充其量也只能顺带学到这些技巧。

你也许能够在自己的学习中找出代表不同整合类型的例子。事实上，整合有四种不同的类型：

1. 创造新概念。
2. 修正想法模式。
3. 根据现有的概念收集想法。
4. 整合两种或两种以上的概念。

创造新概念

这是第 4 章学习过的内容。从特殊到一般，就能创造新概念。

第6章
如何整合概念想法

修正想法模式

在第 5 章里,我们学习了用一种简单的三步技巧去分析概念,揭示它们所呈现的想法模式。随后,我们可以用新方式重新阐述这些想法,或者把重点放在概念中的其他地方。通过这种方式,我们可以以一种更新、更有趣的方式来使用这些概念,看到我们之前不曾看到的内容。

> **举例**
>
> 我们之前分析了悲剧的概念,知道概念所表达的想法模式由五个原则组成。只要把重点放在任一原则上,我们就可以看到事件的某些方面,而不至于有所遗漏。因此,我们可以从不同的角度来理解它。
>
> 我们可以从个人因素的重要性着手,也可以从事件的悲剧性讽刺开始,或者从弄巧成拙、我们并没有意识到自己在摧毁最在乎的东西入手。不管我们从哪一方面入手,我们看待这一事件的方式都会变得更丰富、更有趣,也能够找出之前遗漏的观点。

在第 12 章中,我们还将学到一种简单的四步策略。我们可以用它来设计最富创意的解决方式并解决难题。

根据现有的概念收集想法

第三种整合方式是我们根据现有的概念来收集想法。通常情况下,我们不会把这些想法与这一概念联系起来,因此我们会以全新的视角来看待问题,认识也更加深刻。我们可以从中得到丰富的观点。事实上,只要跨界使用概念,我们就能得到许多灵感。

> **举例**
>
> 20世纪30—40年代，出现了极权主义这一说法。后来，历史学家们从社会科学中借用了这一说法，用它来重新审视不同的历史阶段。历史学家发现，领袖对大众具有很强的影响力，就好像对大众施加了催眠术。于是，他们开始思考以前的民众有多重要，诸如拿破仑这样的领袖操控集体情感的能力又有多重要。于是，一种新的历史研究——历史上的民众——诞生了。

问题在于，在创造概念时，找出我们做的事通常很容易，但根据概念整合想法却是另外一回事。在本章后面的内容中，我们将学到完成这一任务的简单方法。这种方法可以让我们刻意去思考，使意识更多地参与进来。

整合两种或两种以上的概念

第四种方法是把两种或两种以上的概念结合起来：融合其想法模式，创造看待问题的新方式。这种方式曾经造就过一些最令人吃惊、最成功的想法。这些想法改变了某些学科，为研究开辟了新的道路，也是新商机的基础。

> **举例**
>
> 让我们想一想过去那些敏捷思维者对人类的独特分类方式。19世纪，美国心理学家及哲学家威廉·詹姆斯（William James）把人分为"心志坚强者"和"心地柔软者"。瑞士心理学家卡尔·荣格创立了现在流行的分类方式，"内倾型人格"和"外倾型人格"。心理学和行为主义的发展为我们带来了"辐合思维"和"发散思维"思考者。

像这样的新分类，以及它们所引发的问题，可以彻底改变我们的态度和

第 6 章
如何整合概念想法

想法。但是，把它们结合起来，你会得到一些结构，可以带来出乎意料的有趣想法，可以让我们摆脱日常局限，给出不一样的回答。我们可以把"发散思维"和"内倾型人格"结合起来，把"辐合思维"和"外倾型人格"结合起来，也可以把"辐合思维"分别与"内倾型人格"和"外倾型人格"结合起来。这些分类可以帮助我们解释不同的行为类型，这样一来，我们会发现解释行为不再是一件难事。

> **举例**
>
> 最近，康奈尔大学的研究者们研究了酒店客人的态度。他们把"满意者""不满者""逗留者""离开者"四种概念组合，得出四种类型："满意型逗留者""不满型逗留者""满意型离开者""不满型离开者"。当然，想出"满意型逗留者"和"不满型离开者"并不难，但如果不是用这种方式结合概念，他们大概很难想出"不满型逗留者"这一类型吧，更不要说"满意型离开者"了。

管理概念和想法的三原则

我们觉得这种思考很神秘，也有其难度，究其原因，是我们的包袱太重。我们都读过科学家取得突破性发现的故事，整个过程看似完全符合逻辑，甚至是机械的。但实际上，这是对思考的错误呈现。

事实上，科学家们自己也认为，这种理性化的科学方法并非其行为的真实写照，它更多地反映了他们认为自己应该做的事。我们在第 1 章中看到，彼得·梅达瓦指出，这种说法就像帷幕拉开时，我们摆出的姿态，是大众看到的样子。它似乎符合逻辑，因为"当我们回顾整个思考过程时，它呈现的就是这个样子"。

然而，尽管这并非简单的逻辑过程，我们还是能够学会其方法。管理概念和想法模式的管控遵循三条原则。第一条原则我们已经学习过了，另两条就是我们整合和创造新概念的方式。

原则一：知识通过心理结构或模式的形式来呈现。它们表现为决定我们思考方式和处理想法的规则。

原则二：这些模式处于竞争之中。经验通过调整新想法，促成了有用模式的壮大，而无用模式则会越来越弱。

原则三：合理的新模式产生于旧模式的结合。我们把旧模式结合起来形成新的模式。

这三条原则共同解释了我们怎样生成新观点，找出疑难问题的解决方案。正如第一条所指，我们把知识组织起来，形成稳定的模式。接着，在面对问题时，我们便在这一堆模式中寻找——一个概念激发一种模式——看看我们面前的证据是否呈现了其中的某种模式。如果没有，我们就会如第二条和第三条原则所说，通过调整和整合自己的想法，再寻找解决方法。

实用操作步骤

我们所有人面对的问题都是不知道应该怎样做。因此，我们退回到自己熟悉的系统 1 思考中，靠习惯的直觉来完成。然而，直觉并不能产生新想法和新观点，于是，创造变成了难事。我们的大脑只能根据过去行之有效的直

第6章
如何整合概念想法

觉,按惯例行事。

因此,我们需要一种方法,帮助我们调动起系统2思考,进行反直觉思考。这就是我们思考中出现重要突破的原因。最聪明的点子就源于系统地工作和简单的惯例。事实上,它们都是从常规思考中浮现出来的。接下来,你将学到一种简单但十分有效的方法。这一方法分为五步,我们可以利用这五个步骤创造出非常有趣且潜力无限的想法和概念:

1. 建立联系。
2. 顿悟。
3. 提出假设和想法。
4. 检验。
5. 调整。

建立联系

智慧的一大特征不在于你知道什么,而在于你怎样利用它,也就是你有没有能力找出相关联系,把有关联的事情联系起来。我们已经知道,思考的质量并非取决于想法的优势,而是我们所发现的关系的重要性,以及我们在它们之间建立的联系。这是所有敏捷思维的起点。史蒂夫·乔布斯就曾指出,创造力就是把事物联系起来,具有创造力的人能够把经验融会贯通,整合新事物。

在这个阶段,你只需要找出想法模式,也就是你分析出的概念或收集的感兴趣话题的想法模式。然后,把它和其他想法模式——一个概念或你放在一起的一套想法——联系起来,寻找它们之间的关系。你可以通过寻找不同的事物完成这一步骤,但采取系统的方法更加有效。你需要找出下列清单中

SMART THINKING
如何成为更聪明的人

的内容：

- 对比点。
- 矛盾点。
- 原因。
- 相似点。
- 整体中的各部分。
- 部分中的整体。
- 观点的延伸，如逻辑推断。

在逐一探索时，你会看到这些想法中的联系。我们在第4章中学习了怎样利用分歧和共性建立联系，从广义上看，这里的方法与之相同，但在这里，你可以使用的工具更多。请一定记住一点，不要把事情看作理所当然，提出最简单的问题。

举例

测试题——关于洞察力的问题

要找出这类问题的答案，我们必须对已经习以为常的事情提出简单的问题。通过这种方式，我们可以揭示所知的全部内容。请试着解决下列问题：

一名园艺师接到命令栽四棵树，每两棵树之间的距离必须一样。他应该怎样做呢？

如果是三棵树，每两棵树距离相同，这个问题并不难。他可以把这三棵树栽成等边三角形形状。但现在是四棵树，他应该怎么做呢？

第6章
如何整合概念想法

> 问题的关键在于质疑一个习以为常的假设：他需要把这四棵树栽在一个平面上吗？如果他把这四棵树排成正三棱锥形，这个任务就完成了。

我们不仅应该提出简单的问题，还应该把注意力放在其他的想法模式上，即使他们所表现的是我们平常没有注意的概念。在分析完一个概念之后，你会知道概念代表了想法模式的不同部分。用这种方式，我们可以看到概念的不同诠释，你也就可以与其他想法建立新联系了。

试一试

1905年，尼尔斯·玻尔，这位1922年的诺贝尔物理学奖得主，曾参加过哥本哈根大学的考试。其中有一个问题是怎样用气压计测量一座建筑物的高度。鉴于气压计是用来测量大气压强的，学校给出的标准答案是先测量地平面的压强，再测量建筑物顶端的压强，然后根据两者间的差异计算出建筑物的高度。玻尔当然知道这一标准答案，但他并不满足，开始思考其他解题办法。

对于这个问题，你能想出几种方法呢？

答案如下：

1. 玻尔的办法是在气压计上套一根绳子，把它从楼顶放到地面上，然后计算出绳子的长度。这个方案被否决了，因为这里没有运用到物理学知识。玻尔要求再给他5分钟时间回答这个问题。于是，他提出了几种物理方法：

2. 把气压计从楼顶扔下去并计算它到达地面的时间，然后计算出高度。

3. 测量气压计的长度及其影子的长度，计算出比例关系。然后测量出建筑物影子的长度，利用之前计算的比例关系得出建筑物的高度。

4. 在气压计上栓一根绳子，在楼顶把气压计放低到地面，晃动气压计，让它像钟摆一样摆动，测量摆动的时间（周期），根据摆动时间计算出绳子的长度，也就是建筑物的高度。

5. 用气压计计算地面压强和楼顶压强的差异，得出建筑物的高度——也就是标准答案。

他终于给出了主考官们想要的答案，但他并没有就此停下来：

6. 爬上安全出口，用气压计长度为单位标注建筑物有多少个气压计的长度，然后把这些数值加起来。

7. 把气压计当作礼物送给门卫，请他告诉你建筑物有多高。

我们不知道玻尔最后得了多少分，但通过这件事，却可以知道怎样把想法联系起来，创造出人意料的新联系。你需要用不同的方式进行思考，因为只有这样，才可以诠释概念所呈现的想法模式。一直以来，这都是我们在理解上取得惊人突破的原因。

> **举例**
>
> 爱因斯坦在理解能量的属性时，选取了两个概念，一个是块状物，另一个是能量。这两个概念看似毫无关联，他却极力找出两者之间的联系。随后，他把这两个概念和自己所熟悉的事物和想法联系了起来。

我们随后将看到爱因斯坦是怎样利用这一转换，恰到好处地得出新见解，认识能量本质的。但首先，请你试着完成下面的问题。

第6章
如何整合概念想法

> **试一试**
>
> **悲剧和自由**
>
> 在上一章内容中,我们分析了悲剧的概念。在这个过程中,我们发现这个概念的内涵要比我们之前所认为的丰富,特别是它涉及毁灭我们最珍视的东西。因此从这一角度出发,看看你能在它和我们粗略分析过的另一个概念——自由——之间找出哪些联系。我们发现,我们所讲的自由有两层意思:不受某事所控,被动的自由,解除限制;另一种是主动的自由,自由地去做某事,有办法去发展我们的能力,得到我们想要的东西。
>
> 我们要问的是,就毁灭我们最珍视的东西而言,这种主动的自由是否会导致悲剧。主动自由为我们提供机会,让我们能发展技巧获得更多,做我们想做的事,成为我们想成为的人,有自己的目标。对于主动自由,我们会弄巧成拙吗?
>
> 主动自由来源于发展技巧,抓住更大的机会。在这里,悲剧与主动自由的明显联系在于一些选择高薪工作的人发现自己被困住了,对这份不能实现自己抱负的工作深感失望。他们在退休时才意识到他们没有做自己真正想做的事,也没能实现目标。

顿 悟

我们从不太常用的角度出发,比较了两个事物,这时我们通常会顿悟。虽然我们并不知道它究竟来自何方,但一道亮光照射进来,让我们把事情看得更清楚了,在《科学革命的结构》一书中,托马斯·库恩解释道,范式的变化并非源于累积过程,而是一种忽然转变,一种完形,"忽然就冒出来了,有时候是在半夜,这就是转折点"。

在第4章中，同样的事情也出现过，我们比较抽象模式，"组合镶嵌图形"这个概念突然一下子就冒了出来。这看似平常，但此番景象却如此确定，如此清晰。

> **举例**
>
> 爱因斯坦也曾有过相同的经历。他从不同的视角出发，分析和比较"块状物"和"能量"这两个概念，就好像能量是一种实体。忽然，他灵感一现，"物质就是凝结的能量"。它甚至存在于最细碎的物质之中：一张纸片、一段木头、一块铁屑或一小块铀。
>
> 当构成物体的亚原子粒子凝结在一起时，它们可以产生强大的力量，核反应堆或太阳释放的能量便是这样。爱因斯坦用类比解释了这种蕴藏的能量："这就好像一个有钱人（金钱聚合体）一毛不拔（不愿意支出一点能量），没人知道他到底多有钱。"

爱因斯坦最伟大的顿悟都来源于这种思考，他从不落俗套的比较和最简单的问题中得到启发。他是一名卓尔不群的思考者：他的推断几乎不必借助他人的研究。相对论来自一个意象，这个意象从16岁开始就一直萦绕在他的脑海中。他想象着自己与一束光赛跑，他问自己："如果坐在一束光上是什么感觉呢？"这为他揭示光速是宇宙中的一个常数奠定了基础，其他所有一切都是相对的，取决于观察者的位置和速度。

> **试一试**
>
> **悲剧和自由**
>
> 如果我们建立的联系还不足以获得顿悟，那么请想想此情景中他人的事例，体会一下其中的精髓：它的核心是什么？这里需要你做的

第6章
如何整合概念想法

事与你从抽象图形中抽取"组合镶嵌图形"一样。你在寻找存在于所有事例中的普遍性。

在这里,你可能忽然想到两个概念:外在价值和内在价值。你可能会说,那些追求高薪工作的人,期望工作带来财富,他们追求的是具有"外在价值"的东西,而那些希望在工作中得到满足感的人,则会追求那些具有"内在价值"的东西。

在探究过程中,你会更深切地意识到,那些具有"外在价值"的东西,如资产和财富,并非东西本身所固有,它们只是外来物。它们是一本期票,我们可以用它买到其他东西。

相反,"内在价值"是事物本身所具有的价值。你意识到,这些事,这些东西,我们很难忘却。它们带给我们深深的幸福感:寒冷冬夜,在温暖的火堆边读一本好书;与老友共度美好夜晚;不曾意料到的善意相助。因此,在工作中寻找内在价值时,你也可能收获这样的满足感。

提出假设和想法

顿悟之后,我们现在可以开始提出假设了。随后,我们还需要检验和调整它。

> **举例**
>
> 爱因斯坦灵光一现,认为物质是凝结的能量,并从中发展出相对论的著名公式:
>
> $E=mc^2$(能量 = 物体的质量 × 光速的平方)

试一试

悲剧和自由

同样，我们现在也要从顿悟出发，创造新想法，也就是得出一个假设。当然，这一顿悟提出的基本问题是："什么工作才能给我内在价值带来满足感呢？"在此之前，我们需要检验一下这个假设，"如果追求外在价值，我很可能陷入让自己不满的工作和生活方式中"。换句话说，我们可能摧毁自己最珍视的东西：个人幸福感和满足感。

检 验

就许多方面而言，最后两个步骤更直接。我们的目的不仅是检验假设，看看它是否有效，而且还要找出它是否需要调整，以及怎样调整。

试一试

悲剧和自由

要检测这一假设，我们应当使用可以评估人们在体验过财富的增长之后，是否感到更满足，或至少说更快乐的调查证据。例如，芝加哥大学国家民意调查中心发现，20世纪50年代以来，战后的生活非常富裕，但只有约三分之一的美国人称自己过得"非常幸福"。

我们同样可以看看那些因事业成功获得财富等外在价值的个人。唐纳德·特朗普在一次采访中说，几乎所有以赚大钱为目标的人，在目标实现后都会感到悲伤、空虚和失落。事实上，他承认，只要看看他自己，就会知道这是一句大实话。

第6章
如何整合概念想法

调 整

如果你检验的想法关乎学术,那么你也许需要调整重点,或从某种程度上提升它的质量。如果你是瞄准市场开发新产品或发展事业,那么你则需要根据需求做出更多的调整。

> **举例**
>
> 1948年,埃德温·兰德(Edwin Land)发明了第一台宝丽来相机。此前很长一段时间,他都潜心于研究工作,把想法转变成可以运作的相机并研制出了即显胶片。

事实上,在许多情况下,检验和调整都是一个漫长的过程,反反复复,周而复始,直到想法成熟。

> **试一试**
>
> **悲剧和自由**
>
> 在这个例子中,你可能不需要调整结论,你只需要退一步思考,运用结果来反思自己想找何种工作:"我可以从中学到什么以确保自己的工作具有使其圆满的内在价值呢?"
>
> 你认为工作应该为你带来三样东西:快乐、意义和卓越。换句话说,你必须享受它;它必须具有意义,一种不会让你质疑其价值的意义;它必须符合你的技能,让你感到自己是行家。

SMART THINKING
如何成为更聪明的人

实际应用案例

现在,你已经掌握了这种方法,那么请试着解决下列问题。注意:在参照答案前请先独立完成问题。你的解决方法可能与参考答案不完全相同,特别是最后两个步骤,但前三个步骤的差异应该不大。

> **试一试**
>
> 班加罗尔城有 8,500,000 名居民,每天产生 4,000 吨固体垃圾。90% 的垃圾用掩埋法处理。大部分垃圾都可回收,掩埋法造成的问题日益严重。于是,政府颁布了废物隔离义务,但因为缺乏高成本的强制措施,收效甚微。此外,这些臭气熏天且不利于健康的掩埋物吸引了大批拾荒者。他们整日盘旋在垃圾堆周围,寻找可换钱的回收物品。
>
> 你怎样解决这一问题呢?

答案如下:

1. **建立联系**:我们的任务是找出两种想法模式之间的联系。

(1)越来越多的可回收废品流入臭气熏天的垃圾掩埋场。

(2)这些臭气熏天且不利于健康的地方吸引了大批拾荒者。人们指责他们贫穷,过着不健康的生活。

这两个想法分别与垃圾制造者和拾荒者相关,我们可以把它们结合起来:

(1)我们可以把垃圾制造者(居民)带到掩埋场,也就是拾荒者所在的地方。

(2)或者我们可以把拾荒者带到垃圾链的开端,也就是居民所在的

第6章
如何整合概念想法

地方。

2. **顿悟**：与许多情况一样，一旦列出这两种想法模式，并把它们联系起来，观点就很明显了。意识到这两种选择都存在问题，我们的大脑开始思索。灵光一现，我们得出了答案：把他们带到同一个地方——一个网站。这种想法本身很简单，但能否把它想出来又是另外一回事了。

3. **提出假设和想法**：通常情况下，要做的事从这里才真正开始。我可能认为"所有的 A 都是 B"，但是只有当你把它转化为假设"如果 A，那么 B"时，你才可以去检验它们，并在必要时做出调整。因此，我们需要把它转换为可以处理问题的实际想法：怎样创建这个网站？合作如何运作？

第一个问题可以用一个称作"我得到了垃圾"的云平台来解决。至于合作，我们可以把拾荒者组织起来，居民雇用拾荒者收拾垃圾，按照他们拾到的垃圾重量付报酬。拾荒者负责捡公寓里的垃圾，把可回收的干垃圾卖给废品收购站，湿垃圾堆放在公寓前，或送到政府的堆积站。因为涉及收费，居民们不敢扔太多垃圾。他们可登录网站雇用拾荒者，同时拾荒者也可利用网站来提高效率，增加收入。

4. **检验**：合作之初，5,251 名拾荒者参与了进来，他们的月均收入翻了将近一番，从 80 美元增加到了 150 美元，同时共有 2,350 吨垃圾被回收。

5. **调整**：然而我们仍需要做一些改进，使发生的事得到更准确的反馈，让每个人都可以看到怎样更有效地运作这一系统。居民可以成为自愿者，检查垃圾的收拾情况。通过这种方式，他们也可以追踪自己制造的碳排放量。他们甚至可以花一整天时间跟踪垃圾的去向，了解垃圾运往掩埋场的过程。对于拾荒者来说，他们可以用手机应用程序追踪垃圾的走向和收集路线。拾荒者可以在手机程序上联系最近的垃圾回收站，作为优先出售点，以减少他们每天花在路途中的时间。

对于爱因斯坦的发现而言，前两个步骤最有价值，而在这个问题中，最有价值的是后面三个步骤，也就是想法的发展、检验和调整阶段。可见，当我们用这些技巧处理此类测试题时，有的更侧重于最初的顿悟，有的则偏重后面的检验和调整。

测试题

下面的问题看似与我们这章中所提到的问题相去甚远，其实不然。开始时，你需要和我们一样，分析你要处理的想法模式。**清楚地列出你得到的想法，不要有任何遗漏**。你可以陈述，也可以暗示，由你做出相关推论。你不但要找出自己知道什么，还要知道自己不知道什么，这两方面同样重要，因此不要把任何事看作理所当然，你需要挑战自己的假设。

完成这一步之后，就要寻找联系了。所有的想法都被组织起来，我们把注意力集中在你平常没有注意的那部分上。我们发现，只有超越平常的期待，重新诠释问题，你才可能建立起新的联系。它将为你打开新视野，帮助你看到它与其他想法之间的联系。随着任务的系统演进，顿悟就会出现。然后，你可以**提出假设**，也就是问题的解决方法，并检验它。如果它不能全面地回答问题，请适时地做出调整。

第6章
如何整合概念想法

> **试一试**
>
> 下面是一个朝上的三角形。请试着移动三个圆，把它变成一个朝下的三角形。 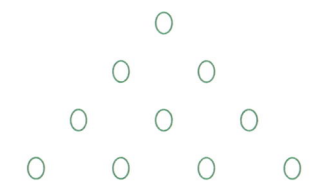
>
> （图：朝上的三角形，由10个圆组成，分4排）
>
> 我们已知想法（明示或暗含）有：
>
> 1. 有四个圆的最后一排必须移动。
> 2. 第一排单个的圆必须移开：如果我们把这一排变成四个圆，可移动的步数就会一下子用完，这是不可取的。
> 3. 因此，第三排必须保持不动。
> 4. 把有两个圆的第二排变成四个圆。
>
> 这样，我们必须把第四排的最外两个圆移到第二排，将这一排变成四个圆。然后，把第一排的一个圆移到最下端，作为三角形的顶点。
>
> 如图所示：
>
> （图：移动示意图，带箭头）

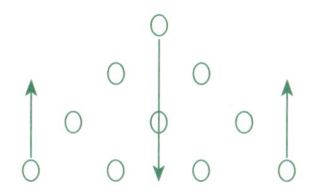

试着回答下面的问题：

1. 一个人花60美元买了一匹马，然后以70美元的价格把它卖了。然后，他又花80美元把它买回来，又以90美元的价格卖了。在这个过程中，他赚了或赔了多少钱?

2. 一个女人有 4 段链子,每段链子有 3 节。她想把这 4 段链子连成一个闭合的圆环。断开一节需要花 2 分钱,连上一节需要花 3 分钱。她只有 1 角 5 分钱,她应该怎么做呢?

3. 在手表发明之前,钟是贵重物品。一个住在边远地区的男人有一个走时很准的钟。然而,有一天醒来时,他发现自己的钟停了,他不知道现在是什么时间。于是,他决定去另一个山谷拜访自己的朋友。他的朋友也有一个走时很准的钟。他与朋友聊了一会儿,然后启程回家。动身之前,他并不知道路程的确切长度,那么回家之后他应该用什么办法把钟调准呢?

4. 你站在一间闭光、隔热的小屋子外面。这间小屋子只有一扇关着的门。小屋子里有 3 个照明插座,每个插座上亮着一盏灯。房子外面有 3 个电灯开关,每一个开关对应着房间里的一盏灯。现在,所有开关都是关着的。你的任务是找出每个开关对应的电灯。你可以随意开关或变换它们的位置。但是,当你打开房门之后,你就不能再改变开关的设置了。你的任务是在只能开一次房门的前提下,找出哪个开关控制哪一盏灯。

第 7 章

用概念思考提升自我

在这一章中,你将学到下列内容:

- 怎样利用概念思考提高文章得分
- 概念是为博士论文找到有趣原创题目的关键
- 概念对于论文结构和组织方式的重要性
- 概念思考作为就业能力技巧的重要性
- 概念思考技巧和方法有助于轻松处理测试题

在前面四章中，我们已经见识了概念的强大力量。一方面，它帮助我们超越日常言论，获得新观点和解决问题的新方法。通过分析概念，我们可以揭示事件或问题的内在结构，以不同的方式处理它，我们还可以发现将关键问题联系起来的新方法，创造之前无人企及的事物。

另一方面，在为我们敞开各种可能性的同时，概念也会把我们困在习惯思考之中。只要形成了一系列习惯想法，它们就可以脱离理性评价，影响我们的行为。我们用特殊的方式诠释经验，组织经验，并因此产生特定的行为，完全没有意识到我们使用的概念会掩盖其他想法和解释。

无论是参加学术答辩，还是完成就业能力测试，你都会遇到主考官特别感兴趣的问题。主考官们都想知道你能否处理好下列问题：

1. 能否运用想象去分析和使用概念？
2. 对所有潜在细节和暗示是否敏感？
3. 能否利用它们找出新思考方式，获得灵感，找到新的解决办法？

学术研究

你已经学会了怎样分析概念、创造新概念以及整合想法，现在你可以把概念和概念思考能力用于学术研究中了。

文 章

在读你的文章时，主考官最关心的是你能否进行概念思考。他们会注意两方面问题：

1. 你能否看到问题的关键？你能否清楚地阐明其意义？
2. 你能否明确地指出解决问题的策略？这意味着你需要展示答案的结构，这个结构必须是清楚的，可以直接贴切地处理问题。

内 涵

显然，读者首先会注意你在文章中是否已经找出了问题的关键，你是否能够准确地诠释其意义和内涵。我们揭示问题含义的能力，很大程度上取决于我们揭示其中概念内涵的能力。主考官希望看到你能够清楚、深刻、敏锐地做到这一点。

不管你论及何种学科，文章涉及的问题的含义都受制于概念：

· 讨论健康管理问题**需要**在接受初级医疗的人群范围内（护理及应用临床研究，坎特伯雷基督大学）。

· 近来，许多人抱怨**隐私**受到了侵犯，因此严格地评估了媒体是否应该更加自律（新闻学，纽卡斯尔大学）。

第 7 章
用概念思考提升自我

- 解释**犯罪**行为时，**道德丧失**和**亚文化**这两个概念是否仍有价值？（社会学，牛津大学）
- 生命价值的**显示偏好法**有哪些假设？（生物学，斯坦福大学）

每一门学科都有其关键概念，这些概念决定了我们应该用什么方式来讨论主导其评议的事件。一些概念看似平常，另一些更专业。如果在写文章时需要用到这些概念，你必须去分析它们，以揭示论文问题的意义和内涵。

- 对于**历史学**而言：我们需要知道诸如革命、反抗权威、政变、阶级和阶级意识等概念的内涵。
- 对于**文学**而言：我们必须理解悲剧、喜剧、讽刺、反讽等概念的内涵。
- 对于**政治学**而言：我们必须理解平等、权力和权威等概念的内涵。
- 对于**法学**而言：我们必须理解惩罚、义务以及法律与道德的区别。
- 对于**商业**而言：我们必须知道贿赂、佣金、礼物、奖金和小费的区别。
- 对于**护理学**而言：我们必须了解滥用、护理、尊严等概念。
- 对于**社会工作**而言：我们必须了解诸如不平等、歧视、种族和种族主义等概念。

主考官希望看到你能够细致敏锐地分析这些概念，并用它们引导你对主题的思考。伦敦大学认为，符合下列条件的学生可以得高分（70～100 分）：

> 他们能够注意细微、复杂之处，看到可能出现的分歧，并探讨它们。

而中等成绩的学生（40～60分）对待问题的态度较散漫，他们只能看到明显的线索……并不加评判地接受问题条件。

第5章中，我提到过分析概念就是打开阀盖，察看里面的发动机，发现影响和指导我们思考的东西。如果不这样做，我们便无法掌控自己的思考。分析概念时，我们会看到藏于它之下的想法模式，并创造性地使用它，得到出人意料的惊人想法。事实上，如果不这样做，我们的文章是缺乏想象力的，别人一看就透。**要引起主考官注意你的文章，被其中的见解或原创性所吸引，就要运用概念技巧**。

结　构

用这种方式打开阀盖，不仅能够从构成概念的想法中揭示问题的微妙含义，而且还可以揭示想法的组织模式。分析概念后，你的文章结构会变得更清晰，更有逻辑性，也更紧凑。这是好文章的关键。这会为你的文章带来两个重要变化：

1. 使主考官有迹可循

为了跟随你的论点不至于迷失，主考官希望能够看到结构——文章的规划。一些学生并不注重这个问题，但对于读者来说，这很重要。无法把握文章的规划，读者很难追踪作者的论点，说得更简单些，他们会迷惑不解。如果主考官感到迷惑，无论你的论点多么具有说服力，他也不能为你评分。人们甚至会认为，既然第一遍没能读懂，再读一遍肯定也无济于事。

第 7 章
用概念思考提升自我

2. 相关性得以建立

对于建立论点和问题意义的相关性而言，结构同样重要。如果不能建立起这种相关性，无论你的论点多么有趣，多么具有原创性，主考官都无法为你打分。因此，如果不想主考官迷惑，并因此而扣分，那么你就必须清楚地规划、介绍你所分析的问题，指明你的方法和其中的关联。

当你为结构分析概念时，请注意下面两个问题：（1）问题分为几个部分？（2）每个部分占多大比重？

事实上，如果你在考试中不能做到这一点，主考官就会扣你的分：他们希望看到你分析问题的关键概念，就算它不能主导文章的结构，也至少允许它产生影响。

博士论文

在写博士论文时，情况更甚一步，学会概念思考裨益良多。**博士论文呈现的不仅是你思考的内容，更是你思考的过程**。对于许多大学生而言，这是他们第一次不得不放下权威的想法，自己思考。你必须展示独立思考的能力，你也许有许多有趣的想法，能够提出别人没有想过的观点。

为思考打开一扇窗：你是敏捷思维者吗？

最重要的是，博士论文是主考官了解你思考的一扇窗。他们希望看到的不只是你的想法，还有你组织研究和采用方法的方式和原因。博士论文是我们展示自己能够创造性思考的机会，尤其可以展示自己运用元认知的能力——我们能思考自己的所思吗？

- 我们是否选择了最有效的研究策略，得出可信证据？
- 我们怎样验证结果：我们能理解和证明我们所选择的验证证据的研究方法吗？
- 我们能否清楚地思考所有的想法？
- 我们能清楚地运用想象分析概念，揭示问题最重要的潜在因素吗？
- 我们可以通过整合想法找出新的研究方法和新观点吗？

所有这一切都需要敏捷思维。你不是纯粹地罗列出自己认为正确的答案，也不仅是给出一个论点，为它辩护。人们考量的是你的元认知能力，思考的能力，认识到思考的过程，而不仅仅是结果。博士论文的主要目的不仅是传达研究的结果，也需要你向主考官展示研究的方法，让他知道你选择的方法是正确的，你能够熟练地使用它们。

原创性

然而，博士论文最显著的特征是为你提供了可以独立完成一篇材料详尽的作品的机会，它能反映你的多方面技巧和能力。这听起来似乎很奇怪，但是它的确为你提供了真正的思考机会。我们之前提到过，大学里的许多课程都在让学生舒服地接受标准观点，对他们的要求并不高，老师也只是照本宣科，并未就思考方法进行指导。

相反，博士论文把你推到了风口浪尖。你不得不选择话题、研究方向以及文章的组织形式。你必须选择自己想要回答的问题，或者你愿意去测试其假设的题目。你的工作必须显示出原创性，其体现在：

第7章
用概念思考提升自我

- 你所选择的主题。
- 你用来收集和论证证据的方法。
- 你的思考,也就是你分析关键概念的方法,整合想法找出新方法的方式,以及你创造出的新想法。

这三点从很大程度上都取决于你的概念思考能力。通过分析关键概念、整合想法,你可以为问题找到更有趣的新方法。如此一来,我们就可以摆脱日常理解问题、处理问题的方式了。

如何寻找有趣的研究课题

分析概念

分析关键概念不仅是找出原创解决方法的关键,同样重要的是,它也是找到原创问题的关键,这一点让许多学生都深感吃惊。你的研究并不是非得开天辟地,仅仅在分析关键概念和问题时看到了别人没有看到的东西,或者别人没有注意的问题,这就足够了。

整合想法

概念思考很强大,它可以生成想法,究其原因,是因为它可以打开我们的想象力,畅想种种可能。我们不仅可以思考现在的事实,还可以想象各种可能性和应当出现的情况。在前面的章节中,我们已经知道,理解上的重大突破并非来源于研究者掌握了更新更好的数据,而在于他们思考的质量以及所创造出的概念类型。他们最终能够找出答案，是因为他们能够脱离大众认可的概念和方法进行思考。

当我们为自己的博士论文制定研究策略时，我们也可以这样做。一旦分析了关键概念，找出它们所呈现的想法模式，我们就可以：

- 用新方式重新表现这些想法。
- 转移概念的重点。
- 以现有概念为基础收集想法，而在通常情况下，人们不会把这个概念与这些想法联系起来。
- 从其他学科中借鉴概念，以更新更深刻的方式看待事物。
- 结合两个或以上的概念，融合其想法模式，创造出新视角。通过这种方式，我们可以创造各种出人意料的新鲜想法和方式，摆脱习惯反应。

我们需要知道的是，大多数情况下，我们并不需要更多更新的想法，只要充分利用已有想法，转变思考方式就行了。回头看看第 6 章的内容，看看你会怎样使用这些策略，为问题找出新的可能性。你可以使用我们学过的实用方法。

整合想法的实用方法：

1. 建立联系
2. 顿悟
3. 提出假设和得出想法
4. 检验
5. 调整

第7章
用概念思考提升自我

组织和结构

我们可以看到，对项目课题进行概念思考不仅能带来新鲜观点，提供看待问题的不同方式，还会得到一个结构。这个结构组织了我们研究问题的方式，使任务和问题变得更容易。

许多研究课题都涉及概念。我们很容易就把这些概念看作是理所当然的东西，但实际上，它们之中蕴涵着真正有趣的事件、问题和观点。通过分析这些概念，我们不仅能为文章搭建结构，更重要的是，我们的研究会更加层次分明。这才是问题有趣的核心。只要清楚地讲出这些抽象术语的意义、内涵，以及怎样在研究中识别它们，我们就能找到推动研究发展的方法。

> 分析关键概念可以：
> 1. 为项目搭建结构
> 2. 使研究的层次更加分明
> 3. 推动研究向前发展
> （1）因为我们找出了这些抽象术语的意义；
> （2）因为我们知道了这些抽象术语的内涵；
> （3）因为我们知道怎样在研究中识别它们。

自己的想法、流畅的笔力以及更具说服力的表述

在使用和发展自己的概念能力时，你会惊奇地发现，把来源不同的想法汇聚在同一个概念下是多么好的一件事！你会因此以全新的方式看待问题，

找到处理这个问题的新方式。正如在前面的章节提到过的，智力的显著特征不在于你的所知，而在于你怎样利用它。

然而，概念思考对于学术研究的好处并不局限于此。**你的陈述会因此变得更有趣，更具说服力，你的写作充满了洞见，你的想法让人信服。**

通过分析和整合想法，我们可以更全面地对它们进行加工。我们用自己的信念和想法检验它们，把它们整合入我们的思考结构之中。我们处理的不再是表面问题，不再对它们不加分析、组织和评估地被动接受。我们已经开始处理深层次问题了，因此我们不再只是从书中借鉴想法，而是开始运用自己的想法了。

- 概念能力让你用全新的方式看待问题，开辟处理问题的新方式。
- 你的陈述更加有趣，更具说服力。
- 凭借自己的想法，你的写作更深刻，更使人信服。

不幸的是，许多学生表达的并非自己的想法，而是他们认为老师觉得他们应该思考的问题。表达想法对他们来说似乎是一件难事，因为这些想法都不是他们自己的，他们根本无法掌控。事实上，他们并没有真正地进行思考。因此，他们写出来的文章只是鹦鹉学舌，所有想法都不是他们自己的，他们无法触及深层次问题。

专业能力

对于职场人士来说，概念思考能力同样重要。在前面的几章中，我们知

第 7 章
用概念思考提升自我

道了概念的重要性。概念超越了特殊性和具体性，超越了现在，所以我们可以看到情况的一般性、普遍性以及未来的所有可能。概念让我们超越了世界的特殊性，加深了我们的理解。没有概念，我们根本无法做到这一点。

适应变化的环境

这一点无论是对商业机构还是非商业机构都十分重要。它们知道，要想在一个迅速变化的环境中生存下来，它们必须摆脱系统 1 思考的限制，不让它控制自己的日常思考。它们必须要去适应。因此，它们需要那些能够进行概念思考的人，超越现在，高屋建瓴。换句话说，他们必须能够启用自己的系统 2 思考。与所有敏捷思维者一样，他们必须能够进行元认知，进行反直觉思考。

公司和企业

商业教育一再强调，要想成功，公司必须不断学习。它们必须迅速做出反应，能够适应不断变化的环境。为了做到这一点，它们必须摆脱企业内部文化的限制，不墨守成规，不故步自封。

管理者们习惯把注意力放在企业日复一日的运作中，他们认为今天和昨天没有区别，明天也只是今天的重复。因此，他们用昨天的方法培训员工。如此一来，员工学到的都是过时的知识，并不能为明天所用。

专业人士

对于许多职场人士来说，情况也一样。他们全身心地投入日常工作中，忽略了环境是变化的。他们忘了自己需要不断地去适应，需要不断地更新自己的专业知识。无论你是老师、医生、护士还是律师，你都需要具备概念思考技巧。只有这样，你才可能摆脱他人的影响，明白自己应该怎样去面对学生、病人和顾客不断变化的需要。

概念思考带给员工的好处

成功的企业对这个问题具有更强的认知。它们意识到那些墨守成规的员工有百害而无一利，有预见性的员工才是他们应该雇用的。因此，他们需要可以进行概念思考的人，这些人可以摆脱过去的影响，高屋建瓴。

我们知道，这意味着我们应该分析所使用的概念，理解我们所处的环境，所面对的问题，并由此看到概念呈现的想法模式。接着，我们应该把这些想法整合为一个新概念，并运用想象力找出呈现在我们面前的种种可能。

用通俗的话说，这意味着员工可以：

- 分析概念，更好地看到需要处理的问题。
- 整合来源不同的想法，从不同的视角看待问题。
- 创造新概念，找出提升企业水平，制造新产品，提供新服务的方法。
- 换一个角度思考问题，找出出人意料的新方法。
- 更清楚敏锐地陈述问题，更具说服力。
- 写出条理清楚的报告，审慎又敏锐地分析与问题有关的重要事件。
- 最大限度地创造机会，增加市场份额，提高效率，实现利润最大化。
- 高屋建瓴，满足不断变化的需求。

第7章
用概念思考提升自我

> **举例**
>
> 假设你是一名经理,但你并没有掌握概念思考的技巧。现在,有一个问题摆在你面前。在这种情况下,你只能原封不动地接受这个问题,给出的解决方法也毫无新意。
>
> 但是,如果你能够进行概念思考,你就可以分析这个问题,通过整合想法重构它,并设计新的体系。概念思考者可以超越问题,用不同的方式呈现它。他会从收集的想法中提取新概念,或者在现有的概念下整合它们。通过这种方式,他可以得出新观点,找到更有趣的表现方法。

我们在第4章中说过,公关或广告人会想出新颖办法推销产品;发明家和设计者能够发明新产品,增加新服务;专业人士也可以找到满足顾客需求的新办法。他们都是在创造新概念。

测试题

世界各地的雇主们越来越清楚地认识到,在一个迅速发展的社会中,掌握这些技巧是多么重要。我在前言中提到过,员工掌握这些技巧已是刻不容缓的事。然而,大量事实证明,掌握这些技巧的大学生只是凤毛麟角。雇主们抱怨找不到合适的求职者,大多数人虽然有高学历,却不懂如何思考。

为了改变这种情况,许多雇主开始使用测试题进行选拔。毫无疑问,在这些测试题中,很大一部分是用来评估概念思考技巧的。这些测试的目的就是为了找到本章开头提到的三个问题的答案:(1)你能否运用想象去分析和使用概念？（2）你对所有潜在细节和暗示是否敏感？（3）你能否利用它们找到新的思考方式，获得灵感，找到新的解决办法？

> **举例**
>
> 在前面四章中，我们看到评估求职者的方法有：
>
> 1. 文字推理测试：评估诠释和区分复杂概念的能力，以及理解复杂书面观点的能力。参见第3章、第4章和第5章中的测试。
>
> 2. 抽象推理测试：创造新概念以及把想法联系起来的方法。参见第4章。
>
> 3. 洞察力问题：整合想法，处理此类问题的五步法。参见第6章。

事实上，他们需要你展示自己有能力揭开概念的阀盖，看到藏在下面的想法模式。雇主们想要的是那些能够通过反思质疑普通词汇用法的人。他们想要知道，你不是想当然之人。如果不思考概念，我们就无从找出这些词语的内涵，我们的思想也将是一片混沌。

第二阶段 2

创新思考

我们一直以为创造力只属于少数幸运儿，他们是天之骄子，继承了强大的 DNA。事实上，我们每个人都可以拥有创造力。最近有研究指出，人类 DNA 在约 50,000 年前经历了一次重大变异，"迁移基因"出现了。人类因此充满了进取心，好奇心旺盛，敢于冒险。拥有这种基因的人走出非洲，开始寻找新生事物。

然而，虽然创造力对我们的健康、快乐和个性发展起着举足轻重的作用，能够驱使我们探索新想法和新事物，但从 20 岁到 60 岁，它对人的影响却在不断下降，最后只剩下了原来的 50%。很多人都会惊讶地发现，20 岁的人比 60 岁的人更具个性。生活常常事与愿违，我们与创造思想背道而驰，越走越远。如果不及时地表达出自己内心深处的想法和观点，年复一年，我们就会淹没于茫茫人海中，毫无个性可言。

相反，儿童则充满了创造力和好奇心。他们没有先入为主的经验，沉浸于创造过程，按照自己的方式来内化外部世界。他们的大脑中充满了不为成年人所知的奇思妙想。欧内斯特·戴门特（Ernest Dimnet）这样描述他们："他们像小猫一样独立，一直默默关注着内心的神奇魅力。"

落日、色块、水流、波浪，所有一切都会让他们感到好奇。他们会一动不动地望着一块石头或一个贝壳发呆，畅想它的过去。诸如永恒和无限，时间和空间这样的概念，会俘获他们的想象力和好奇心。他们天真无邪，未被成人世界腐蚀，充满了无尽想象。威廉·布莱克（William Blake）在《天真的预言》（*Auguries of Innocence*）中这样写道：

> 一沙一世界，
>
> 一花一天堂，
>
> 无限放在你手上，
>
> 永恒刹那间收藏。

然而，父母们大喊大叫，他们觉得和其他人保持一致更让人安心。于是，这种魅力最终消失。孩子们转过脸去，天真的想象力无处容身，好奇的想法无处立足。他们开始模仿成人，根据成人的标准做出"正常"举动。试问有谁愿意被成人看作"不正常"呢？

教育也扮演着同样的角色。它将别人的想法强加于我们之上，却没有帮助我们去获得自己的想法。作为老师，照本宣科当然比传授学生怎样思考轻松多了。灵感闪现的孩子会被当作怪胎——他是离经叛道之人。一旦受到压制，灵感便再难有出头之日。

什么是创造力

大学老师费尽心思教会我们墨守成规，对失败的恐惧又使它得到了强化。老师们不遗余力地阻止我们提出新研究，扼杀我们的新想法和创造性观点。我们因为害怕犯错，屈从了老师的意愿，复制了老师想要我们得出的答案。我们不能运用自己的创造力，也没有发展自己的高级认知技巧，只是简单地模仿，运用低级认知技巧回忆正确答案，以展示自己已经理解了老师所传授的知识，能准确无误地将它们记下来。

然而，真实的世界并非秩序井然，它充斥着种种不确定因素。我们不得不从混乱中创造秩序。创造力不可避免地涉及不确定性和选择。个体、社区、公司和企业大多数情况下都处在一种不稳定的状态之中。所有这一切都需要创造性想法，需要我们去做出决定。在《与鲨共泳》(Swim with the Sharks without Being Eaten Alive)这本书中，企业家哈维·麦凯(Harvey Mackay)告诫所有的老板说：

> 如果你看到自己的员工没有写报告……而是盯着墙壁发呆，走过去恭喜他。他可能正在做对公司更有益的事情：他在思考。这是最难，也是最有价值的事。

事实上，人类大脑的发展得益于不确定性。神经学家发现，在刻意创造新习惯时，我们会创造出平行路径、新的联系，甚至是能够改变我们用于思想的大脑细胞。实际上，尝试得越多，我们就会变得越有创造力。

但是，创造并非自我沉迷，盲目地否认过去，离经叛道。它是一种创造过程，需要我们制造出开明、有效的想法。就艺术而言，这意味着创造出能够带给我们美感的东西；就商业而言，这意味着制造出新产品，重组公司获得更多机会，增加收入；就学术研究而言，这意味着新想法、新概念、新理论以及理解世界的新体系。在这一阶段，我们会学到发展此类技巧的简单方法和技能。因此，我们将学会怎样打破阻碍新想法的壁垒，摆脱它对好奇心的桎梏。

第 8 章

创新思考应具备的十大特征

在这一章中,你将学到下列内容:

- 善于创新思考的人具备的十大特征
- 这些特点对于摆脱系统 1 思考的重要性
- 区别逻辑思考和创新思考的两大原理
- 独树一帜,无惧不同的重要性
- 扩展所思,掌握创新思考的方法

直到今天，对于如何进行创新思考这一问题，仍然没有统一的理论和方法，这也许便是学校无法传授它的原因。没有统一的理论和方法，我们实在不知从何处入手。虽然创新思考形式颇多，但都涉及两个共同因素：

- **某些个人特征**：愿意暂时放下自己的判断，提出简单问题，勇于想他人所不能想，等等。
- **某些技巧**：只要学会了这些技能和方法，所有人都能掌握。

在这一章中，我们将探索善于创新思考的人所共有的个人特征，而在本阶段剩余的章节中，我们将学到可以提高技巧的方法。

你也许会想，为什么这些个人特征如此重要呢？答案很简单，因为它们是我们摆脱系统1思考强大直觉习惯的关键。每发展一项个人特征，我们就多掌握了一种打破思考桎梏的方法，也只有这样，我们才可以进行敏捷思维：

- 进行反直觉思考。
- 思考我们所思，也就是元认知。

我们每个人都经历过这样的创造时刻——炫目的光之碎片发出亮光，一种前无古人的想法出现了。在这样的时刻，我们翻越了系统1思考的高墙，开始启动系统2进行创新思考。

接下来，你会看到掌握创新思考应具备的10个关键特征。

十大关键特征

1. 善于清空大脑。
2. 乐于构思解决方法，而不是纯粹地寻找。
3. 能够简单地思考。
4. 善于找到问题。
5. 乐于寻找原因、结果和可能的解决方法。
6. 愿意接受新想法。
7. 乐于质疑自己的判断。
8. 坚定而机智。
9. 敢于不同。
10. 乐观。

善于清空大脑

创新思考是一个持续不间断的过程，我们的想法处在不断的变化中，突然就以新的形式出现了。我们工作的质量取决于我们的元认知，即我们能否

第8章
创新思考应具备的十大特征

思考我们所思，转瞬间捕抓住最好的想法和最犀利的观点。要做到这一点，我们必须善于清空大脑。

对于创新思考来说，这也许是最重要的一环。好的想法要出现，我们必须为它腾出足够的空间。不幸的是，大多数时候，我们的大脑都被无关紧要的事所占据，这些事四处徘徊，劫持我们的思想，比如反复预演以确保正确无误的对话、臆测的小事、自以为应该回应的矛盾、快乐的回忆以及无尽的期望。

于是，我们大脑中充斥着各种噪音，我们因分神而浪费的时间一点儿也不亚于浪费在网上的时间。所有这一切都让我们难以集中精力，也无法安静下来，反思内心，理解想法发展的方法。有人因此开了一家名叫"喘息时间"的公司，你可以在这里"得到急需的平静和安宁"。这样都能赚钱，看来人们真的很需要思考空间呀！

> **举例**
>
> 研究发现，公司高管每个工作日单独待着的时间不超过10分钟。查尔斯·汉迪（Charles Handy）由此得出结论，即使他们知道应该思考什么、应该如何入手，他们也没有时间来思考。

我们许多人要花一生的时间才能意识到，拥挤封闭的大脑容不下认真思考。想法也许就在那儿，充满真知灼见，但是时光荏苒，你竟没有意识到这一点。想要好点子出现，我们必须为它腾出一方净土。切记不要让无用的想法四处游荡，更不能让它们占据我们的大脑。

- 创新思考是一个连续不间断的过程。
- 工作的质量取决于能否在转瞬间捕抓到最好的想法。

・要想好点子出现，我们必须为它腾出一方净土。

乐于构思解决方法，而不是纯粹地寻找

一些教育者认为，老师只负责传授正确答案，教给学生确定的知识。在这种情况下，我们会认为找出问题答案靠寻找，而不是构思。就好像答案就在那里，等着我们去发现。而我们要做的是进行逻辑思考，穿过遮挡它们的迷雾——推理中的矛盾、不相关的论点、得不到支持的假设——把它们找出来。当我们像这样进行线性思考，采取同样的逻辑步骤，从前提推导结论时，思考不会为结果带来积极影响。它只是一种工具。

这种思考模式只是在寻找错误。我们所受的教育早就告诉我们，成功的方式是避免错误；考试就是要用正确答案换取考分。不幸的是，研究表明，这使我们不思进取。我们害怕失败，害怕犯错，所以我们不敢去冒险，不敢去创造。我们不能独立思考，只是复制权威说的话，也不管这些话到底有没有意义。我们宁愿唯权威马首是瞻，也不愿自己做决定。

找出解决方法	构思解决方法
思考是一种中性的工具	想法独一无二
用错误来判断	用成功来判断
避免错误	失败是成功之母
避免冒险	乐于冒险
非独立思考	信任自己的想法
避免创造	创造是思考的核心
不善于做决定	善于做决定

第8章
创新思考应具备的十大特征

事实上,问题的解决方法是构思出来的,寻找并非有效途径。它不是现成的,不是运用逻辑推理就能发现的。另外,思考的影响也绝非中性:认知行为塑造着所知。只有在回顾时,当我们回过头去看自己在想法之间建立的联系时,它才是符合逻辑的。

> **举例**
>
> 美国数学家、诺贝尔奖得主约翰·纳什发现了纳什嵌入定理,但他花了很长时间才证明这一定理。他习惯于逆向思考:思考一个问题之后,他会顿悟,找出一个解决方法的视角。

其他数学家,如亨利·庞加莱(Henri Poincaré)、波恩哈德·黎曼(Bernhard Riemann)、诺伯特·维纳(Norbert Wiener),用的也是这种工作方法。但史蒂芬·霍金,这位英国天文学家及理论物理学家,是这种想象过程最显著的例证。他的传记作者注意到,在运动神经元疾病第一次出现征兆前,他就表现出惊人的能力,不依靠计算和实验,只借助想象就能解决复杂的问题。后来,在疾病的摧残下,他无法再提笔写等式,于是"把注意力放在了宇宙的几何形状上,在大脑中描绘它"。

但是,构思模式和传统模式最明显的差异不是对失败的恐惧,而是当我们为问题构思解决方案时,我们可以自由地犯错。我们常常基于成功和失败来做判断,事实上,失败的想法至关重要,它是我们构思成功解决方法的里程碑。没有失败,何来成功!

然而,就算是那些运用构思模式取得重大突破的人也常常看不到区别。回忆时,他们把思考描述为确定的逻辑步骤,是清晰可见的。事实上,通往真理的路杂乱无章,常常没有逻辑可言。许多时候,他们都是在黑暗中摸索,只看到虚幻的希望，充斥着失望，直到最后柳暗花明。

因此，在着手运用和发展自己的创造技巧时，请注意两个关键原则。这两个原则指明了两种思考模式的不同：

· 不必步步正确；
· 达到目的的方式不止一种。

你的方法与别人的同样有效：找到答案的方法不止一种。不要担心摔跟头或进入死胡同；也不要担心白费力气或误入歧途！我们每个人都会遇到这样的问题，我们不断地探索问题，澄清问题，直到找出构思解决方法的方式。因此，请保持耐心！你还在路上，学着怎样构思解决方法，学着处理不确定因素，学着自信地管理风险。失败并不可怕，它也是了解问题的一种方法。

能够简单地思考

让自己像小孩子一样简单地思考，那种无处不在的好奇心曾让我们瞪大眼睛，想了解一切。请记住，所有伟大的思想家和能够加深理解力的人，都敢于摆脱传统思考模式，敢于与众不同。

> **举例**
>
> 我们这个时代的创新英雄，如比尔·盖茨、理查德·布兰森（Richard Branson）、史蒂夫·乔布斯，都无惧接受自己与他人不同，他们不怕被看作怪人，孤立无援。

第8章
创新思考应具备的十大特征

我在第2章里提到过,古希腊哲学家苏格拉底公开承认他不懂自己谈到的所有主题。这指出了其哲学方法中强调的两大重要信念:(1)承认自己无知是智慧的开始;(2)没有经过验证的生活没有价值。

阅读苏格拉底著名的《对话录》,你就会发现,这对于训练思想之眼,让它看到应该看到却常常错失的东西是多么重要。我们知道,爱因斯坦也会提出他人不屑的简单问题。他的科学研究似乎并不依赖测量和物理实验,而在于提出生动甚至稚气的问题。这些问题可以用语言和意象来表现,如"与一束光并驾齐驱是什么感觉呢?"

> **举例**
>
> 艺术家对待熟悉的事物就如初识,他们不会先入为主,只把它们看作陌生的东西。这也就是说,他们真正地在观察这些东西,不会戴上有色眼镜看它们。花非花,它是一种形态,它是色块,有明暗,有其质地。

我们的思考也是一样,我们需要真正地去思考事物:简单地提出问题,不把任何事物看作理所当然;我们不应该按套路思考它们。艺术家集中感知去感知事物的本质,而不会去臆测它应该的样子。我们也是如此,与问题的初次接触会带给我们生动的感受,让我们知道问题本质,我们不应用人们惯常的思路去理解它。好侦探都知道,许多问题的解决方法都在最显眼的地方,但传统想法却遮挡了我们的视线。因此,简单地看待问题是解决问题的第一步。

SMART THINKING
如何成为更聪明的人

善于发现问题

等式的另一端，我们要善于发现问题。最善于创新思考的人在任何情况下都善于找出最有趣的问题。一名有创意的企业家会看到别人看不到的问题，他还会看到这个问题引发的另一些有趣问题，这些问题很可能带来商机。

然而，这里不仅有奇思妙想，闲暇时的神游万里，还需要他们透彻地分析情况。对问题敏感固然重要，但它必须建立在深刻细致的理解上。

这个时候，想法虽然得到了发展，但事情并没有就此结束。在适应社会和文化环境的同时，想法本身也会引发新想法，带来新机会。我们必须提醒自己，我们的想法，哪怕是最好的想法，也有可改进的空间。

> **举例**
>
> 科学家们用发明的科学原理来解释他们观察到的现象。当一名科学家发展出一种理论时，其他科学家会查找这一理论是否存在问题，并改进它。

我们创造的概念也是如此，它们也有可改进的空间，它们会随着文化背景和社会情境的变化而发展。

> **举例**
>
> 25年前，说到"电话"时，人们想到的是一个大块头，它只能安放在一个固定的地点，电话线和墙连接在一起。后来，电话变成了一个又小又轻的塑料家伙，我们甚至可以将它放在口袋里。再后来，它又发展成了摄像机、可发短信的设备，我们可以用它来查看银行结余、看视频、购物，甚至搜索古怪问题的答案。

第8章
创新思考应具备的十大特征

所有想法都是这样,它们都可以改进。如果不因时而变,它们就会失去曾经拥有的效力。我们发现的问题,构思的解决方法,就是它改变的动力。

> **举例**
>
> 我们都知道,政治家们坚信提高经济增长很重要,它是衡量发展的经济指标。但是,这种说法可能让你觉得不舒服。你内心深处有个声音在说,这并不能令人信服。
>
> 于是,你开始寻找问题。在提出一些简单问题之后,问题浮出了水面:"在地球资源已经捉襟见肘的情况下,为什么还要把发展看作最佳衡量标准呢?"我们在12个月中消耗的资源,地球要15个月才能再生;我们伐木的数量大于它们重生的数量;我们消耗的鱼类资源大于其再生能力;我们耗费的土壤养分大于它的补充量;排出的二氧化碳数量也超出了大自然的吸收能力。

现在,你已经发现了问题,可以开始构思解决办法了。那么,何为衡量发展的更好标准?是地球所蕴含的财富,是降低的贫困和饥饿水平,是减轻了气候变化威胁,还是幸福感呢?

> **举例**
>
> 1971年以后,不丹王国不再把GDP(国内生产总值)看作衡量发展的唯一标准。相反,它开始用GNH(国民快乐总值)以及公民的精神健康、身体健康和社会健康、环境健康等来作为衡量发展的标志。

乐于寻找原因、结果和可能的解决方法

遇到问题,你就应该着手寻找原因、结果和解决方法。每遇到一件事,善于创新思考的人都会不断地向自己提问。因此,无论是读文章、听故事还是其他时候,都请你养成向自己提问题的习惯。

原因是什么?

一些人可以提出最具影响力的想法,创造有影响力的产品、商机和网站,他们都有一个习惯,那就是喜欢刨根问底,找出原因,就算在他们知之甚少的领域中也不例外。

> **举例**
>
> 你也许听过对"单身综合征"的报道。这则新闻说,日本的单身人数已经达到新高:2011 年有调查显示,18～34 岁的人群中,61% 的未婚男性和 34% 的未婚女性都处于单身状态,而且 5 年内这个比例还会上升 10%。

你对这则新闻来了兴趣,问自己原因何在,并开始猜测可能的原因。是因为他们沉迷于网络的虚拟世界而缺乏人际交往技巧吗?你生活的国家也这样吗?这时候,你可能会从中发现商机。

结果是什么?

接着,你开始寻找问题的结果。你对原因的敏感性会增加你对结果的敏感度。善于创新思考的人会了解新科技、新趋势或政府的新政策,想想可以

第8章
创新思考应具备的十大特征

从中得到什么启示。

解决办法有哪些？

完成上述步骤之后，你可以着手构思解决办法了。如果觉得很难，主要原因可能是没有弄清问题，大脑不得要领，跟着错误的想法模式跑了。历经多年进化，大脑已经懂得快速识别模式。一方面，它是生存的关键，但另一方面，这也阻碍了我们对复杂问题进行思考。

通常情况下，这些模式和结构都十分接近，它们是浅显的。创新思考不只满足于表面结构，还要清楚地揭示深层结构。如果只想立竿见影，我们的大脑也会便宜行事，启动系统1用直觉思考。我们总会草率地相信自己已经全然了解了应该了解的内容，从而用其表面结构去定义问题。

> **举例**
>
> 伽利略认为地球在自转的同时也围绕着太阳公转。这一想法与直觉完全相悖离，因此反对者们根据表象指出，地球上的人完全感觉不到地球的旋转，人们只看到太阳围着地球转动。

这就限制了我们的视角，使我们难以有更多的发现。相反，创新思考会揭示问题的深层结构。通过这种方式，他们能马上看到问题的答案。路易·巴斯德（Louis Pasteur）就曾说过，机会只青睐那些有准备的人。

愿意接受新想法

在读到以上这些特征的描述时，你也许会得出这样的结论：虽然每个特征都不相同，但它们描述的似乎是同一件事。从很大程度上来说，你的看法是正确的，因为它们都描述了大脑的状态，所有特征都是这种状态的有机组成部分。

善于创新思考的人乐于提出简单问题，因为他们有一颗开放的心，愿意接纳新想法。他们不会为某种观点辩护，而是像孩子一样，对一切都充满了好奇，愿意提出他人不屑的问题。偏见和先入为主的思想压不倒他们，因此他们不愿意迎合流行的观点，更愿意从不同的角度看待问题。

> **举例**
>
> 这也许可以解释为什么政客不愿进行创新思考。他们是党派中的一员，需要党派的支持。他们遵守某些信仰、信念和价值观，党派中的每一个成员必须都信奉它们。它们不仅决定了思考的内容，还有思考的方式。人们通常用同样的方法处理问题，因此每一代人都会犯与上一代人相同的错误。

相反，善于创新思考的人更喜欢不可思议的想法，就算其他人认为这些想法荒诞可笑也没有关系。他们不在乎别人觉得他们的想法怪异，也不在乎同他人格格不入。证据表明，那些敢于提出荒唐想法或不切实际观点的人是金点子的主力军。英国哲学家怀赫德就曾说过，几乎所有新想法在产生初期看起来都有点蠢。

第 8 章
创新思考应具备的十大特征

乐于质疑自己的判断

想用这种方法拓展思考,我们必须尽可能多地提出新想法。这就要求我们必须学会质疑自己的判断。在思考某种想法时,我们很容易草率做出判断,并将它抛在一边。我们的系统 1 思考总爱迅速地做出判断。在创造想法时,我们的大脑也会寻找既定模式,并快速地做出判断。然而,大多数复杂问题都需要反思,而不是在既定模式的基础上快速决定。

如果能够质疑自己的判断,继续玩味最不可能的想法,我们更可能得出充满创意的解决方法。事实上,有证据显示,最好的想法来源于这个过程的最后时刻,因此思考的时间越长,我们越有机会得出惊人见解。

> **举例**
>
> 在读了休谟的因果关系论后,德国哲学家康德描述他怎样从"教条主义睡梦"中醒来,并经历了自己的"哥白尼革命"。虽然休谟的论点与自己相悖,但他并没有就此否决它,相反,他开始质疑自己的判断。正是因为如此,他的第一本杰作《纯粹理性批判》诞生了。这本书是哲学史上最具影响力的著作之一。

不可草率地做出判断还有另一个原因:得出好想法是一个连续不间断的过程。想法,无论好坏,都可以孕育出其他想法。在思考一个问题时,我们得出的想法也许并没有用处,但就算是一个无用的想法也很可能会带出其他想法。问题的解决方法可能就蕴含在这些想法中。它们是可以结出果实的种子。

就算我们已经开始处理其他问题,我们的大脑还是会继续处理这些想法。于是，当回过头来查看时，我们会发现自己的思考已经变了模样，也更清晰了。因此，质疑自己的判断，小小地使一下坏，哪怕是想想我们认为最不可能的想法，也可能刺激这一创造过程。

同样，与其他能力一样，要想发展高级认知能力，进行概念思考和创新思考，我们必须运用它们。为了运用它们，我们必须给自己提供思考的机会。要获得思考的机会，我们就必须质疑自己的判断，事情必须尚无定论。如果我们把某事看作事实，便再没了讨论的余地和必要，因此我们也就没有机会发展自己的能力了。无论有多心神不宁，你都要学会质疑，只有这样，你才不会把它们看作理所当然。

坚定而机智

在大脑中保留一个对象、一个想法或问题非常具有重要性；让它占据你的思想，为它所吸引是很重要的。这意味着不寻求安全岛，不能从书中找到不费力的支持，也不能借助别人现成的想法。在灵感出现找到解决办法前，你需要做好长期准备，坚持不懈地认真工作。

这是一种积极反思，需要不断地对同一个事件认真思考。这不是简单的重复，我们需要让某个对象一直徘徊在大脑中，占据我们的思想，直到大脑及其所有的潜意识活动开花结果，找出解决办法。

第8章
创新思考应具备的十大特征

> **举例**
>
> 我们在第2章中看到,当人们问爱因斯坦如何工作时,他回答道:"我想了又想,月复一月,年复一年。99次我都得出了错误的结论。第100次,我终于对了。"当牛顿被问到怎样发现重力定律时,他答道:"我一直都在思考。"他解释道:"我心里一直想着这件事,忽然曙光展现,一点一点,终于豁然开朗。"

与爱因斯坦和牛顿一样,我们也需要懂得专注于一种想法。只有这样,我们才不会停下探寻的脚步。要找出复杂问题的答案,我们需要把它装进我们的大脑中,这个时间,也许是一日,也许是一周,也可能更长。

善于创新思考的人更有决心、更机智;他们不屈不挠,具有百折不挠的毅力。牛顿、爱因斯坦、哥白尼、伽利略、开普勒、达尔文都具有百折不挠的性格。创新思考不会轻易放弃任何问题,他们一旦开始就永不言弃。他们会像收拾书桌一样清理自己的大脑,专心致志地处理一个问题,日夜不停地思考。

> **举例**
>
> 这种坚持不懈寻找问题答案的最佳例子发生在1995年,英国数学家安德鲁·怀尔斯历时8年,终于证明了费马大定理。费马大定理是数学史上最著名的定理,由皮埃尔·费马在1637年推导出。358年来,无数数学家都试图证明这一定理,但一直无人成功。

安德鲁·怀尔斯把想证明费马大定理的事告诉了妻子,然后独自开始了求证之路。每一天,他都会花上好几个小时演算这个定理。虽然许多想法都很难证明,但1995年,他终于成功了。后来,他这样描述了这段经历:

要证明这种新想法，必须坚持不懈地专注于这个问题，心无旁骛。你什么也不能想，满脑子都装着这个问题——你只能想着它。等你停下来一段时间，你似乎有所松懈，但你的潜意识仍在工作。也正是这段时间，一些新灵感冒了出来。

思考的速度并不重要，重要的是你的坚持，你需要去理解关于这个问题的一切，然后坚持不懈地抽丝剥茧，到达问题的根源。英国哲学家约翰·斯图尔特·密尔认为，他所取得的一切成就，就源于一种特质：

不要把一知半解当作了如指掌；不要轻易放弃一个问题，你需要不断地回到问题之中，直到它完全清晰；不要因为问题看似不重要就放弃探究，不要遗漏任何角落；在理解整体之前，不要自以为是地认为已经理解了问题的各个部分。

关于这样的故事还有许多。揭示难题答案的并非速战速决的系统1思考，也不是灵敏的洞察力，而是坚忍不拔的系统2思考，它从不轻言放弃。约翰·纳什的同事曾这样描述他："问题越难，他就越用心……不管问题有多难，他都不会放弃。相反，他会更加投入。"另一位同事也同样提到他具有"不可思议的韧性"。

敢于不同

也许，善于创造思考的人最大的特征是都有些古怪，与周围的人格格不

第8章
创新思考应具备的十大特征

入,他们甚至有些怪异。然而,他们并不在乎,他们坚持按自己的方式生活。约翰·纳什、比尔·盖茨、史蒂夫·乔布斯就是这样的人,在别人眼里,他们都是怪人,从文化角度来看,他们处理事情的方式都有些古怪。事实上,在《论自由》中,那个年代最具天赋的怪人约翰·斯图尔特·密尔赞扬了古怪在所有社会中的重要性,他认为古怪可以创造挑战陈规的新想法。

并且他们不惧古怪,他们不愿意让对古怪的恐惧吞噬自己的不同。善于创新思考的人并不在意别人的褒扬,他们可以从自己内心得到这种东西。事实上,他们知道,逆文化氛围而行之,自己会变得更富创造力。

关于这个问题,有一种有趣的解释。通常情况下,我们都认为人格影响创造力,也就是说如果你人格独特,你很可能就具有创造力。然而,这句话反之也成立:你能够产生新颖想法,你接受它们或拒绝它们的经历可以增强自己的自信心,你愿意偏离常态,你对新想法和简单问题持开放态度。

有研究指出,当个人受到鼓舞而更具创意时,他们在处理新奇的事物时会更加自信、更加自如、更加愿意去批判自己的工作。家人和朋友都认为,他们看起来更加独立,目标更明确、更坚韧,也更愿意做出抉择。

> **举例**
>
> 在一项研究中,研究人员以实验室化验员为控制组,与业余和半专业的爵士音乐家进行比较。结果显示,音乐家更具自发性,他们更愿意提出想法,他们能够更宽泛地把想法结合起来,更愿意冒险。演奏爵士音乐时对自发性和个人表达的强调,以及情感的表达,运用幻想及不受抑制,似乎释放了他们潜在的创造力。

乐　观

纵观所有这一切，我们不难发现，尽管也曾怀疑过自己，但善于创新思考的人一直很乐观，坚信自己会取得成功。为了坚持下去，就算与自己所处的社会格格不入，你也必须保持自信，相信自己最终能找到答案。

然而，斗志昂扬虽然重要，但它并不是乐观的全部。乐观者可以更清晰地看到目标，更精准地专注于自己的思考，就像乐观的赛跑者可以一路领跑，乐观的跳高运动员可以跳得更高一样。相反，悲观者的眼中只有眼前的阻碍，他不能清楚地看到自己的目标，因此他的潜意识也不能引导他准确有效地通往自己的最终目标。

悲观者：害怕失败

悲观主义有其重要的动机因素。悲观者害怕失败，因此他们更小心谨慎，他们明哲保身，他们不愿意依赖自己的判断，获得的成就也更少。

乐观者：渴望成功

相反，乐观者渴望成功。因此他们更主动，对自己的判断和决定充满信心。事实上，研究表明，乐观者通常做得更好、更长寿，也能实现更多的人生目标。

第8章
创新思考应具备的十大特征

> **举例**
>
> 梅奥医疗中心30年来对超过1,100名病人进行的调查发现,乐观者的寿命比悲观者长19%。乐观者更少抑郁,更少感到无助,更少认为自己的健康情况是宿命的安排。研究者因此得出结论,积极的心态有助于大脑和身体更好地运作,帮助我们取得更多成就。

从某种程度上说,这是一种常识。如果你害怕失败,你的生命就会受制于你无能为力的力量。你的成功或失败都由不得你,而是受制于不能控制的力量和事件。当你等待下一次失败到来时,你就成了宿命论者。我们早年在学校和大学里接受的考试和测验都在教我们接受这种动机,但如果我们懂得把这10条关键特征整合到自己的工作模式中,我们就可能摆脱它的影响。

> **试一试**
>
> 完成下列问题,看看自己是不是一名创新思考者。
> (1)完全不符合
> (2)不符合
> (3)中立
> (4)符合
> (5)完全符合
>
> 用以上5个标准衡量下面的问题:
> 1. 我一定会在完成上一阶段工作后再进入下一阶段。
> 2. 如果确定自己的工作方式正确,我的工作通常完成得更好。

3. 我从不把时间浪费在愚蠢而明显的问题上。

4. 我似乎花了大把时间担心别人怎样看待我。

5. 我不喜欢与对事情不确定的人一起工作。

6. 如果过了一阵我仍然不能找出答案，我会把它丢在一边。

7. 我常常感到很吃惊，因为其他人可以看到我没有看到的问题。

8. 我无法专注，容易走神。

9. 我不知道为什么要创造大量想法，因为其中大多数根本就没有用。

10. 评估问题时，我把重心放在来源而不是内容上。

11. 我认为，一个人必须清楚地知道现实是怎么样的，而不要一直去期望事情会忽然变好。

12. 我喜欢团队工作胜于单打独斗。

13. 我必须确定所有东西都各就各位，干净整洁。

14. 我很担心自己是否成功。

15. 我对其他人感兴趣的某些问题并无兴趣。

虽然这不是精确的评估方法，但这一问题可以让你大致了解到自己的创造力水平。如果你的分数低于35，那么你已经具备了一些进行创新思考的关键特征。如果你的成绩在36～60之间，你的创新思考潜力还有待挖掘，也许你应该反省一下自己的工作方式。如果你的成绩在61～75之间，你就需要告诉自己，你缺乏创新思考。然而，在逐一学习这10个特性的过程中，你会惊奇地发现自己身上的创造力与日俱增。

第 9 章

如何形成自己的想法

在这一章中,你将学到下列内容:

- 相似的主题怎样将思考困于传统的模式和期望中
- 怎样通过结构化的提问法来摆脱这些桎梏
- 提问法的巨大潜力
- 怎样通过问题的不同视角和层次来形成新想法
- 怎样处理归纳推理型测试题

在上一章里，我们发现创造性想法来源于对情况的全面分析。它们建立在一个详尽而深刻的理解之上。这些理解不只停留在表面，而是清楚地揭示了深层结构。爱因斯坦对运动物体的动力学理论的研究就是一个著名的例子。爱因斯坦意识到现有理论不能解释某些观察到的现象，于是他开始了自己的研究，也就是之后的狭义相对论。1905年，他在自己的论文"论动体的电动力学"（On the Electrodynamics of Moving Bodies）中发表了这一观点。

然而，某一领域的相似性，概念的相似性、类别的相似性和解决方法的相似性，也可能导致我们看不到新的解决办法。我们的思考被困于传统模式和期望之中。爱因斯坦的论文就为此提供了一个有趣的反例：在论文中，他只提到5位科学家，而且没有借鉴其他人出版的著作。与爱因斯坦不同，我们大多数人都习惯于用大家都接受的模式进行思考。我们制造了阻碍创造过程的思想障碍。它们限制了我们建立联系的能力，我们因此也看不到那些没人检验过的假设和解释。

SMART THINKING
如何成为更聪明的人

> **举例**
>
> 　　在两次世界大战之间,一名德国化学家开始寻找现在被我们称为抗生素的东西。每天晚上,他在离开实验室之前都把细菌放在培养皿中,让它们晚上生长,以备第二天实验使用。他多次注意到细菌在接触到霉菌孢子时死了。他因此得出结论,生长在实验室角落里的孢子污染了培养皿。于是,他彻底地清洁了实验室,继续自己的工作。
>
> 　　不幸的是,他并没能找出可以成功杀死细菌的化学物质。然而,如果他可以摆脱化学的传统解释和期望,他也许就能意识到,杀死细菌的霉菌孢子就是他要找的抗生原。如此一来,诺贝尔奖得主就是他,而不会是后来居上的亚历山大·弗莱明(Alexander Fleming)爵士了。亚历山大·弗莱明爵士正是从杀死了他所培育细菌的霉菌里发现了青霉素。

　　同样的故事也发生在我们的生活中。在大学里学习一门学科就是要学会像那些传授、研究和论述它的人一样思考。这就涉及学习概念,它们是一些佐证,其使用方式和解释已经在本学科内达成了共识。

　　同样,教会人们怎样像从事本职业的人一样思考是职业培训中重要的一环。要想成为一名律师,我们必须学会像律师一样思考;从事医生、老师、建筑师、作家或警察行业的人也同样如此。我们必须学会某些组织策略和原则,因为它们决定了其行业的思考方式。

　　在《科学革命的结构》一书中,库恩描述过相同的过程,怎样沉浸于这一门科学的典型范例。这一强大理论建立在研究施行的基础上,找出了其广泛假设:目标、要解决的问题、所使用的方法。库恩解释道,它解答了科学界依赖并认为是理所当然的基础问题,如什么是组成宇宙的基本物质?它们

第 9 章
如何形成自己的想法

是怎样相互作用的又是怎样和感觉发生关系的？何种问题可以合理地询问这些实体？什么技巧可以用来寻找解决方法？

因此，新想法和原创的解决方法凤毛麟角。事实上，库恩指出：

> 通过量变获取新奇想法的例子少之又少，事实上，从原则上说，这是不可能的……只有当他（科学家）证明其对属性的期待和他使用的手段是错误时，不期然的新奇想法、新发现才会出现。

事实上，阻碍创新思考的因素不止限于科学家和科学界，它们已经制度化了。新奇的事物本质上是不可提前预知的，我们不可能预先指出什么会成功，什么会失败。为了避免最终无所发现，基金会要求人们在研究之前先提交申请，阐述他们将会发现什么。这样一来，新奇事物根本不会出现。达尔文的研究资金自给自足，这一点至关重要。1905 年，爱因斯坦发表四篇开天辟地的论文时，他还在伯尔尼的专利局上班，没有大学愿意给他提供职位。

摆脱桎梏

那么，我们怎样摆脱这些束缚思考的桎梏呢？答案正如我们上一章看到的那样，在于培养帮助我们进行创新思考的特性。这里有两种基本的思考方向：

其一，欢迎新事物和不同的事物。那些采用这种方法的人受不完整性、不和谐和不确定性驱使。大量研究表明，偏爱复杂性和不对称性的人很可能极具创造力，它们会激发人们采取行动去解决问题。其二，拒绝新奇性，希望维持现状的人偏好整洁、和谐和封闭。

结构化的提问法

另一种摆脱方式是发展所需要的敏捷思维技巧。在商业活动中，我们常常听到诸如"跳出固有思维""天马行空"这些俗语，这种思维方式很重要，但我们并不知道应该怎么做：怎样从不同角度看待问题，收集需要的想法，找出更新、更有效的方法来处理它。

当说到创造想法时，大多数人给出的都是模糊而无用的建议。他们也许会说，"自己思考"或者"向自己提问"，但却没有告诉你具体做法。他们也许会建议你降低禁忌或消除顾虑，就好像思想的洪流正喷薄欲出，你只需要克服自己的恐惧，不要害怕因为说些看似简单的问题让自己看起来很傻就行了。

然而，我们要提供的是一种简单、有组织、系统性的方法。这种方法可以为我们每个人所掌握。事实上，我们中的一些人已经在不知不觉地这样做了。开始时，我们会向自己提出一些常规的导入问题，并通过这些问题收集之前没有过的想法。这些想法会帮助我们思考，找到解决问题的新方法。

> **举例**
>
> 当我们遇到汽车引擎失灵的情况时，我们便知道了这类严谨思考的意义。在你徒劳无益地启动车辆时，好心的邻居和路人聚在周围，提

第 9 章

如何形成自己的想法

> 出各种建议。这时候，修理工来了，你马上意识到，自己面对的是一个会思考的聪明人。他迅速地检查发动机、提出问题、测试、排除种种假设，最后终于找到了解决办法。显然，他在通过一系列条理清楚的问题收集信息，逐一排除各种假设。

提问的力量

这一简单的步骤可以带来许多新颖观点，它们是解决难题的关键。鲁道夫·弗雷西（Rudolf Flesch）在《清晰思考的艺术》（The Art of Clear Thinking）一书中提到，20世纪50年代有一个十分受欢迎的电视游戏，人们通过提出一系列问题引出可能的答案，然后在这堆答案中找出他们想要的那一个。

这个叫作《二十个问题》（Twenty Questions）或《动物、植物和矿物》（Animal, Vegetable, or Mineral）的节目每题设有4个讨论人员。为了找出答案，他们可以提出20个问题，但这些问题只能用"是"或"否"来回答。大多数情况下，他们会通过一系列精心设计的问题在非常短的时间内找出答案。为什么会这样呢？正如弗雷西所说，熟练的提问者可以通过这20个问题得到1,048,576个可能的答案。换句话说，在这短短的5分钟之内，也就是问答这20个问题的时间内，你可以从数百万个答案中找出想要的那一个。可见，利用一套常规问题，你可以从数百万个想法中找出自己的那一个。

这样做的并非只有电视游戏。在电脑诞生之前，警方的素描专家会利用

SMART THINKING
如何成为更聪明的人

"人像拼图"帮助证人辨认犯罪嫌疑人。一张脸被分成10个部位：发际线、额头、眼睛、鼻子……以此类推，直到下巴。每一个部位都有多个选项，也就是说10种发际线、10种额头、10双眼睛等等，总共加起来有100张透明纸片。这些纸片能够拼出100亿张不同的脸，从这些脸中，证人能够迅速地找出和犯罪嫌疑人最接近的样子。在这里，你的问题有100亿个答案供选择，然而运用这一由常规问题组成的简单系统，你可以迅速地找出答案。

举例

假设最近有人打算在我们居住的村子里建一家风力发电站。你需要收集想法，决定自己是支持或反对这项决议，还是投保留票。

因此，你必须自由地提出尽可能多的想法，在这个阶段，不要去批判和评价这些想法。第一步，列出你的问题，并通过这些问题系统地探索所有想法以及它们引出的事件，如：

1. 预算是多少？
2. 怎样支付？
3. 谁拥有这家发电站？
4. 可能有哪些好处？
5. 对当地社区有哪些好处？
6. 决定如何达成？
7. 需要咨询谁？
8. 需要考虑哪些因素？
9. 当地社区的意见如何？
10. 还有哪些选择？

当然，在思考这些问题时，也可能出现其他问题，你也可以将它们写上去。

第 9 章
如何形成自己的想法

常规问题

有趣的是，从某种程度上说，不管有意还是无意，我们每个人都在这样做。当然，有意为之的人更可能产生新颖的想法。因此，我们首先要做的是仔细看一看平常会问到的导入问题：那些我们可以系统解决的清单。

> **举例**
>
> 假设你是一名警察，正在调查一桩杀人案。你列出了一系列常规问题，每个问题都需要你收集关于死者的特征。
> 1. 年龄。
> 2. 体形。
> 3. 衣物。
> 4. 身上的特殊记号。
> 5. 种族。
> 6. 面貌特征。
> 7. 眼镜。
> 8. 头发。
> 9. 随身物品。

同样，你在大学里学习的每一门学科都会涉及一些常规问题，这些问题与你学习的主题密切相关。如果学习历史，好的课程设置不仅包括历史事件，还会教你怎样像历史学家一样思考。因此，你要学会提出的常规问题可能包括：

1. 事件的起因是什么？
2. 动机何在？

3. 证据足够证明这一解释吗？

4. 结果是什么？

（1）影响范围多大？

（2）影响多重要？

（3）谁受到的影响最大：个人、团体还是各社会阶层？

（4）影响类型：经济的，社会的，政治的，还是思想的？

5. 涉及哪些人：社会各阶层、个体还是团体（宗教团体、职业团体、军事团体）？

如果你学习的是文学，毫无疑问，你会问到作品可能带来的影响，拿它与其他作家的作品比较，也会问到关于情节、气氛、背景、共同主题、角色、风格、对话、节奏、悬念、幽默、悲剧等等问题。对于每一学科和每一职业而言，都存在着一套常规的导入问题，我们应该利用这些基础问题来生成和整理自己的想法——我们通常寻找的东西。

列出导入问题

善于创新思考的人常常会完善和调整这些问题，加入他们在其他地方听到的新问题。那些被我们称为天才的人，可以看到别人看不到的东西，用这种方式解决他们的问题。他们提出的问题都是别人没有发现的。他们处理问题的方式、对问题的分类，都和常人不同。

在第 6 章中，我们看到威廉·詹姆斯和卡尔·荣格使用了新分类法，并运用像"柔软型""坚强型"和"内倾型和外倾型"等概念提出新颖的问题，

第9章
如何形成自己的想法

找到了看待问题的新方式及解释所有行为的新方法。我们同样看到,康奈尔大学的研究者是怎样就酒店客人的态度提出意料之外的问题,寻找新研究方法的。

> **试一试**
>
> 列出10个最有用的问题。你在平常的学习和工作中常借助它们得出新颖的想法,帮助你解决问题。

鉴于你每天都会用到它们,请注意所有你认为有用或听到他人在使用的新问题和新分类,并把它们添加到自己的清单之中。请拿出集邮者收集珍稀邮票的态度对待它们,它们是你的创意源头。

那么,你的清单中能找到哪些导入问题呢?虽然下列问题并非针对具体的学科和职业,但你仍可以找到某些共通之处。

1. X指什么?
2. 为什么会发生?
3. A与B之间有何联系?
4. 我们如何知道的?
5. 我们从中知道了什么?它可靠吗?
6. 这种情况下会有什么事情发生?
7. 如果出现A情况,B情况一定会发生吗?有何矛盾?
8. 这类事件还有其他例子吗?存在普遍规律吗?
9. 过去怎么样?背景如何?
10. 有何特殊性?从什么地方发展而来的?

当你致力于自己的导入问题时,请牢记以下四个原则:

SMART THINKING
如何成为更聪明的人

1. 尽可能多地提出问题。
2. 尽可能让问题更清楚，更具体。
3. 收集更新更有趣的问题，把它们加入你的清单。
4. 尽可能深入。

> **试一试**
>
> 许多家长在孩子很小时就给他们施加压力，期望他们可以在竞技比赛中取得优异的成绩。他们在边线旁看孩子踢球，辱骂教练，朝孩子大喊大叫。他们对孩子寄予厚望，但孩子的表现可能并不尽如人意。父母很失望，孩子也会因此很沮丧。权威人士都认为，这无论是对孩子还是对竞技体育都没有任何好处。我们能做些什么呢？
>
> 列出10个你认为需要问到的问题，以得出设计解决办法时所需要的想法。

当然，答案并不唯一。你提出的问题肯定与我的不同，许多问题可能比我的更敏锐。你可以看到，我的问题会引出一些问题，得到更详尽的答案，或者包含我之前问题没有涵盖的视角。

1. 为什么家长把赢得比赛看得如此重要？这些业余体育运动是否从各个层面来说都变得更具竞争性？如果是这样，原因何在？
2. 对于那些对着孩子大喊大叫的家长来说，其影响何在？
3. 这会使其他家长不愿再送孩子参加有组织的足球比赛吗？
4. 这会打击裁判和那些想成为裁判的人的积极性吗？
5. 这对参赛的其他孩子会有什么影响？
6. 其他观看比赛的家长会怎样想？

第 9 章

如何形成自己的想法

7. 这种行为在其他方面也很普遍吗？如果是，为什么？它的普遍原因是什么？

8. 这种行为会出现在所有的足球比赛中吗？不设奖品和冠军的友谊赛也会这样吗？

9. 这种情况只会出现在裁判不得力的时候，还是很普遍？

10. 孩子和裁判受到的辱骂一样多，还是其中一方更多？

> **试一试**
>
> 列出清单后，请逐个提问。尽你所能给出答案，并简要地记录下来。你可以使用思维导图或你自己设计的模式备注，尽快地在想法产生时记录下它们。请用一个字或短语记下你的想法。

即使你的想法不按顺序出现，与此事无关，也请你将它记下来。思维总比手快，因此你需要跟随它，不要让手的动作影响了思考。你需要捕捉每一个想法，抓住大脑产生的每一个灵感以及它与其他想法产生的联系。只要有空就把它们都记下来，不要以后再记。灵感转眼即逝，不要浪费它。

你可能会碰巧看到自己用来描述这件事的概念。这时候，你应该问问自己，它对分析概念、揭示隐含意义有用吗？通常情况下，这种做法非常有效，能把你的想法模式变成复杂结构，再利用这种复杂结构捕捉更微妙的想法。

现在，你可以看到，它有效的原因在于我们不断地提醒自己提问，否则我们就会忘了这些问题，或者认为这些问题无关紧要。在解决了一个又一个的问题之后，大脑会记下哪些想法可以帮助我们解决问题，哪些不能。随后大脑形成自己的偏好，它更喜欢捷径。于是，这变成了一个闭合的过程：我们越是运用它，我们的大脑就越会相信它们是最好的解决办法和策略；反之亦然，我们越是相信，就越会使用它。

当然，接下来大脑会过滤与之不吻合的信息，把它当作不相关的东西置之不理。因此，我们完全意识不到这些信息的存在，只看到大脑筛选过的解决方法。我们用相似的策略试着解决问题却一无所获。为了避免这一点，我们必须提醒自己，其他不在此列的想法也可能有助于解决问题。这便是导入问题要做的事。我们不断提问，提醒自己解决问题的想法和策略很多很多，并非一定要从我们熟悉的回应中寻找。

从不同层面探索不同视角

视 角

事情并非到此结束。我们曾说过，善于创新思考的人会更进一步：他们会创造新问题，打开其他人不曾看到的视角。我们可以在这里学习一种简单的方法，它将帮助我们摆脱视野的局限，进行思考。

> **举例**
>
> 在康奈尔大学的研究中，研究人员相信，虽然其做法违背了自己的利益，但的确存在"不满型逗留者"和"满意型离开者"。这是一种反直觉思考。只有在变换视角后，我们才可能感知到反直觉想法。

不幸的是，习惯的思维模式和行为模式会蒙蔽我们的眼睛，让我们看不

第 9 章
如何形成自己的想法

到其他视角,而这些视角也许正是我们产生想法、得出见解、解决问题的关键。这会对我们的学术工作和职业表现带来严重的影响。

> **举例**
>
> 如果一名老师不能看到学生难以用他介绍的方式理解一个主题,他就不可能很好地教学。如果一名商人在谈判时不能站在客户的角度考虑问题,他的生意就很难谈成。
>
> 爱德华·德·博诺(Edward de Bono)指出,西方商人刚和日本公司接触时,他们会感到迷惑,不知道对方想表达什么。对于日方来说,它所表达的并不是观点的基础,而是一些信息。这些信息慢慢汇聚起来,形成了结果或决定。
>
> 西方商人对此非常疑惑,因为他们首先会提出观点和提案,再由此决定讨论的内容。他们抱怨说,日本经理在协商时犹豫不决,根本不提建议。但日方并非犹豫,那个阶段他们尚无想法,他们的想法后来才会出现。

把自己放在别人的位置上,刻意地去体验他们的情感、焦虑、希望和恐惧是一种能力。这种能力对于一些学科和职业来说至关重要。对于许多人文科学和社会科学而言,能进入他人的生命,从他们的角度出发,得出合理的预测,推导其行为方式,是令人信服的第一步。事实上,我们展现的同理心,如读小说时的感同身受,对于社会道德健康非常重要:它使人们对他人的经历更加好奇。

同样,对于一些职业而言,如护理和社会工作,学会用这种方式转换视角,从顾客或病人的角度更清晰地看到情况,是工作中很重要的一部分。在商业教育中,对利益相关者的分析需要你把自己放在每一个利益关系人——

SMART THINKING
如何成为更聪明的人

雇主、顾客、供应商和股东——的位置上来思考，有些利益关系人会受决定的影响，有些利益关系人又会影响你的决定。如果不这样做，你所做的决定很可能就是一个错误的决策。

> **试一试**
>
> **足球家长**
>
> 我们已经对列出的 10 个问题进行了讨论。现在，我们必须从所有对它们产生影响和受其影响的人的角度出发，来思考这个问题。请列出你认为与之相关的视角。
>
> 这不仅包括直接受影响者，如在边线旁大喊大叫的家长和在场上踢球的孩子，还包括间接受影响者，如想要加入足球队的家长和孩子。我们的目标是从这些角度逐一思考，并把得出的想法添加在之前由导入问题所得出的结构中。

前述问题可供参考的视角如下：

1. 大喊大叫的家长。
2. 他们在球场上的孩子。
3. 球场上其他孩子的家长。
4. 其他家长的孩子。
5. 观众。
6. 裁判。
7. 正考虑成为裁判的人。
8. 教练。
9. 正考虑成为教练的人。

第 9 章
如何形成自己的想法

10. 考虑加入足球队的家长和孩子。

> **试一试**
>
> 现在,逐一审视这些视角,看看他们怎样影响这些问题或受这些问题影响,并把不同的影响方式列出来。从一个视角入手,看看你能得出哪些想法。然后再换到另一个视角。在这里,你可以使用与导入问题相同的方法,运用思维导图或备注。简短地记录想法将有助于你捕捉所有想法。

完成这一步之后,你将得到两种结构:一种包含你从导入问题中得到的想法,另一种展现了每个视角。这时候,你需要把两者结合起来。如果导入问题引发的事件是主要的聚焦点,你需要把与之相关的视角带入其中。如果是其他问题,特别是伦理问题,涉及的就是人,因此你必须把从导入问题中产生的相关想法带入这一结构中。

层面

现在,展现在你面前的是互相交织的想法和观点组成的复杂结构。在你着手处理这个问题时,你可能从来没有想过此类想法和观点。然而,我们还需要更进一步:按不同层次,从这些不同的视角或事件(你的主要聚焦点)思考这一问题。如果你学业成绩较好,那么从某种程度上说,你也许已经这样做了,但也许使用的并不是结构化的方法,也不具系统性。不管怎样,这一技巧将使你摆脱惯常思维,看到他人看不到的东西。

然而,它的价值并不局限于你的学习,对提升你在其他方面的能力技巧同样有用。通常情况下,医生和会计这样的职业与顾客是一对一的关系,从事的活动也相对简单。这便形成了我们对职业技巧和职责的概念。但是我们如今生活在一个更复杂的社会之中，医生这样的职业在我们复杂的相互关系模式中扮演着一个重要的角色。他们的影响表现在不同的层面。

1. 个人层面（生物、心理、伦理、智力）。
2. 物质层面（物质需要、运输、气候、食宿、环境）。
3. 社会层面（文化、政治、经济）。

> **举例**
>
> 在第5章中，我们讨论了社区医生的角色变化。现在，他不仅负责单个病人，还要通过提倡更健康的生活方式防止社区疾病，甚至会影响到病人居住区域的环境决策。因此，他所倡导的价值观有公众意义，影响着社区的再设计。他的职责不仅限于个别病人，也针对了整个社区。

我们的决策不仅影响着个人层面，如个别人的利益，还会影响到社会的价值观和幸福度，以及社区的物质条件。

> **举例**
>
> 投资一家工厂的决定影响甚广，它能提供更多的就业机会，提高个人的生活，并以增加当地商店和商业需求的方式影响当地社区。当地政府因此需要投资新学校，或投资道路建设缓解交通拥堵。当地居民会受到噪音和空气污染的侵害，从而造成环境问题。更有甚者，它可以对全国经济，甚至是气候变化产生影响。

然而，虽然其复杂性显而易见，但无论你做什么，从事何种职业，或在

第9章
如何形成自己的想法

大学里学习什么学科，要习惯这种思考方式并不难。在回答完所有导入问题，并从不同视角探索之后，就可以从不同层面逐一思考了。

> **试一试**
>
> 为什么家长如此看重比赛的胜利？
>
> 前面我们列出了一系列问题，并对它们进行了系统的审视。对于这一练习来说，我们可以选取其中的一个问题：为什么家长如此看重比赛的胜利？我们把这一问题作为导入问题，详尽地思考，然后站在"大喊大叫的家长"的角度得出想法。现在，我们需要参照上述三个层面，看看我们还可以得出哪些观点。

答案如下：

物质层面

物质的：（1）家长可能读过孩子加入职业足球俱乐部的故事，因此他们也希望自己的孩子成为职业球员，这就增加了他们的参与感。（2）我们身处的时代，顶级球员一星期所赚的钱比家长一季度挣的还多。对物质财富的追求压倒一切。

个人层面

心理上：（1）一些家长不习惯让孩子自己做决定，因此他们在边线上大喊大叫，给出指令。然而，做决定是比赛的关键部分，对成长至关重要，会带来自尊。（2）一些家长潜在的攻击性很强，一些家长在生活的其他领域遭受过挫折，这也许是他们唯一的释放机会。（3）对于一些家长来说，孩子在踢球时取得的成就是他们获得自尊的重要因素。他们把希望全部寄托在孩子身上，因此他们希望孩子能取得他们所没有的成就。

智力上：通过观看电视比赛，家长以为自己对踢球很在行，甚至去当职业教练都没有问题。

伦理上：家长知道他们负有重任，需要尽可能敦促孩子，发挥其最大的潜力，确保他们没有浪费自己的潜力。

社会层面

文化上：（1）通过提倡物质至上和消费至上的思想，商业媒体把财富和财产的积累当作彰显成功的唯一标准。因此，所有竞技体育活动不再是获得快乐的手段，而是为了取得胜利。（2）足球在电视上的广泛覆盖率使很多家长确信足球是孩子立足世界，过上好日子的可行办法。

经济上：把孩子送上体育场既费时又费钱，因此如果孩子在赛场上表现不尽如人意，家长会感到很沮丧。

强大的想法制造器

当然，并非所有层面都与每一个视角，每一个问题相关。但是，养成这样的分析习惯，不轻易否认任何想法，会减少我们错失重要反直觉想法的可能性。

你可以看到，这是一个非常强大的想法制造器。在这个练习中，我们只不过从列出的10个问题里选择了一个问题和一个角度。每一个导入问题都可以从不同的角度来分析，接着又能从不同的层面分析，每个层面又可以细分。因此，从一个相对简单的问题出发，你也能得到成百上千种想法。

第 9 章
如何形成自己的想法

测试题

我们通常用归纳推理问题来评估以此种方式产生想法的能力。问题的形式各有不同,但都可以评估我们得出可靠推断的能力。在接下来的测试题中,结论就来自于完整的推理过程。换句话说,你可以从我们本章所检验过程的结果出发,往前推断,找出问题或想法产生时没有被问到的问题。

举例

最近有研究指出,接受过私人医疗护理的人身体更好。我们因此可以指出,保障社会健康最好的办法是增加对私人医院和诊所的投入,并鼓励更多人购买医疗保险。

这一观点表明,私人医疗护理和健康人之间可能存在着因果关系。但是两者之间其他可能的原因并没有提及。在这个例子中,是能够承担私人医疗护理的人的社会经济地位。这也许就是两者的潜在原因,社会经济地位高的人,生活方式更健康,他们不仅享受更好的医疗护理,还有更健康的饮食,常去健身中心锻炼,工作条件也更好,等等。

试一试

在稳妥地得出下列结论之前,你需要提出哪些问题?

1. 全国各地的官方数据显示,男性在致命车祸中所负的责任是女性的两倍。一个记者因此得出结论,女司机比男司机安全两倍。

2. 你是一名律师,正为一名在商场偷窃的人辩护。此起诉最大的证据是一张照片,照片上这名男人在偷窃时被当场抓获。

3. 去年，伦敦两个自治市的犯罪数据显示，其中一个自治市的强奸案增加了20%，另一个市没有变化。媒体因此描述说第一个自治市的犯罪情况已经失控。

4. 一名飞行员认为他能够完成危险任务是因为他随身带着吉祥物。

第 10 章

如何组织想法

在这一章中，你将学到下列内容：

- 组织想法是解决问题、揭示新意义的必要手段
- 组织想法对于摆脱主导思想的重要意义
- 因果分析对反省思考及实用职业知识的重要性
- 怎样用一种简单实用的方法来揭示组织想法的因果关系
- 评估因果分析技巧的测试题

不确定因素是创造力的熔炉，它是一切的起点。人的思维在不确定中成长，因为它蕴含着选择，也就是创造力的第一步。但我们一直都在学习必然之事：固定的习惯、秩序、正确答案。选择的可能性因此被否决，创造力也销声匿迹。

事实上，我们的确生活在一个充满不确定因素的世界。我们从不确定中创造秩序。我们把想法联系起来，创造出种种结构，并通过这些结构赋予世界意义。它们是我们对外部世界的内在表征，我们把它们储存于记忆之中，用它们来预测自己的行为将带来的影响。它们帮助我们诠释这个世界，把它看作一个系统化的、可理解的体系。试想一下，如果没有它们，我们的生活将是多么不可预测呀！

> **举例**
>
> 1953年，27岁的亨利·莫莱森正接受一次癫痫手术。医生在他的头骨前部钻了两个孔，并把海马体的前部和大部分杏仁体取了出来。遗憾的是，手术失败了，亨利不能再储存或获得新体验。亨利又活了55

> 年，于2008年逝世。这些年来，他都只记得当下发生的事。苏珊娜·科尔金（Suzanne Corkin），麻省理工学院的神经学教授，对亨利的案例进行了长达46年的研究。他们经常碰面，但是对亨利而言，每一天再见都是初遇。

失去了组织和保留经验的能力，亨利再也不能诠释这个世界，赋予它意义。我们越是能够在结构中呈现自己的想法，就越能创造出更多的意义，也可获得越多的想象力。事实上，好的呈现方式是解决问题必不可少的条件，对于理解来说也至关重要。赫伯特·西蒙（Herbert Simon）曾说："解决问题就是呈现问题，解决办法也会因此变得透明。"

举例

美国著名理论物理学家理查德·费曼（Richard Feynman）注意到，相同物理原则的不同呈现方式可以唤起不同的大脑意象，并因此带来新发现。牛顿能够发现万有引力定律就是因为他找到了一种别人不知道的新呈现方法——微积分。

显然，我们呈现想法的方式不是被动的。它让同样的信息更易理解。如若不信，你可以试着用罗马数字做乘法或除法。

试一试

请用 XI 乘以 XXXIV。

你会发现，这真的很难。现在，再试着用阿拉伯数字完成这道题（11×34）。这样一来，问题就简单多了。这也许就是数学在早期阿拉伯文化中得以发展的原因。

第 10 章
如何组织想法

主导思想

用不同的方式呈现想法也可以帮助我们摆脱相似主导思想的桎梏。在上一章中，我们就发现，主导思想会蒙蔽我们的双眼，让我们看不到显而易见的方法。那位德国化学家虽然彻底地清洁了培养皿，却没能看到一个明显的事实：这一培养皿中有他正在寻找的抗生素。事实上，这样的现象随处可见。

> **举例**
>
> 爱德华·德·博诺举过一个例子：一个人很厌烦不停地将猫放进放出，因此他就在门上打了一个洞，让猫自由进出而不必打扰他。后来，他又养了一只小猫。于是，他又在门上打了一个小洞。

要消除主导思想的阻碍，我们必须有自己的想法，然后将这些想法组织起来，让主导思想更明显。我们呈现想法的方式能使同样的信息看起来不同，更易理解，因此那些阻碍我们进步的想法也变得更清晰了。

如何组织想法

我们的目标是揭示思考的框架，也就是组织想法的层次。通过这种方法，我们可以得出不同的意义，并通过它们找出新想法和解决问题的新方式。我们可以检验它、调整它，还可以从不同的角度审视它，通过聚焦于不同部分来重新诠释它。

要阐明想法中的深层含义，我们必须揭示它们之间的关系，描绘其相互联系。其中最有效的两个方法是分析它们之间的概念关系和因果关系。

概念关系

通过第一阶段的学习，我们知道概念具有强大的力量，可以通过组织想法创造意义。概念是我们诠释世界、减少日常困惑和适应环境最有效的方式。它赋予我们超越具体世界的能力，把我们的理解延伸到一个不可能的领域。我们把所有具有相同特征的事物集合在一个概念之下，每一次运用这个概念，我们都可以用到从过去获得的理解力，着眼现在，塑造未来。

通过分析概念，我们可以揭示概念之下的想法及其关系结构。通常情况下，在使用概念时，我们会允许一种或多种想法占据我们的思想，从特定的视角创造意义。如果我们像在第5章那样分析概念，我们就可以看到概念之下的结构，以及我们可以用来诠释它、使用它的其他方式。

如果以另外的想法为起点，我们便可以找到解决问题的新方法。在前面的章节中，我们讲过爱因斯坦怎样在工作中释放被困的潜在能量，事实上只要我们学会分析概念，释放出困在概念结构之中的潜在意义，我们也可以和他一样。

因果关系

另一种描绘想法结构的方法是寻找它们之间的因果关系。在学术研究和职业生涯中，我们所有人都会用到这种方法。

第10章
如何组织想法

> **举例**
>
> 假设你是一家公司的经理。现在，公司没能达到效益目标，你想知道原因何在。同样，你也想知道法国大革命的原因，为什么利率低时失业人数会增加，为什么某些种族的小孩数学学得更好？

要回答这些问题，我们需要创造一些想法，然后通过因果分析把这些想法组织起来。接着，我们可以寻找已经在环境中发生变化的因素：个体之间的关系、企业之间的关系，或者更宽泛的社会和经济关系。我们也可以从中知道我们寻找的是单一原因还是一系列原因。

> **举例**
>
> 一名房产中介人的询盘量忽然大幅降低。现在几个月的销售量只相当于以前几个星期的销售量。因此，他首先要做的是描绘出影响买家决策的市场因素。
>
> 他发现唯一的原因就在本地：本地许多企业倒闭了。企业陆续倒闭，他低估了倒闭企业的整体数量。或者，他看到了一系列互为补充的原因：加息导致了食品价格的上涨和公共事业费用的提高，房屋抵押贷款也受到更严格的监管。

描绘出因果模式后，他便处于一个有利位置，可以更好地设计有效的解决方法。他不会再退回过去的行为模式，因为这些行为模式虽然曾经发生过作用，但已不能在变化的情况中找出最有效的解决方法。

诸如此类的复杂决策需要我们摆脱日常模式，重新思考。它涉及对模式的分析，并需要评估其所呈现的想法之间的关系。通过这种方式，我们可以找出错误，消除错误的推断和假设。然后，我们可以运用这种模式找出问题的解决方法。

- 我们都运用因果分析来组织想法。
- 我们需要组织想法，看看问题的原因是单一的还是复合的。
- 我们可以更好地避免回到已经失效的原行为模式之中。
- 通过这种方式，我们同样可以避免错误的推断和假设。

揭示并调整因果关系模式

我们可以通过一些简单步骤找出问题的因果关系模式，这与我们在第 4 章中学过的内容大同小异。包括 6 个步骤：

- 列出所有内容。
- 揭示层次。
- 检验和排除。
- 趋同点和趋异点。
- 得出假设。

步骤一：列出所有内容

首先，我们需要罗列出所有相关内容。在上一章中，我们先对导入问题中得出的想法进行了头脑风暴，然后从不同的视角出发，再从不同的层面着手，把所有相关的内容都列了出来。

第10章
如何组织想法

通常情况下，我们会理所当然地认为自己对一切了如指掌，因此觉得没必要这样做。在这种情况下，我们不但会遗漏显而易见的内容，而且无法记下可能的解决方法以及我们需要问到的问题。我们应该像在上一章一样，把想法都记录下来，只有这样我们才会注意到以前不曾思考过的解释。一切会因此变得明朗，它们无法再隐匿于习惯思维之中了。

步骤二：揭示层次

接着，你要开始描绘想法之间的关系。在上一章中，我们借用了思维导图和备注模式，你的结构会因此显现出层次性，想法也有了主次之分。

- 一些想法由基础信念推导而来。
- 另一些想法扮演证据或例证等支持角色。
- 你的偏好、兴趣和价值观也是如此：它们中的一些具有优先权或不可妥协。

步骤三：检验和排除

找出想法的关系之后，我们需要检验它们，以确保其一致性。你可能会发现它们中有一些存在着冲突。

- 当各信念冲突时，表明我们对情况的理解前后矛盾，我们需要修正它。
- 当偏好和价值观冲突时，表明我们需要重新思考赋予它们的相对重要度。如果认为某种价值观不可更改，那就意味着我们要做好放弃另一种价值观的准备。同样，我们显然也不能同时保留两个相悖的偏好和兴趣。

检验想法之间的关系，通过这种方式排除某些内容，会使结构变得更清晰、更简单。因此，我们更容易看到需要做出的决定。我们不仅会看到想法的组织方式，还可以看到调整结构，以找出不同解决方法的方式。

步骤四：趋同点和趋异点

我们解决的一些问题涉及伦理：怎样最大化相关事件的偏好、兴趣、需要和价值观？另一些问题需要用因果关系来解释：事情为什么发生？其原因何在？

> **试一试**
>
> 　　1847年，在著名的维也纳中央医院这座欧洲最大的医学院附属医院中，28岁的助理教授塞麦尔维斯正面临着生命中最严峻的挑战。医院里分娩死亡和产褥热死亡的妇女人数达到了新高，没人知道这是为什么，也没人知道怎样控制它。如果分娩后腹部发炎，医生会用过滤器吸走渗出的液体。如果出现高烧情况，医生会为她们放血。最后，当她们神志不清时，医生只好用皮带将她们绑起来。
>
> 　　许多人都认为发烧有两个原因：外部原因和内部原因。外部原因是弥漫在医院的气味。这就解释了为什么医院的分娩死亡率高于家里。内部原因是身体内积累的乳汁。这些乳汁没能流到乳房或子宫，造成了腹腔炎。
>
> 　　但是，这些解释都不符合事实。显然，没有怀孕的妇女也会发烧。塞麦尔维斯的一名病人就在切除宫颈的肿块后发烧而死。同时，在医科分娩的妇女死亡率是在产科的5倍，弥漫在医院的气味对两个部门的影响不可能存在着如此巨大的差异。

第 10 章
如何组织想法

如果你不了解后来发生的事，而是处在塞麦尔维斯的位置，只知道当时发生的情况，你将从何入手，怎样从事实中得出可以解释它们的假设？请记住，你不懂微生物学，也不知道抗菌药物。因此不要放过任何情况。

你要找出哪些事实？

你将把哪种模式运用在这些事实之上？事实并不能代表理论，你需要处理它们，创造一种可以解释和解决问题的结构。

专业的调查员会从寻找趋同点和趋异点入手，看看他们是否能从中找出一种模式，并从这种模式中推导假设。假设必须是可供检验的。侦探调查犯罪案件时会找出证据中可以连接想法的共性，塞麦尔维斯也是这样做的。

趋同点

我们首先需要确认趋同点指什么。它可以有下列形式：

强化：这是最强的一种形式，两件事情同时指向一个原因。它们会提供支持一种特殊诠释的证据。

互补：我们也可能找到两件事互补的例子——两者不能独立发生。有 A，必有 B。

补充：这种形式虽然弱一些，但仍是有用的。某些事由于可以补充一个更重要的想法而集中在一起——它们可以支持或阐明这种想法。

趋异点

趋异点更容易被发现，我们使用它们的方式与我们使用趋同点的方式不同。趋异点当然也可以作为假设的源头，但我们更常用它们来检验从趋同点中建立起来的假设。对于缩小可能范围来说，它们非常有用。

> **试一试**
>
> 如果你手上掌握的信息与塞麦尔维斯相同,想一想你会如何把这些想法联系起来,建立结构,并通过这种结构得出一种可检验的假设。

趋异点

在这个例子中,最好的着手点是找出趋异点。如果仔细地分析这种情况,你将看到有三个值得注意的点:(1)病人在家接受治疗和在医院接受治疗不同;(2)医生接生和助产士接生不同;(3)不同医生接生也不同。

- 病人在家接受治疗和在医院接受治疗的不同

我们知道,医院发烧症状的发病率非常高,而在家里,这一情况却非常少见。许多妇女都知道这一点,所以尽量避免去医院。在不得不去医院的时候,她们也会极力拖延。她们会在街上或救护车上等到即将临盆才进医院。她们通过这种方式降低自己的风险,而那些临盆时才进医院的妇女确实鲜有发烧。

- 医生接生和助产士接生不同

由助产士接生的妇女不及由医生接生的妇女所承受的风险大,塞麦尔维斯由此推导,这不可能是医院气味造成的,因为医院每个科室都能闻到同样的气味。于是他把注意力放在其不同点上,找出可能是原因的因素。

首先,他着手找出两个科室运作方式的不同,然后得出假设,并逐一地检验。

1. 饮食不同:塞麦尔维斯改变饮食,确保每个病人得到的食物都相同。
2. 产妇分娩位置不同:助产士用侧卧位,医生采用仰卧位。于是他要

第 10 章
如何组织想法

求每位产妇以后都采用侧卧位。

医生允许神父和摇铃人走来走去；助产士不允许。因此，塞麦尔维斯不允许神父和摇铃人在医科里走动。

实习医生可以为产妇检查，而助产士不允许。这一点不在塞麦尔维斯权限之内。但这暗示了一种可能性：实习生不及护士灵便。

- 不同医生接生不同

不幸的是，上述改变并没有降低医科里发烧引起的高死亡率，于是塞麦尔维斯的注意力开始转向不同医生之间。他发现了四个有趣的地方：

1. 分娩时间长的产妇更容易发烧。

2. 某个时期发烧的产妇数量更多：克莱因教授接管附属医院之后，发病率要比其前任布尔教授在时更高。

3. 塞麦尔维斯在医院任职时期，发病率更高。在他离开医院的一段时间里，发病率一下子就降低了，他回来后发病率再次升高。

4. 外国学生在时的情况也是这样。克莱因教授讨厌外国人，因此不让外国学生进病房。这段时间，死亡率有所降低。

趋异点
医院 / 家里
1. 医院发病率高 / 家里发病率低 2. 在医院之外等待临盆的人发病率低
医生 / 助产士
1. 饮食 2. 分娩位置 3. 神父和摇铃人 4. 实习生

不同医生之间
1. 分娩时间
2. 布尔在位 / 克莱因在位
3. 塞麦尔维斯是否在医院工作
4. 外国学生是否受限

趋同点

对于趋同点而言，更多的是诠释问题。在迄今为止收集的事实中，你看到的趋同点可能不止一个。但是，最明显的是，许多事实似乎都集中在产妇检查方面，特别是实习医生对产妇的检查。在这里，我们可以找出5个与此对应的事实：

1. 医院承担教学功能，医生常对产妇进行检查，由医生接生，高烧死亡的发病率很高。

2. 分娩时间越长的产妇越容易发烧；产妇分娩时间越长，越有可能接受检查。

3. 接受过检查的产妇似乎才染上了高烧。

4. 大部分检查由塞麦尔维斯和实习医生完成，他们不在时，死亡率降低。

5. 克莱因教授接替布尔教授后，死亡人数增加。克莱因教授喜欢在病人身上教学，而布尔教授习惯用木偶教学。

步骤五：提出假设

找到一个切实可行的假设，解释事情为什么发生，需要经过三个阶段：（1）形成阶段；（2）检验阶段；（3）调整阶段。

第10章
如何组织想法

每个阶段发生的速度都可能很快。如果一种假设无用，经过形成、检验、调整后就被摒弃。所有这一切可能发生在几秒之内。事实上，这种快速的连续架构和评估，与科学家的工作有所不同，因为科学家总会在选定一种理论之前进行初探。虽然达尔文的工作以细致而耐心地收集资料著称，并不以理论为导向，但他自己也承认他还是忍不住要对所有问题进行假设。

> **试一试**
>
> 在看到所有趋同点和趋异点之后，你可以得出哪些假设，解释医生接生的产褥热发病率高于助产士接生？如果你已得出假设，请检验并调整它，看看你能否得出一个切实可行的推断。

接下来你会看到塞麦尔维斯找出正确答案的推断方式。这时发生的一件悲剧事故竟成为塞麦尔维斯找出原因的契机。这也恰好印证了路易·巴斯德的一句名言："机会偏爱那些有准备的人。"

我们可以用很多方法诠释这些事实。如果没有怀孕就不会发烧，我们也许可以推断这个问题与分娩有关。毕竟，那些分娩期长的产妇受到的影响最大。

然而，塞麦尔维斯却注意到两个科室的产妇在接受过医生的检查后，都相继开始发烧。

> 假设：于是，范围缩小了，医生的检查或许就是原因所在。那些晚进医院接受检查的产妇似乎危险比较小，而那些分娩时间长，经常接受检查的产妇，风险更大一些。

> 检验：但这不能解释为什么产科的产妇也常常接受检查，但发烧人数比较少。
>
> 调整：也许接受男性医生的检查才是原因所在？
>
> 检验：同样，在家生孩子的产妇也接受男性医生检查，但她们不会发烧。
>
> 调整：这表明发烧只与在医院里接受男医生检查有关。这一假设也吻合另一个发现：塞麦尔维斯和实习生不在时，或布尔教授在任，没有用产妇来教学时，发烧死亡的人数会减少。

然而，虽然我们现在已接受原因，但仍需要使用一些方法来得出有用的假设，找到解决方案。一场悲剧事故为塞麦尔维斯指明了方向，他的好朋友及同事雅各布·柯勒什克在尸检过程中被一名实习医生的解剖刀划伤。不久，他就因感染而死。塞麦尔维斯意识到这可能源于腐烂有机物质的微粒进入了血液。

> 假设：这表明医生和实习医生可能以同样的方式感染了病人，把尸体上的物质带入了病人的血液中。每天早上，实习医生在检查病人之前都去解剖间解剖前一天去世的人。

同样，这也解释了塞麦尔维斯不在时，以及布尔教授任职时，死亡率降低的原因。塞麦尔维斯在思考原因的过程中，长时间待在解剖间里，却想不到自己也因此成了疾病的传播中介。布尔教授没有解剖，正如我们看到的那样，他不用产妇来教学，而是借用了木偶。这也解释了为什么外国学生受限时，死亡率会降低：外国学生更小心谨慎，而且他们常常受到检查。

第 10 章
如何组织想法

> 检验：为了测试他的理论，塞麦尔维斯命令实习医生在为产妇检查前用漂白粉洗手。一个月之后，死亡率从 12% 降到了 3%。再一个月之后，死亡率降到了低于 2% 的水平。

技能实践

可以看到，这是一种有效的办法，能够填补事实和解决方法之间的空白。这也是一种很简单的方法，可以用于日常实践。首先，我们像专业调查者一样，通过寻找趋同点和趋异点将想法组织起来，并从中找出结构。接着，我们提出假设，并对它们进行检验和调整，直到找出答案。通过这种方式，我们不用再依靠直觉在黑暗中摸索了。现在，你可以借助下面的练习提升和实践自己的技巧。

> **试一试**
>
> 许多年前，魁北克城在短短一段时间里发生了 50 起症状相同的病例：恶心、呼吸急促、咳嗽、胃痛、体重减轻、脸色蓝灰。所有这一切都指向严重的维生素缺乏症，但短短的时间内就出现这么多起病例，实在很难合理解释。此外，人们检查了 20 具尸体，发现他们的心肌和肝脏都遭到了严重的损害。这两个特征都不吻合维生素缺乏症的症状。
>
> 也许你并没有受过医师训练，但这没有关系，你只需要说出你会提出哪种问题来收集有用信息就行了。

现在，请跟随魁北克卫生检查员的足迹，看看他们是怎样收集信息、分析信息、找出趋同点，并从中提出假设，然后用趋异点检验这些假设，找到解决办法的。

趋同点和趋异点

趋同点

首先，画出结构图，把他们所知的一切都纳入这个结构图之中。然后，卫生督察们开始找寻趋同点，也就是所有患者的共性。这些共性可能会指出可能的原因。最后，他们找到了原因：50名患者都十分喜欢喝啤酒，而且喝的都是同一个加拿大品牌。事情很显然与这种在魁北克和蒙特利尔酿制的啤酒有关。

趋异点——检验假设

·假设一：啤酒是原因

这一趋同点让他们得出一个假设：啤酒是病源。所有相关人士都出现了症状，这可以归结为喝这种啤酒的原因。下一步是检验这一假设，看看能不能通过趋异点证明这一假设的错误。很快，他们找到了：喝蒙特利尔厂啤酒的人没有出现症状。

·假设二：酿制过程有问题

两个酿造厂的酿造程序似乎存在着巨大差异。这一点得到了证明，魁北克厂加入了钴化物来增加啤酒泡，而蒙特利尔厂却没有。另外，化合物是在第一批患者出现前一个月才开始添加的，而且啤酒厂停止使用这种化合物之后，再没有同样症状的患者出现。

第 10 章
如何组织想法

- 假设三：钴化物是罪魁祸首

因此，人们又得出一个假设：钴化物是病源。不久之后，奥马哈市的 64 名啤酒饮用者也出现了相同的症状。人们发现，当地的一家啤酒厂也在使用相同的钴化物。这就更证实了这一点。钴化物停用之后，再无相同病例出现。

然而，督察员们对此仍持保留态度，因为啤酒中加入的钴化物剂量不足以致死。魁北克城的死亡人数达到 20 人，奥马哈市更是高达 30 人，死者如此之多，似乎源于受害者的酗酒行为。因为酗酒，他们对化学物质的抵抗力降低了。

你可以看到，在这一案例中，人们通过重要的趋同点和趋异点找出了答案：

趋同点
1. 患者大量饮用啤酒
2. 所有患者饮用相同品牌的啤酒
3. 受影响的只有饮用啤酒的人
趋异点
1. 魁北克城的饮酒者出现症状，而蒙特利尔的没有
2. 适量饮酒的人没有感到不适

测试题

为了检测这些技巧，雇主们会运用与上一章同类型的测试题来评估我们的推理能力。但是在这里，他们会让我们使用逆推法，找出想法产生时没有提及的问题来评估我们得出可靠推断的能力。

SMART THINKING
如何成为更聪明的人

在这一章中，我们已经学到组织想法、提出假设、检验和调整假设的方法。为了检验这些技巧，我们会得到一段话和一些陈述。我们需要根据这段话表达的内容和想法间的联系推导出正确的陈述。这反映了我们在上述例子中提出假设的过程。如果推论超出段落所示内容，它就是错误的，我们并不能从文章中得出这种假设。

> **举例**
>
> 格特鲁德·斯泰因（Gertrude Stein）被誉为"迷惘的一代"。随着时间的流逝，这一词语开始用来指代在一战后日臻成熟的一代作家。文学界的学者注意到这些作家有一种趋势：一战结束后，文学自觉意识开始变化，文学开始朝着现代主义发展，抛弃了传统的限制，传达着空虚和冷漠感。文学的现代主义虽在战前已初现端倪，但根基并不坚实。另一位学者发现了另一种出乎意料的趋势：一战后的作家比历史上任何一代人都更喜欢创作奇幻作品。
>
> 根据上述文字，哪个推论是正确的？
>
> A. 一战后的文学是文学史上最乏味、最冷漠的阶段。
> B. 一战后的作家都否认过去的传统，尊崇非传统的文学形式。
> C. 文学成为一战老兵的主要发泄方式。这些退伍军人经历了恐怖的一战，身心交瘁。
> D. 在一战中幸存的军人相对较少，而且幸存者也因为此番经历发生了巨大的变化。
> E. 一战的经历激励了许多作家，他们创造出战前并不常见的文学形式。

第 10 章
如何组织想法

答案是 E。这段文字讨论了一战后现代文学和奇幻文学的崛起。它同样指出这两种文学形式在战前就存在，只是不普遍。这就指出战争促使了这些文学形式的崛起，"迷惘的一代"选择了它们。因此，E 项是最佳选项。

类似的推理问题也会要求你从一系列陈述中选出最符合文章结论的那一项。

> **试一试**
>
> 研究表明，如果 18～27 岁的男人在婚前养过宠物至少 2 年，离婚率会比其他人低 35%。研究指出，养宠物可以让男人更好地接受长期、健康的婚姻关系。
>
> 下列哪一项最能体现养宠物的男人为健康的婚姻关系做好了准备？
>
> A. 研究显示，养宠物可以极大地减轻日常压力。
> B. 许多成功婚姻都基于共同兴趣上的情感投入，如养宠物。
> C. 许多结婚超过 25 年的男人仍在养宠物。
> D. 婚前没有养过宠物，或养宠物时间不足 2 年的男人，更容易离婚。
> E. 如果妻子养宠物超过 2 年，男人不会与她离婚。

第 11 章

运用类比法解决问题

在这一章中,你将学到下列内容:

- 类比法是我们诠释想法结构的新方法
- 运用类比法解决孤立问题可以让我们摆脱系统 1 思考的桎梏
- 类比法是思想史上获得重大突破的手段
- 怎样找出有效类比
- 怎样区分可靠类比和不可靠类比

在第 2 章中，我们介绍了敏捷思维的两大核心要素：元认知和反直觉思考。后者将挑战我们的习惯反应，想所不能想，创造想法，将不可能联系在一起的想法联系起来。

在本书的第一阶段，我们讨论了这样做的不同方法。我们可以创造概念、分析概念，也可以整合想法。同时，在上两个章节中，我们学会了创造想法和组织想法，以不同的形式呈现它们，以揭示新想法，揭示出人意料的意义。这使得我们获得了意外之喜，可以有效地从不同角度看待问题，获得新视角，为不能解决的问题找到新颖的解决办法。事实上，它对我们对各领域的理解都有重要的意义。

> **举例**
>
> 维也纳总医院的所有医生和护士都了解塞麦尔维斯知晓的内容，他们获知的信息都相同，但能够用不同方式组织想法，创造出新呈现方式的只有塞麦尔维斯一人。也正因为如此，他才能设计出解决方案。

路易·巴斯德不受传统观点禁锢,能够站在不同的角度思考,因此他获得了灵感,在细菌学上取得了重大的进步。没有他的勇气,细菌学的发展,以及那些被认为是医学史上最伟大的进步,根本不可能发生。

然而,如果我们不能从想法结构中得出解决方案,我们该怎么办呢?在这种情况下,我们有三种选择:(1)将此结构与过去有效的结构进行比较;(2)调整我们的结构;(3)寻找诠释结构的新方法。

就第一种选择而言,我们在上一章结束时曾提到过,在快速变化的复杂世界里,我们应该做到不过分依赖过去。对于第二种选择,我们会在下一章里学到调整结构,设计解决方案的各种方法。在本章中,我们首先将学到寻找诠释结构的新方法,这些新方法涉及截然不同的情况。

类比法

最常见的是类比法。虽然涉及的问题和主题截然不同,但类比法表现了与我们想法相似的想法结构,我们可以借助它来诠释我们的结构,得出推论,找出问题的解决办法。类比法为我们提供了稳定的结构,它们适用于各种情景,也是可靠的,我们可以根据一件事判断出另一件事出现的概率。如果说,事件 A、事件 B 和事件 C 都具有特征 X 和特征 Y,而事件 A 和事件 B 还具有特征 Z,那么我们就可以推断,事件 C 很可能也具有特征 Z。

> **举例**
>
> 爱因斯坦在相对论中指出,重力并非如牛顿在重力理论中所认为

第11章
运用类比法解决问题

> 的那样,重力不是一种力量,而是时间和空间(时空)的扭曲。所有物体都会扭曲时空结构,物体越大,扭曲就越严重。这似乎很难理解,特别是爱因斯坦第一次提出此想法。现在,我们可以试着用类比法来分析一下。我们不仅可以用类比法来诠释自己的想法结构,还可以得出可供检验的推论。
>
> 把保龄球放在弹簧床上,你可以看到,保龄球的重量让弹簧床变形。如果这时让一颗弹珠绕着保龄球滚动,弹珠会靠向保龄球的方向。同理,我们可以说,星球也是这样扭曲时空的。在太阳系里,太阳扭曲了时空,而各行星都会跟随这个变形轨迹运行。这和弹珠靠向保龄球如出一辙。它们之所以没有和太阳碰在一起,是因为它们本身也以一定速度在运动。

小时候,我们通过比喻知道了类比的作用。我们知道,类比可以用来解释最复杂的伦理问题。对比喻的理解帮助我们学会了怎样诠释想法结构,怎样诠释它所传达的重要伦理信息。

同样,在过去350年中,许多科学进步也得益于简单的类比。类比法提供了模式和图像,科学理论就建立在这些模式和图像之上,它们为研究加油助力,拓展了我们对世界的理解。

举例

> 人们把分子、原子和电子看作一些小的固体球,如桌球,我们可以触摸它们,观察它们的运动。而光也被看作是穿行于弹性介质中的波。这两个类比引导了科学家的实验,化无形为有形,科学家们因此可以更好地去诠释它。

有能力找出类比，运用类比，一直是人类思考的灵感之源。通过这种方式，个体能够看到问题的答案，克服前进中的阻碍。类比法是一条崭新的康庄大道，它改变了我们思考世界、探索世界的方式。

要做到这一点，我们必须变得无畏，并使这种无畏成为一种习惯，就算别人认为荒诞无稽、异想天开的想法，我们也敢于去想，敢于去比较。然而，仅仅有勇气还仍不够。我们同样也需要发展技巧，养成反直觉思考的习惯。第 2 章中，我们提到过反直觉思考涉及两种能力：

· 能够挣脱日常思考模式，把看似无关的想法框架用于问题中。

· 能够抛开对事件的预设，把注意力集中在情景上。只有摆脱习惯预期，我们才能更自由地思考所创造的结构，找出与之前结构的相似之处，找到它们之间的吻合之处。

你可以看到，上述两点都需要我们摆脱系统 1 思考的桎梏，回到简单的思考之中，像孩子般相信奇迹的存在。事实上，孩子对这一点很在行。发展心理学指出，孩子在思考时能独立地进行类比，完全不用借助父母和老师的帮助。大脑似乎就是这样工作的。认知科学家道格拉斯·霍夫斯塔特（Douglas Hofstadter）把它描述为"认知的核心"。

类比的作用

类比时，我们运用聪明才智把自己的想法结构从背景之中划分出来，然后将它与孤立却相似的结构进行比较。通过这种方式，我们就能用不同的眼

第11章
运用类比法解决问题

光看待事物，并常常会得到出人意料的结果。别人眼中没有任何意义的事实，却是你灵感和创意的源泉。

> **举例**
>
> 在早期的工作中，达尔文假定物种是稳定的，变异只是例外。但这种假设似乎与他周围纷繁复杂的物种不相吻合。如果稳定是常态，为什么会有那么多的变种出现呢？生存竞争应该对此有所限制：环境竞争越是激烈，出现的物种就越多。那么，他应该如何解释这一点呢？
>
> 他把这种情况与19世纪英国的工业发展进行类比，并从中找到了答案。显然，拥挤的市场存在着激烈竞争，市场更偏爱能够利用和改变自己技能去适应市场需要的人。那些得到发展壮大的人都抓住了新机遇，满足了市场的需求。他在纷繁的市场中看到各种各样的人，他们精通不同的手艺，在一起工作，并不存在直接的竞争关系。
>
> 他意识到自然界也应如此。同样的竞争压力会促使物种去填补生态空间。物种的功能越是多样化，它越有机会在这一区域存活下来。事实上，自然选择比工业选择更有效，它提升了竞争动物间的"劳动分工"，带来了物种的变异。

因此，在解释时，最自然的不过就是寻找一个接近的类比了。我们认为，事情在某些方面是类似的，所以它们在其他方面也定有类似之处，并由此得出自己的推断。了解结构内容的关键在于我们理解相似性的方式。只要运用

> **举例**
>
> 今天，类比法作为模式得到了新的发展，它不仅是科学思考的关键，在政治和商业计划中也扮演着重要的角色。经济模型，市场或公

> 司可能达到的业绩,很接近精准的类比。它们的解释力相当不凡。最好的类比常常可以指出原设计中遗漏的相似之处,研究者们百思不得其解的现象也因此迎刃而解。

我们可以信赖的已知,我们就可以通过类比拓展知识,其重要性无可估量。

类比的效果在于我们能够更有效地应对某些情况。无论是将具体情况转变成抽象模式,还是把抽象情况转变为具体类比,我们都可以从中得到改变可变事物的力量,并更清楚地看到结果。原始状况加诸思考的限制不会被带入类比之中,因此事情改变起来就容易多了。随后,我们可以把从类比法中得到的东西带入实际情景之中,并通过这种方式得出新想法,找到处理问题的方式。

- 要找到孤立事实和想法的意义必须通过分析概念和因果关系创造一个结构。
- 类比是诠释这种结构的有效方式。
- 类比常常带来灵感与创意。
- 类比通过可靠的已知知识拓展我们的认识。
- 类比赋予我们改变可变事物的力量,让我们更清楚地看到结果。

试一试

类比常使问题豁然开朗,为了阐明其有效性,请思考下列问题。这个问题由心理学家卡尔·登克尔(Karl Duncker)所创,十分有名。

试想你是一名医生,你的一个病人胃里生了一个不能切除的肿瘤,你想用射线为他治疗。如果射线强度过高,人体组织也会被杀死,但

第 11 章
运用类比法解决问题

如果强度过低,射线虽不会伤害健康组织,但对肿瘤也没有效果。你需要怎样做才能在不损害周围健康组织的情况下消灭肿瘤呢?

显然,这是一个很难的问题。但请你看看下面的故事,它有帮助吗?

一名物理学家需要使用激光修复电灯泡灯丝,但同时激光也会损坏外面脆弱的玻璃灯泡。因此,他用许多激光光束把灯泡包裹起来,这些光束设置为低强度,不足以损害玻璃灯泡,但其聚合在一起的强度又足以修复灯丝。

在读这个故事时,你也许已经找到了两个问题间的相似之处。你在头脑中设计出类似方法,解决了 X 射线的问题:用 X 射线机器围住病人,使低强度射线汇聚在肿瘤上。现在,请试着读一读下面的故事,这个故事与灯泡无关,你还能从中找出它与 X 射线间的相似点吗?

一座城堡位于护城河中心,许多小桥连接着从大陆通往城堡的路。进攻部队派出几名士兵,分别从各小桥进发,他们同时到达,并成功地占领了城堡。

事实上,如果无类比可用,仅 10% 的人会想到用聚光法解决 X 射线的问题。读到攻占城堡的故事后,成功率达到了 30%;但读过灯泡的故事后,成功率神奇地升到了 70%。这就显示了好的类比多么有效!

找出类比

类比是"同态"的事件或事物,也就是说,它们具有相同的结构。因此,找出类比就是描绘出一种结构,然后再找出与之相对应的相似结构。它需要运用选择性想象，找出先前无关联的结构。所有部分都必须与这个结构相吻合。

有时候，对两个最不可能的事物进行比较会最有效。它们常常带来令人吃惊的收获。事实上，即使从别人看来毫无意义的事实中也能获得灵感。

这看起来似乎更像一门艺术，而非循序渐进的简单步骤，但下列三个问题可以帮助你找出类比：

1. 存在相似性吗？
2. 模式吻合吗？
3. 它能解决问题吗？

存在相似性吗

显然，我们首先应该问的是，我们比较的两个物体或两件事之间是否具有相似的结构。寻找相似结构，涉及简单的模式识别。它是许多学科和职业中都会用到的推理形式。

> **举例**
>
> 在许多法律体系中，常常会使用惯例来推理。实际上，这就是使用类比进行推理的例子。
>
> 人们会拿未判决的案子与相似的宣判案进行比较。如果律师认为两个案子之间存在着极大的共性，他们会提供之前的审判结果以供参考。律师和法官常常会进行此类比较，区分不同的想法模式、事实和概念。

但是，要做到这一点，大脑必须做好充分的准备，让自己完全沉浸在想法之中。如果做好准备，我们每个人都可以看到这些类比。问题是大脑并非生而具有创造力，它只能看到我们想看到的东西。然而，科学家的经验显示，

第 11 章
运用类比法解决问题

只要沉浸在想法中，为看到它们做好准备，类比就会出现，达尔文和爱因斯坦就是这样做的。接下来要做的就只是分析其结构，选择最合适的那一个了。

模式吻合吗

为了回答这个问题，我们需要把精力集中在两件事情之上：相似点的数量和质量。显然，如果两者在结构上共同点颇多，我们会对自己得出的结论更有信心。同时，相似点的质量也很重要：我们必须确保类比在经验中建立的联系切实可靠。

数 量

在寻找联系时，我们找寻的是以前经验中的稳固模式。我们认为它们是可靠的，可以帮助我们举一反三。两者之间的共同点越多，它们的差异就越小，我们越能从一件事推导出另一件事。

质 量

与之相反，联系的质量可能更难确定。我们寻找的是可靠联系。在本章后面的内容中，我们可以看到，这表明了相关关系和因果关系之间的重要差异。

> **举例**
>
> 如果我们发现暴力犯罪和出售暴力电影 DVD 之间具有相关性，我们可能会想，它们之间很可能也存在着因果关系。但是，如果我们发现出售口香糖和暴力犯罪之间也相关，我们可能看不到其中真正的重要意义。

SMART THINKING
如何成为更聪明的人

偶似概括

这就是我们所说的"偶似概括":发生在一种情况下的许多事也发生在另一种情况中,但这是偶然、巧合,还是它们之间真的存在着因果关系?

> **举例**
>
> 我们发现停车场里停的都是福特车,但这并不意味着我们就可以因此得出结论,下一辆开进停车场的车也必定是福特。它只是一种偶似概括。哲学家威廉·涅尔(William Kneale)就有一句名言:就算隔壁房间的人都在打牌,我们也不能就此肯定地说,如果坎特伯雷大主教去了隔壁房间,他也会和他们一起打牌。

虽然这里有赘述之嫌,但你还是可以说两件事之间存在着类似的地方。换句话说,仅仅找出两个结构间的重要相似点并不够,我们还必须确信它们暗含的联系真的会带出我们试图解释的结果。

> **举例**
>
> 我们发现车祸与两个因素之间有极大的关联:
> 1. 驾驶者身上有文身。
> 2. 新刹车系统。
>
> 如果你没有其他证据可以证明文身就是其原因,诸如有文身的驾驶者更容易酒驾,或者文身中的化学色素会影响判断力,那么第二项因素的可能性会更大一些。

这显示了先验信念在判断类比是否可靠时的重要性。当然,这会导致我们在推理时出现偏差:如果我们拒绝相信其认可的理论,或是觉得其结果令人不快,我们很可能不会接受这种类比。

第 11 章
运用类比法解决问题

> **举例**
>
> 大多数美国人对大量证据视而不见，不愿意承认进化论。2009 年盖洛普民意调查显示，接受这一理论的人只占 40%。

事实上，非常讽刺的是，这一点也可以用进化论来解释。从生存的角度来说，小心驶得万年船，根据既定信念和行为规则谨慎思考会更好，因为这些信念和规则是我们祖先幸存的保障。看到与捕食者有关的颜色和异动就马上逃跑好过质疑它而留在原地不动。你可能会犯错，但你能活下来。

它能解决问题吗

在找出两种结构的深层相似点后，我们就要问第三个问题了：它能改变我们对问题的诠释，提供另外的处理方法吗？通常在这种情况下——当模式与情况吻合时——一些事情就会发生，忽然一切都有了意义。这就是灵光一现的重要时刻。

问题的关键似乎在于一个隐藏线索，它看似无关紧要，我们根本没有或根本不会去注意它。但实际上，它并非毫无关联，只是因为我们正使用一种截然不同的模式去诠释想法。变换模式，它的关联就会显现出来。

找出不可靠类比

不幸的是，并非所有类比都能很好地把想法变成可以找出关联，得出可靠推理，帮助我们找到解决办法的模式。最好的类比能带出因果联系，而因果联系带来合理的解释。然而，我们常常经不起诱惑，欣然接受一些提供劝诱性解释的类比，但事实上这样的类比不存在有意义的可靠联系。

联系模糊不清常常会引发错误，导致过分简化。许多迷信、神话和仪式都开始于这种方式，而我们不愿进行对比批判评估，于是它们便保留了下来。人们总是说，黑猫代表着好运，推测起来，这大概是因为某人在某个时候看到了一只黑猫，随后便发生了好事。政治家们总喜欢把自己的观点放入图画中，借用类比来忽悠我们。其实，只要稍微想一下，我们不难发现这个类比根本没多大意义。

> **举例**
>
> 政治家高举拿着两只购物袋的手。一只手中的购物袋装着现在花 1 美元能够买到的东西，另一只手上的购物袋装着他当权后 1 美元能够买到的东西。前一个购物袋中的东西比后一个要少很多。只要稍做思考，你就会发现这一说法存在问题。
>
> 为什么每件东西都更贵？是因为供应减少，制造成本增加，还是因为政府引起的通货膨胀呢？在进行比较时，我们是否考虑过收入的真正价值，还是只想到钱本身的价值？也就是说，虽然同等货币能买的东西少了，但普通家庭的生活水平还能维持现状，甚至可能更好。

类比不仅仅是有效工具，我们还可以用它来解答难题，并且十分具有说服力，它能够帮助我们澄清想法，简化想法，让复杂想法变得更生动形象。这里面当然也会存在误导的情况。因此，我们必须提醒自己，类比只是一个向导，虽然它可以给人以启发，但我们不能根据类比确立结论。

前文关于偶似概括的讨论中我们发现，类比仍需要接受检验，找出其因果关系。只有当它们之间存在因果关系，而不仅仅只是相关时，我们才能正

第11章
运用类比法解决问题

确无误地从一些特点中推导出另一些特点。

为了区分可靠类比和不可靠类比,我们必须仔细地完成下列检测:

1. 类比与解释之间的关系性质。
2. 涉及的相似点数量。
3. 类比与从中得出的结论的可靠性。

关系

首先,把注意力集中在它所建立的联系上。它能在我们想要解释的事件上建立因果关系吗?或者它只是更生动地呈现想法的方式?我们已经发现,虽然某些类比从表面上看很可信,但只要细想一下,就会意识到它们只是相关关系,而绝非因果关系。在许多例子中,如前面提到的购物袋一例,你会立刻注意到对比的过分简化,不足以建立可靠联系。

> **举例**
>
> 过去几年里,许多火山都活跃起来,科学家们于是认为"火山活跃季"已经到来。我们知道,四季变化源于地球自转与太阳的距离。而地球自转的某种变化会对地球上的火山造成影响。在太阳和月球的引力作用下,地球的旋转速度在不停地变化。因此,虽然只有毫秒之差,但每个白昼的时长的确都不一样。
>
> 证据显示,1830年至2013年间,自转速率的变化相对较大,因此爆发的火山数量也更多。问题是,这两者之间只是相关关系,还是我们可以说自转速率的变化造成了这一现象,真的存在"火山活跃季"这种说法?

其次，我们还应该问问自己，类比建立的联系什么时候能够打破？即使最可靠的联系也有瓦解的一天，好的思考者总是会去寻找这个点。科学史上从来不乏类比，多年以来，它们一直都是研究的舞台，但忽然有一天，这些联系土崩瓦解了，研究者们不得不为了解释自己的结论而另辟蹊径。

> **举例**
>
> 牛顿用弹珠来类比光线作为粒子的运动。虽然这种类比曾经发挥过作用，但后来它已不能再解释光线的运动方式了。与其他电磁波一样，它在传播时呈波状，只有在与其他物质交互时才和粒子一样。因此，另一种理论出现了，它把光线类比为穿过弹性介质的波。

数 量

说到数量，情况就更明显了。类比时，相同特征的例子越多，我们就越相信这个类比是对的。同样，类比中特点的数量和种类与实际情况越吻合，我们也更确信这个类比是可靠的。它们的相似性涉及各种特点，还是集中在同一特点上？如果事物之间的相似点集中于某一种特点，我们的类比就会出现问题：我们常常会不理智地夸大相似点，而忽略了其差异。

> **举例**
>
> 2008年的金融危机由次贷造成。危机出现之后，有些银行破产，如雷曼兄弟，也有银行挣扎在生死边缘。然而，政府认为这些银行规模巨大，破产造成的影响将难以估量，于是决定用纳税人的钱帮它们摆脱困境。可以想象，许多人都不支持政府的这一举措。美联储主席

第11章
运用类比法解决问题

> 本·伯南克就在电视上,用一个类比向人们证明其决定的正确性。
>
> 他解释道,假设你的邻居不负责任,喜欢在床上吸烟,他的房子因此失火。你是会置之不理,让他自己收场,还是会呼叫火警呢?如果周围的房子都是木制的,情况会怎么样呢?他说,我们都知道,在这种情况下,我们首先应该把火扑灭,然后再来找错误,重新撰写消防条款,解决问题,把不安全的规程落实到位,以免悲剧再次发生。

让我们看看这一个类比对普通大众产生影响的原因。每个人都知道火灾的危害。银行破产的危害与之相同,都会影响我们的财物以及日后的贷款。但是,这番言论并未说服所有人。事实上,在谷歌上搜索"伯南克火灾类比"时,会有超过160,000条记录出现。最上面的一条出自全球化研究中心的网站,是迈克尔·哈德森(Michael Hudson)教授的帖子。他问道:"这一类比错在哪里?"

首先,银行的房子并不在大多数人居住的街区。它是山顶的城堡,高高在上地俯瞰着城市。就算它烧毁了,也只是还回"一片净土",整座城市不用再仰视这座使它身陷债务的金银殿了。

美国在提到自己的政策时常常会错误地使用类比。事实上,财政部和美联储并不是"救火"。他们只想抢夺没有着火的房子,把房主赶出门外,然后把房子送给"纵火犯"。政府才不是消防员呢!

"救火"可使经济债务一笔勾销——那些正被"烧毁"的债务。

我们可以看到,伯南克的类比的相似点并不多,它忽略了重要的差异。

现在，轮到你试试了。

> **试一试**
>
> 20世纪80年代，为了劝说人们同意政府削减开支，政府采用了一个看似有用的类比：经济就像家庭花销，我们已经入不敷出，开始负债。你能看出这一类比的缺陷吗？

两者的重要差异在于家庭花销通常不能在家庭内部创造更多收入和就业机会，而对于国家经济而言，这种投资不仅能提高生产力，还可以带来更多的重要影响，活跃经济活动，增加直接和间接税收，而且由于就业率的增加，福利支出也会相应减少。

与结论的关系

最后，我们必须确保从类比中得出的结论是正确的，它考虑到了类比和情况之间的所有重要相似点和不同点。这之后，我们还必须找出它们究竟有多重要，以及是否存在着被我们忽略的情况。只有这样，这个类比才会可靠。

通常情况下，不同点越多，结论就越不可靠。在某些情况下，用同一个类比驳回相反观点是最有效的验证方法。

> **举例**
>
> 某一家报纸在报道一名会议发言人时说："他在上周的大会上称，足球流氓日益猖獗源于新闻报道对他们的关注。这听起来就像因天气不好而指责气象台。"

第11章
运用类比法解决问题

很多情况下，报纸报道可能并不会对足球流氓的行为产生影响，但这则报道中使用的类比显然存在着重大缺陷，因此其结论很难站得住脚。你可以看到，削弱结论的关键差异在于天气并不能被报道这一行为所影响，而足球流氓在读过对其行为的报道之后是可能受到影响的。

评估类比的几个方面：

1. 关系
（1）类比建立的是因果关系，还是只是想法的生动呈现？
（2）类比什么时候失效？

2. 数量
（1）相似点的出现频率高吗？
（2）相似特点有多少？
（3）相似特点遍及方方面面，还是只局限在一个点上？

3. 与结论的关系
（1）类比中得出的结论正确吗？
（2）类比和它试图解释的情况之间存有重大差异吗？
（3）类比本身能反驳相反观点吗？

试一试

请阅读下列观点，并用上面提到的三种原则评估这些观点所依附的类比。

1. 最近，一名美国政治家在为核能辩护时说道："地震时，桥梁和高架桥可能会坍塌，但我们不会因为这个原因就弃用高速公路系统。"

2. 记忆的基本情况十分清楚。短时记忆就像电脑的随机存储器：

它记录你现在看到的信息。你的一些经历似乎会消失,这就像没有保存就关掉电脑,电脑上的字会消失一样。但是另一些短时记忆得到巩固:它们被下载到了硬盘驱动上,变成了长时记忆。这些长时记忆,是过去的爱恨情仇,如果不去提取它们,它们会一直保持休眠状态。

3. 20世纪80年代水门事件期间,美国总统的副手,约翰·埃利希曼(John Ehrlichman)借用两个类比解释了为什么要去偷窃丹尼尔·艾尔斯伯格(Daniel Ellsberg)的心理医生的办公室。丹尼尔·艾尔斯伯格是国会顾问,他把国会的资料泄密给媒体。显然,他们在找使他名誉扫地,甚至可以用来敲诈他的东西。

约翰·埃利希曼这样描述:试想你听说华盛顿银行金库的保险箱里有一张地图,地图上标有一颗原子弹的位置。这颗原子弹第二天会在这座城市的中心爆炸。这时,选择闯入金库就像闯进心理医生的办公室。这是唯一合理的做法。

调查委员会的一名参议员随后指出,在这种情况下,最好的做法是给银行行长打电话,叫他拿钥匙,并告诉他你这样做的原因。作为回应,约翰·埃利希曼说,他们试过这种方式:他们曾试图贿赂心理咨询室的一名护士,让她帮忙窃取文件。

4. 要证明一件物体可以被看到的唯一证据,就是人们的确看到了它。要证明声音可以被听到的唯一证据,就是人们听到了它……同样,我认为,要表明某物满足需要的唯一证据,就是人们的确需要它。

第 12 章

调整想法结构来解决问题

在这一章中，你将学到下列内容：

- 过往经验对解决新问题的负面影响
- 不对称性在创新思考中的重要性
- 从不同的角度看待问题对于摆脱想法惯性的重要性
- 用不同方式诠释想法结构的简单有效方法
- 怎样运用这些方法来处理测试题中的洞察力问题或横向思考问题

1942年，格式塔学派心理学家亚伯拉罕·卢钦斯（Abraham Luchins）进行了他著名的水罐实验。他要求被试者解决一系列用水罐测量水容量的问题。在最初的几个问题中，被试者使用了同样的解决方法。之后，尽管可以选取更简单的办法，但被试者仍坚持使用最初的方法来解决问题。这就是我们所知的"思维定式"，它凸显了**过往经验对解决新问题产生的负面影响**。

这一认知陷阱让我们很难改变先前的行为方式。它不但会影响没有接受过训练的新手，还会影响到训练有素的专家。它的形式也很多样。就证实偏差而言，我们倾向于用确认过的既定信念和理论来诠释新证据；受框架效应影响，我们描述问题的方式会影响我们解决问题的方法。

所有这一切都会阻碍我们获得灵感。它显示了找到新方法、用不同方式看待问题的重要性。我们的大脑会产生想法，创造关系模式，而这些关系模式也会控制和限制我们思考的内容。我们已经学习了怎样揭示思维结构以及它所包含的所有想法，现在我们必须回过头来，解除它对我们思考的限制，调整它、重释它、重新思考它。

> **举例**
>
> 13—15世纪，石匠和建筑师在欧洲各地修建了大量宏伟的哥特式教堂。他们行为模式相同，操作过程也有一定的标准，数百年来代代相承。从表面上看，他们似乎非常保守，受制于传统的行为模式，个人技艺得不到充分的发挥。
>
> 然而，他们运用天马行空的想象创造出了这些巧夺天工的建筑。他们超越了过去的可能，修建出更高、更大胆、更新颖的建筑。他们没有遵循传统的行为模式，创造出了飞拱，减轻了墙面的负重，并大面积地使用彩色玻璃。色彩与光线的流动改变了内部的明暗，教堂不再是让人望而却步的地方，朝拜者的视野也因此发生变化。

从中世纪石匠和建筑师的杰作中，我们可以看到现代人在做决定时面临的所有问题。我们可以学着用同样的方法使用想法模式，调整它，顺应变化的需要，而不只是重复往昔的教训。

非对称性

我们通过结构来理解世界，而所有创意都来源于找出这些结构中的非对称性。只有那些能够从不同角度看待问题，能够用不同方式诠释事物的人，才能创造出它们之间的超凡对比。

第 12 章
调整想法结构来解决问题

> **举例**
>
> 在第 10 章中，我们提到过塞麦尔维斯的例子。维也纳中央医院里所有的医生和护士了解的信息与塞麦尔维斯相同，然而能够用不同的方式组织想法，找出新解决方法的仅塞麦尔维斯一人而已。
>
> 同样，爱因斯坦了解的知识并不比别人多。他既不依靠实验，也不靠收集新信息便得出了相对论。他所做的仅仅是调整想法结构，用不同的方式审视它。

在这一章中，我们将学到一些简单的方法，帮助我们摆脱平常使用的结构，以更好地看到不同的解决方式。在使用这些方法解决问题时，你一定会大吃一惊，惊讶于自己以前竟然没有发现它们。当然，只有从不同视角看待问题时，它们才出现。到那时候，所有答案都变得一目了然。在这个过程中，你不但可以学会这些技巧，还将看到自己天马行空的想象潜能，以及展现在面前的激动人心的种种可能。

> **想一想**
>
> 在用不同的方式思考之后，人们通过重新组织和诠释已知的信息，可以得出多少种新想法？

调整结构

用不同方式思考想法结构就是要调整它，从不同视角来看待它。如果你学会了下面提到的四种策略，你会发现这并不难。事实上，所有创造工作都是以这些日常工作为基础的。通过运用它们，我们可以摆脱常态思考，找到处理问题的灵感。

1. 改变结构。
2. 从不同的方向入手。
3. 找到新的出发点。
4. 创造新结构。

改变结构就是重新组织各种因素和它们之间的关系。相比之下，第二种和第三种策略保留了原结构，但需要做出视角上的改变。我们要么从不同的方向接近它，以不同的观点看待它，要么从新起点出发。第四种策略最具颠覆性，它涉及创造一种新结构。我们可以结合其他结构，也可以改变用来描述和诠释情况的基本概念。

策略一：改变结构

这是一种被我们称为自下而上的策略，因为要从我们收集到的想法出发重构它们。我们要改变的是整体结构，而不是其中的一两个部分。这种改变可以得出解决办法，这就解释了为什么答案总是作为一个完整的整体不期而至。

> **举例**
>
> 在《科学革命的结构》一书中，托马斯·库恩用同样的话解释了科学的进步。矛盾范式之间的忽然转换是彻底的变革，它不是一个渐进过程。

问题显然出在我们所描述过的惯性——思维定式上。爱德华·德·博诺

第 12 章
调整想法结构来解决问题

指出，一旦开始挖洞，我们就不愿意放弃，因为重新开始需要再投入时间和精力。一直挖下去要比思考怎样做容易多了。我们接受的教育也强调了这一点。人们希望我们珍惜已经挖好的洞，跟随专家的足迹，因为他们比其他人更了解这些洞。它们的角色是交流性的，而非创造性，只能让我们更好地理解那些看似有用的已知的知识。

要克服这种影响，我们必须学会怎样控制和改变日常的期待模式，运用简单的方法改变结构。只有这样，我们才可以以更新、更有效的视角来看待事物。改变结构的方法有三种：（1）分割；（2）重组；（3）重释。

分　割

最简单的方法是将结构分割成两个或更多的部分。在许多情况下，这种方法可以把令人眼花缭乱的难题简化成两个简单问题。这样，它们解决起来就容易多了。我们会发现，每一个问题都可以用我们之前用过的结构来解决，或者也可以用到平行结构——也就是类比——来解决。即使这行不通，我们也可以在分割之后再使用其他办法，重组或重释，得出解决办法。

> **举例**
>
> 　　我们在第 3 章中看到，填字游戏的编译者设置线索时使用的就是这种策略。针对线索"Frequently decimal（5）"，编译者期望你把它分割成两部分。这两部分都指向了答案——"often"。（括号里的数字指代答案有 5 个字母。）

重　组

填字游戏中这样的例子也很常见。我们只要重组一些字母线索就可以找出答案。

> **举例**
>
> 线索有两个"一城市"以及"颠倒海上"。重组后,问题得到了解决。把"海上"一词倒过来,得到了"上海",正好是一个城市名。

同样,我们可以用这种方法重组想法结构。我们的结构可能建立在因果分析的基础上,因此我们必须思考一下怎样重组它。

> **试一试**
>
> 假设你是一名老师,负责提高六年级的学业成绩。你想知道为什么开设了学习技巧课,许多学生还是无法取得高分,无法高效地阅读课文和写出好文章。

你可以用下列因果分析来呈现理解这种情况的方式:

学习技巧指导 → 做笔记、阅读以及写作技巧 → 满足我们对教学大纲和考试要求的认知

直到现在,你一直以为通过技巧学习可以提升学生运用技巧的能力,适应教学大纲和考试的要求。为了从不同的角度思考这个问题,你需要重组这一结构。你可以这样做:

我们对教学大纲和考试要求的认知 → 学习技巧指导 → 做笔记、阅读以及写作技巧

通过思考我们对考试和大纲要求的认知来重组,我们会得到另一种解释:

第 12 章
调整想法结构来解决问题

虽然开展了技巧教学,但它依据的仍是老师对教学大纲和评价模式的认知,如论文和考试,因此学生仍按照同样的方法做笔记、阅读和写作,展示的还是同样的问题。

如果学生相信学习从很大程度上说是了解事件,考试是测试他们能回忆起多少"正确"答案来换取分数,那么即使他们上过技巧课,也还是会继续逐字逐句地阅读,一字不差地做笔记,担心如有遗漏就会错失正确答案。如果情况是这样,解决办法就不应该是安排更多更好的技巧课,而是要让学生重新认识学习任务,如考试和写作的目的。

这一方法的重点是找出可移除和改变的因素,你可以试着把每个因素都看作可以改变情况的一环。

> **举例**
>
> 塞麦尔维斯逐个改变情况中的每个因素,测试它们带来的变化,遵循的就是这一策略。在查看结构中的想法时,塞麦尔维斯逐一考虑了产妇生孩子的地方,产妇的饮食,牧师和摇铃者等各种因素,来验证这些因素是否会对情况产生影响。

重 释

我们还可以重释结构,改变其意义。我们知道,我们赋予其意义的方式可以把我们引向错误的方向。因此,在不改变结构的前提下,我们有时也可以找到解决方法。我们只需要带着孩子般的稚气去审视这种结构,不带任何预设,就好像我们从来不知道它的存在一样。

在大多数情况下，这意味着重释关键的假设：质疑那些看似正确无误的东西，如果你学着质疑它们，它们也许就会改变一切。这也就是我们把它描述为"孩子般幼稚"的原因——质疑它似乎有些荒谬。

> **举例**
>
> 在美国，许多候选人都知道，要想获胜必须对犯罪持强硬态度。因此服刑人员的增长速度是普通人口的13倍。于是，在这个只占世界人口5%的国家中，服刑人员人数达到了全球服刑人数的25%，而且每年要为此花上700亿美元。
>
> 得克萨斯的情况最为典型。10年前，它是世界上监禁率最高的地方，20个成年人中就有一个人坐牢，服缓刑或被假释。20年来，这个数值已经是原来的3倍，而其他州的监禁率却在下降，犯罪率也在降低。此外，三分之一的犯人会在3年之内重返监狱。对于普通纳税者而言，情况就更糟了。该州的财政赤字达到历史新高，甚至不能负担修建新监狱的资金。
>
> 共和党人杰瑞·马登（Jerry Madden）当选众议院惩戒委员会主席，开始负责刑事司法、监狱事务和假释时，面对的就是这样一个烂摊子。

你会怎样处理这一问题呢？答案当然是重释这种合理化监禁率的想法结构，质疑那些看似无误的问题，它们会改变一切。

政治家和法官假定人们的教育水平和成长环境都一样，认为犯法是因为缺少约束，是自由惹的祸。如果他们重新审视这种假设，仔细看看犯人的背景，就会看到犯人的需求以及应该怎样对待他们。一名法官承认："我们面对的人与你我截然不同。我对此感到震惊。我生活在一个幸福家庭，父母都是大学生。我曾以为大家都是如此，但现在我知道我错了。"

第 12 章
调整想法结构来解决问题

得克萨斯司法系统改革的核心应该是右翼人士不切实际的想法——多理解，少责备。因此，资金应该更多地用于减少再次犯罪的康复项目以及精神病患者、妇女和老兵的专责服务。如此一来，得克萨斯的犯罪率以全国平均两倍的速度急剧下降，成本和服刑人员也相应减少。

> **试一试**
>
> 通过重释结构，用同样的方法找出下列填字游戏答案：
> H，I，J，K，L，M，N，O（打一字）

想要找出答案，我们不应该看字母顺序，要用不同的方式来解释这些字母。重释它们时，我们可以得出这一组字母是从 H 到 O（H to O），也就是 H_2O，因此，答案是"水"。

策略二：从不同的方向入手

对于一些问题来说，我们不用改变结构，可以通过从不同的方向入手，从不同的观点出发，得出答案。在柯南·道尔的《雷神桥之谜》（*The Problem of Thor Bridge*）中，福尔摩斯曾这样描述他的侦察理论："一旦你的观点发生了变化，以前要命的事也会变成找出真相的线索。"许多人似乎都按这种策略来进行思考。问题出现时，他们会想出与他人不同的处理方法。数学家唐纳德·纽曼（Donald Newman）是约翰·纳什在麻省理工学院的旧识，他这样描述纳什：

> 其他人会在山间另辟蹊径，找到通往山顶的路。而纳什会去攀登另一座山，并借助从这座山顶上发出的探照灯灯光去探测前面那一座山。

其最常见的策略是把事物的顺序调转过来：上下颠倒、内外调换或前后倒置。

上下颠倒

成为一名敏捷思维者意味着懂得脱离日常思考模式，忘掉自己及自己的喜好。挑战自己，用上下颠倒的方法处理问题是最好的例证。这也就是说要把想法之间的关系反转过来，改变思考的方式，以不同的方式进行思考。

> **举例**
>
> 为了提供更好更实惠的公共服务，当地政府和中央政府通常会听取公众意见，了解事情怎样做才更有效。如果要改善垃圾清运，地方政府会引进新的回收系统，并通知每个家庭改变过去的方式，按新系统的要求行事。这是一个自上而下的过程，大多数具有等级结构的机构都这样行事，上层决定政策，下面的人执行。
>
> 但是近几年来，随着行为经济学的流行，这种关系发生了翻天覆地的变化，自下而上的策略占据了一片天。一些政府曾运用"价值模式"法分析当地民众不同的动机和价值观，以更好地理解最能改变民众行为的触发点、干预方式和诱因。

用"放之四海皆准"的方法去传递相同的信息不再有效，因此依靠价值观不同的各种团体进行合作可以更有效地提供更实惠更高效的服务。在考文垂市和克罗伊登市所做的价值模式分析中，民众被分成了三类：

1. 稳定型：他们喜欢稳定，重视财物，不喜欢冒险；
2. 探索型：他们热衷于收集外在的成功标志；
3. 先锋型：后物质主义者，受道德驱使。

第 12 章
调整想法结构来解决问题

利用这一知识,政府可以更有效地调动居民的积极性,加强他们的合作,从而实现提升公共服务的目的。

> **举例**
>
> 为了让儿童离家学习,考文垂市试图利用先锋型居民的影响。他们乐意送自己的孩子离家学习,起到了表率作用,其他类型的居民也开始效仿他们的做法。据估计,这会节省15%的资金,而且可以提高居民的独立意识。

内外调换

这种方法改变的不是想法之间的关系,而是把直觉假设的内外顺序彻底反转。事实上,我们变换了入手方向,有意地反向思考,看看能否有所发现。

> **举例**
>
> 18世纪最重要的医学发现依靠的就是这种方法。与先辈们一样,爱德华·詹纳(Edward Jenner)问自己,人们为什么会患上天花。后来,他彻底反转自己的假设,终于发现了疫苗,找到了治疗方法,很大程度上消灭了这种疾病。他的注意力没有集中在人们为什么会患天花上,而是思考牛奶场女工为什么不患这种病。正因为如此,他才得以找出预防天花的牛痘。

这种方法是一个挑战,因为我们必须抵御信念的影响。如果相信某种方法的正确性,我们便很难再去扭转这种假设,从而放弃自己的信念。认知陷阱的影响,如思维定式和证实偏差,使我们难以成为敏捷思维者,难以摆脱日常思考模式以及处理此类情况的偏好。

> **举例**
>
> 美国心理学家斯坦顿·萨姆纳（Stanton Samnow）研究精神病犯人多年。作为传统精神分析治疗师，他坚信自己可以影响并极大地改变这些犯人的行为，使他们过上正常的生活。但是，经过多年努力，他终于意识到他并没有取得预想的成功。

如果遇到这个问题的是你，你会怎么做呢？萨姆纳的做法是把问题彻底地反转过来。一直以来，他都相信自己是那个可以施加影响的人，但他现在却开始思考，如果把这个假设反转过来，情况会怎样呢？他因此得出结论，犯人没有生病，他们都是控制法律和治疗师的能手。他们的精神生活充满了破坏的幻景，这样一来，传统治疗根本不可能治愈他们，而且他们还会用胡言乱语来愚弄精神治疗师，与治疗师玩游戏。

假设发生了变化，萨姆纳的策略也发生了变化。他认为犯人应该对自己的违法行为负全责。没有借口，厄运也不能成为推卸责任的理由。治疗的核心是他们自由地选择做好事还是做坏事这一前提。渐渐地，治疗师开始传授犯人怎样阻止犯罪念头以及怎样改变他们的行为。犯人学会了替代思考：当他们想去侵犯女人时，应该怎样想想其他的事。总之，萨姆纳解释说，犯人需要获得某些道德价值观，保留自身的文明性。

前后倒置

如果说第一种方法改变了想法的关系，第二种方法转变了靠自觉获得的假设，那么在第三种方法中，我们则是变更了事情的顺序，我们把事情的前后进行了调换。正如哥白尼指出的，不是太阳绕着地球转，而是地球绕着太

第 12 章
调整想法结构来解决问题

阳转。爱因斯坦也说,并非行星沿着空间进行曲线运动,而是空间本身就是扭曲的。

> **举例**
>
> 假设你是一名数学老师,你希望学生对数学推理的理解得到提高。他们能完成计算,但他们并不理解找出答案的智力过程。你想让他们知道找出正确答案并不是最主要的目的。如果他们能够理解这个过程,他们就可以更自信、更自由地去创造。

因此,你必须找出某些方法,帮助他们回想自己是怎样处理问题的。你可以要求他们在课堂上解释自己的做法,哪些方法有用,但你很快认识到这样做意义并不大。

于是,你想到可以让他们写下数学推理过程。然而,我们通常的期望模式却告诉我们,只有想清楚,才能写得清楚。因此,这看似也不会有帮助。

$$想清楚 \longrightarrow 写清楚$$

你可以思考,如果把事情的前后顺序调换,会发生什么呢?通常的期望模式也许是错的,或许写清楚了才能想清楚。

$$写清楚 \longrightarrow 想清楚$$

现在,你已经找到了截然不同的解决办法,这种办法也很有趣。你可以叫他们写日记,日记和其他解释怎样解决数学问题的书面作业一样,也需要上交计分。

在让他们思考自己想法的过程中,你还会意识到,将想法写出来具有重要的作用，这种作用不仅局限在数学上，还是跨学科的。在写下想法产生的过程和解决问题的过程后，学生也可以更好地理解其他学科，如自然科学的思考过程。

上述三种不同的着手方法涉及反转不同的事物：

1. 上下颠倒——反转想法之间的关系。
2. 内外变换——反转靠直觉获得的假设。
3. 前后调换——反转事物的顺序。

策略三：找到新的出发点

这一策略通过新出发点发生作用。我们的注意力集中在结构中的其他部分，并以此为出发点。我们可能会摆脱前后顺序，从后面入手，但无论出发点在哪里，我们的目标都是不要把想法当作理所当然之事，而应该从不同的角度来看待它。

对我们大多数人来说，最简单的做法是从关键概念开始，因为我们的主题是围绕这些概念来组织的。我们看到，通过分析概念，我们可以揭示其中心的想法结构，而这种结构可以帮助我们组织想法。这些想法可能会指出我们通常运用这些概念的方式。因此，通过分析概念和揭示想法结构，我们可以非常清楚地看到通常会被我们忽略的东西，为我们找到不同的出发点。它们会以不同的方式照亮问题，呈现出有趣的视角。这样一来，我们就可以从这个角度出发，着手处理问题了。

第 12 章
调整想法结构来解决问题

> **举例**
>
> 试想你正负责推广一出新剧。这是一部著名的悲剧,但你手头的推广方案似乎毫无新意。你想找到一些新想法,赋予这出剧以新的旨趣。因此,你回头来思考"悲剧"的概念,仔细地分析它,找到了另一种诠释,也就是其中弄巧成拙的意思,人们没有意识到自己在毁灭他们最珍视的东西。现在,你为这部戏找到了一个独特的视角,也有了推广它的新创意。

然而,如果主题的关键概念不能为你提供新出发点,那么你可以尝试一下那些看似简单的方法:抛开主题,从外行的普遍看法着手。在第 6 章中,我们讲过尼尔斯·玻尔在哥本哈根大学考试时的例子。他能够以不同的方式使用气压计测量建筑物的高度,依靠的就是这种简单思考。为了做到这一点,你也必须针对那些看似简单和明显的问题提问。

> **举例**
>
> 1905 年,爱因斯坦写出了四篇举世震惊的论文,究其原因,是因为他习惯于提出天真、简单,甚至可以被称作幼稚的问题。与光束一起飞行是什么感觉?如果你的飞行速度与光相同,周围的一切都是静止的吗?如果落入虚无之中,电梯里的人会怎么样?

有记者问他,作为一个 20 多岁的人,为什么还会去想这么幼稚的问题呢?爱因斯坦回答说自己发育迟缓。这当然只是玩笑,他只是不愿与其他人一样用成人的思维去思考。而且他已经不是小孩子,信口雌黄的答案也骗不了他,他会找出自己想要的答案。

如果总是用特定的方式来看待一个问题，这个问题只是一个问题，无法产生新意。但你只要改变看待它的方式，它便不再只是一个问题了。只要改变重点，解决方法就会变得清晰，那时候，你一定会奇怪自己以前居然没能发现它。

> **举例**
>
> 数学中的等式就是描述事物的两种方式。等号两端表达的都是同一个事物，你可以通过它们找到看待事物的新方法，找出你想要的答案。

策略四：创造新模式

如果上述策略都没有用，你可能只有通过创造新模式来找答案了。与其他策略不同，这是一种自上而下的策略，里面存在着新理论。创造新模式的方法有两种：（1）组合结构；（2）改变基本概念。

组合结构

组合结构最有效的方法是引进一种理论，或借用其他学科、其他职业，甚至是日常生活中对事物的诠释方法。通过这种方式整合结构可以找到处理问题的全新方法。

> **举例**
>
> 我们在前面的一章中说过，20世纪三四十年代出现了极权主义领导人，他们对民众产生了极大的影响。于是，一些历史学家开始思考

第 12 章
调整想法结构来解决问题

> 以前的民众有多重要，诸如拿破仑这样的领袖操控集体情感的能力又有多重要。于是，他们借用政治学中的极权理论，结合不同结构，重新评估了自己对此的历史理解。如此一来，他们进行了新的研究，并得出了令人吃惊的结果。

在寻找答案时，我们必须提醒你，创新思考常常意味着无视自己的文化传统，忽视那些支配学习以及企业和职业运作的方法。你所学的学科里、你所从事的职业中或许存在着约定俗成的解决办法，但是千万不要让它们阻碍你的思考。

首先，我们要认识到用既定方法做事并不是美德。那些无视传统的企业更可能获得成功，特别是当它们文化薄弱而道德观念却很强时。换句话说，它们允许员工去创造，准许他们不遵循不必要的传统工作方式，同时它们让员工相信自己能够发挥最大的创造潜力，确信可以得到应得的奖励，受到很好的对待。据说，这就是许多硅谷科技公司，如苹果公司、谷歌公司和雅虎公司具有强大创造力并能取得成功的原因。

改变基本概念

或者你也可以改变用来描述问题的基本概念。我们知道，概念通过我们对情况的了解来呈现结构。每个结构都是一种习得反应系统，我们会无意识地用它来组织资料，解释经验。

但它们同样也会影响我们的行为：它们代表着你已准备好用某种特殊的方式做出反应，这种方式不受我们的意图控制。一个字、一句话就可以激发一连串思考，并引发我们认为是正常的行为，但如果我们不去分析和改变这些概念，我们还是不能够解决问题。

> **举例**
>
> 在前面某一章中，我们说过家长在边线上朝裁判、教练，特别是自己的孩子大喊大叫的问题。就这个问题而言，一种解决方法是改变此年龄段孩子竞技足球的基本概念。如果这一点得到了改变，把它变成一种非接触运动，就不会再出现抢断问题。要知道，家长在边线上吵闹不休，一面责备裁判处罚不当，一面希望孩子"全力拼抢"，很大程度上源于此。
>
> 事实上，足球可以采取和触式橄榄球（英式橄榄球，身体触碰少，没有激烈的身体碰撞）相同的方式。一旦球员发生身体接触就判为失球。比赛的重点可能会因此转为发展其他关键技巧：控球、带球、过人、快速而准确的射门。儿童足球不再又踢又追，大孩子也不再因为可以把球踢得更远，跑得更快而占尽优势。相反，控球技巧变得更重要。身材矮小但具有天赋的中场球员，会因为精湛的过人技巧而扮演更重要的角色。

当然，这也许并不是问题的解决方法，但我们必须知道，虽然第一个想法并不完美，但它却是找出有效答案的重要一步。我们要学会不要把概念当作理所当然的事。从不同的角度审视它，就算这种角度最初看起来荒诞无稽也不要紧，你可能随后会发现它并不荒谬。因此，请重释概念，把注意力集中在它的其他意义上，看看你能从中发现什么。

第 12 章
调整想法结构来解决问题

测试题

本章开始时，我们讨论了非对称性的重要性。它存在着不寻常的差异和对比，是灵感之源。只要我们改变日常思考问题的方法，就可以得到它。

同样，它也可以解决洞察力问题或横向思考问题。这类问题有三种形式：空间形式、文字形式以及数学形式。尽管形式不同，但它们的处理方式并无二致。我在第 6 章中说过，关键点在于用不同的眼光去看待它们，只有这样，我们才可以超越日常期待，找出问题不同的诠释。

- 呈现方式

好的呈现方式是一个开始。在第 6 章中，我们谈到过要尽可能把所有信息清楚地呈现出来，建立想法之间的联系，然后创造出一个结构。这一点非常重要。

- 非对称性

接着，我们开始寻找非对称点，也就是对比，它可以帮助我们找到答案的不同审视方式。

> **举例**
>
> 在最近的人口调查中，调查人员向一名男子询问他三个孩子的年龄。这名男子回答说："他们年龄的乘积为 36。"调查人员很生气，说他需要知道他们各自的年龄。这名男子又说："他们的年龄加起来与我家门牌号相同。"调查人员看了看门牌，是 13 号，于是说："我还是算不出来。"男人又说："哦，好吧，最大的孩子教两个小的下棋。"调查员马上写出了这 3 个孩子的年龄。他是怎样算出来的？他们各自的年龄是多少呢？

答案取决于用数学方法呈现这一问题的方式。关键点在于清楚地呈现乘积为 36 的数字，以及它们的和。

数字 1	数字 2	数字 3	和
1	1	36	38
1	2	18	21
1	3	12	16
1	4	9	14
1	6	6	13
2	2	9	13
2	3	6	11
3	3	4	10

接着，我们需要找出不同的审视方法，它会为我们指出答案。这一问题的关键是年龄的总和。这个数字肯定是 13，否则在得知他们的年龄与门牌号数字相同时，调查员马上就能算出每个人的年龄。这就只剩下了两种可能。在这种情况下，如果最大的孩子可以教两个小的下棋，他们的年龄一定是 2 岁、2 岁、9 岁，因为如果分别是 1 岁、6 岁、6 岁，大孩子便有两个。

试一试

这是一个空间问题。二战初期，出版社出版了夜光书供大家在灯火管制时消遣。它们包括了游戏、谜语、故事、短剧、填词游戏，等等。其中一个谜语要你用四张牌摆出一个十字架。

第 12 章
调整想法结构来解决问题

同样,找出答案的秘诀在于你看待它的角度。在这个问题中,我们并不是要用牌摆出十字架,而要用这四张牌摆出十字架的空白空间。你可以试着摆一下。

> **试一试**
>
> 运用本章所学的四种策略回答下列问题。
>
> 1. 在解答下面这个著名问题时,你会发现第二个策略——从不同的方向入手非常有用。
>
> 两辆火车在间隔 100 公里的同一轨道上以 50 公里/小时的速度迎面驶来。一只苍蝇,从一辆火车的车头出发,以 75 公里/小时的速度飞向另一辆火车。到达之后,苍蝇又调头飞向第一辆火车。两辆火车相撞时,这只苍蝇飞了多少公里?
>
> 2. 芭芭拉的年龄是克利夫的一半,克利夫比芭芭拉大 5 岁,请问芭芭拉现在多大?
>
> (用代数算式来表示这个问题,等号两端表示的是同一事物,它们相互对照。你可以从中找到不对称点:用两种方式看待同一个问题,然后处理它,并找出问题的答案。)
>
> 3. 拿出一支铅笔,用四条线把下面 9 个圈连起来。线不能重叠,笔也不能离开纸。
>
> ○ ○ ○
> ○ ○ ○
> ○ ○ ○
>
> 4. 海伦和苏珊同年同月同日出生,父母也相同,但她们不是双胞胎,请问这是怎么回事?

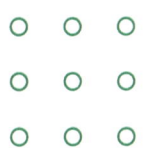

第 13 章

如何利用创新思考

在这一章中,你将学到下列内容:

- 怎样运用导入问题集思广益,将想法注入文章之中
- 怎样确保呈现方式一致、适当又具有说服力
- 怎样通过创新思考找出有趣及独特的论文主题
- 前面五章中学到的创新思考技巧非常有用,世界各地的雇主都渴望雇用到掌握这些技巧的毕业生
- 怎样运用这些技巧处理三种常见的测试题

好的教学具有改造作用。一名安静地坐在教室后排的学生，会忽然获得自信和勇气，一鸣惊人，提出许多有趣的想法。只要老师承认学生的想法重要且有价值，这种转变就会发生，这会促成他们自己去学习。

这个时候，真正的创新思考开始了。他们显示出敏捷思维者的特性。各种想法萦绕着他们，他们也渴望与人分享。他们坚持不懈又随机应变。他们勇气十足、自信满满，可以提出最率真的问题。这些问题充满了洞见，点亮了最棘手的难题。

学术工作

不幸的是，我们大多数人在教育过程中并没有体会到这一点。人们希望我们相信教育从很大程度上说是一个重复权威观点的过程，于是我们认为自己只需要模仿就够了，根本不需要自己做太多的事或具备太大能力。因此，我们并没能体验真正的学习，我们也不了解真正有思想的人关心的内容。

・我们使用的并非自己的想法

我们不知道应该参照自己的想法，因此在着手研究时，我们并不知道应该思考什么，也不知道自己面对的是什么问题。正因为如此，这些想法并没有被纳入我们的信念和价值观之中，它们并非我们所掌握的内容。如此一来，我们怎么会有信心使用它们呢！

・我们的作品缺乏说服力

如果不能通过资料得出自己的观点，我们很难区分哪些想法重要，哪些不重要。因此，我们在讨论中给出的解释就没有说服力，文章中也充斥着与主题无关的想法，让读者不知所云。

・我们缺乏批判评价阅读资料的基础

我们的评判技巧也是如此。如果不考虑自己的所想所思，便无从评判所读的资料和讨论中听到的内容。我们不清楚自己在想什么，也不知道想从作者那里知道什么，因此我们要么无法向作者提出问题，要么所提的问题模糊不清。如果问题不清楚，我们就不可能得到明确的答案。

可见我们欠缺很多能力，那么该如何摆脱由此造成的局限呢？答案很简单，我们必须学会进行创新思考，相信我们可以做出真正有价值的贡献。只有我们开始拥有自己的想法，开始自己设计问题的解决办法，我们才会意识到它们是多么独特，多么有价值。

文章

创新思考对学术工作的影响很快会反映在我们的文章中。一旦我们通过分析关键概念阐明问题的内涵，就需要对想法进行头脑风暴。这里需要参见

第 13 章
如何利用创新思考

第 9 章，导入问题，从不同视角、按照不同层面来完成。其重点在于尽早地立桩为界，清空大脑，抛开从书本和其他地方得到的想法。要做到这一点，你可以提出两个问题：（1）对于问题我了解些什么——我的信念和想法有哪些？（2）我需要从资料中知道和发现什么？我们必须清楚地提问以得到明确的答案。这些答案必须与已经被揭示的问题的内涵相关。

这显示出创新思考在学术工作中居于十分重要的地位。它不仅会让我们意识到自己真的有用，我们的想法具有独特的价值，而且通过赋予创造这些想法的技巧，我们还可以用自己需要的想法武装自己，让我们能够与信息来源进行协商，更好地处理想法，而不被其奴役。如果我们不能用自己的想法和对主题的了解武装自己，很有可能会出现两种情况：

- 资料的作者会把自己的想法强加于我们

如果没有对自己想法的保护，我们可能很难，甚至是无法抵御被拉入他人的想法之中，被他人的观点说服。因此我们会在没有充分评估的情况下，接受他人所提的情况和他人的判断。更有甚者，我们会把大段大段的内容抄到自己的笔记本上。

- 我们的文章中会出现纷繁复杂的无关资料

最后，我们会写出冗长，散乱无章，神形皆散的文章。主考官也会被搞得晕头转向，迷失在一大堆不相干的材料之中。

讨论会

我们在讨论中也会取得进步，无论是我们的表达方式，还是我们提供的讨论内容，都会有所改进。我们清楚地知道自己所想，便能够更清楚地了解其他人表达的观点是否有用，以及我们应该怎样评判它们。另外，我们在研究中揭示的是我们自己的想法，是被纳入自己的信念和想法网络之中的内容，所以我们不但可以更肯定地呈现自己的观点，而且它们更一致，更具说服力。

博士论文

创新思考技巧对学术工作的影响不仅在于可以系统全面地创造自己的想法。我们已经知道怎样运用类比或运用第 12 章中所讲到的四种方法调整结构，来组织自己的想法，找到问题的答案，如此一来，我们就可以写出更好的文章或博士论文，在讨论会上也会有更好的表现，创造出连自己也会感到吃惊的革新方法和想法。

找出原创问题

在了解自己的想象力水平以及它对工作的影响之后，我们现在可以更自信地工作了。这一点在我们写博士论文时尤为重要，因为我们必须在博士论文中展示自己能够暂时放下自己的判断，站在对立面思考，为问题找出新的或被忽视的答案，而不是简单地重复我们在文献中读过的内容。

为博士论文找出要解决的正确问题是一个挑战，这一点与解决问题并无二致，只是它是一个反向过程。它们使用的都是相同的技巧和方法。我们已经学过发展和运用创新思考技巧的方法，这样一来，找到论文主题可能引发的一系列不同问题也就容易得多了。我们可以从中选择一个最有趣、最新颖的角度来创作论文。

第13章
如何利用创新思考

> **举例**
>
> 在第9章中,我们讨论过风力发电场的项目,以及怎样运用导入问题创造自己的想法,系统地探索它们所引发的所有想法和问题。这也正是我们在寻找论文主题时要采取的方法。

首先,我们应当探索每一个导入问题,每一个影响这个项目或受这个项目影响的角度都应该考虑到。我们应该设身处地,以每个角度来观察这个项目:他们有何感受?他们会从中看到哪些变化?他们是受益还是受害?为了做到这一点,我们要从不同层面逐一查看——物质、个人或社会。每一个角度都可能为研究项目提供有趣的想法,但是对于这一练习而言,我们只需选取其中一种,从三个层面探索,展示它所带来的无尽想法。

> **举例**
>
> **当地居民**
>
> 1. 物质角度
> (1)当地居民可能担心当地美丽的乡村风光被破坏。
> (2)当地车辆可能会因此增多,对当地居民的出行造成困难,当地的小路也可能出现危险。
> (3)从更广泛的层面讲,许多居民承认建立风力发电场很重要,因为它会减少碳排放量,避免气候恶化。而且,他们也认为,一些社区需要风力。
>
> 2. 个人角度
> (1)当地居民担心交通拥堵和当地乡村被破坏可能对其财产造成影响。

（2）他们想要知道除了影响国家供求，这能否减少他们的能源开支，对本地的电力花费产生影响。

3. 社会角度

（1）只要能够降低对引进能源的依赖，许多居民会同意这一项目，因为引进能源不可再生，费用高。他们希望更多地使用低碳能源，帮助国家达成气候改善目标。

（2）他们想要知道风力发电场的归属权：它归当地社区、中央政府还是私人企业？如果归外国私人企业所有，当地居民对其影响势必有限。如果当地社区没有股权，谁说的话才算数？

（3）当地居民有多大影响力？谁是最终决策者？当地政府还是中央政府？但无论是谁，他们都不住在这个村子里，他们会关心当地居民的疾苦吗？

潜在研究项目

你可以看到，你可以从许多观点中找出有趣的项目，写出吸引人的论文，而这仅仅还只是一个视角而已！

举例

例一：成本和收益

怎样处理对本地社区的不利影响。我们该制定什么计划来保障收支平衡呢？如果当地社区出资，但当地居民不过和其他地区的居民一样，只能使用节能电，这对他们来说是不公平的。它有悖公平分配原

第13章
如何利用创新思考

> 则。因此，如果我们看看当地社区怎样获益，当地居民可以得到哪些补偿，看看他们对此的看法，以及他们是否有其他想法，这应该是一个有趣的论文项目。
>
> **例二：本地可再生能源项目**
> 研究一下其他备选项也许会很有趣。如果把它发展为本地可再生能源项目，以确保本地社区获得更大的长期收益以及本地居民获得更多参与权，情况会怎么样呢？以前存在过这样的先例吗？效果如何？
>
> **例三：当地社区对决定过程的影响**
> 或者，你想要检测一下当地社区对决定过程的影响。当地居民打算怎样组织起来？是否有压力集团可以帮助他们或告诉他们应该怎样做？之前的项目怎么样？当地反对率多高？支持大公司的人又有多少？有申诉制度吗？如果有，成功率多大？

你可以看到，在这一系统性方法中，我们可以生成一整套有趣的想法。这些想法可以发展为吸引人的项目。然而，你可以从每个项目中找三到四个有趣的子问题，引导你的研究。

就业能力

今天，所有的企业、公司和职业都面临着快速变化所带来的挑战，这些挑战可谓前所未有。然而，大多数学生离开学校申请工作时，都不具备面对这一需求的能力。雇主们需要应对力和适应力强的人，能够运用他们的认知技巧和解决问题的能力面对挑战。事实上，雇主们需要能掌握敏捷思维技巧且具有某些特性的人，这些特性包括开放、灵活、能推陈出新、能容忍不确定性、能解决问题。

然而问题并不仅限于此，企业同样也难以适应变化的需求。在前面的章节中，我们讨论过定式思维。它强调了早前经验对于我们创新思考能力以及解决新问题能力的负面影响。这一认知陷阱让我们很难摆脱过去的行为模式，而它同样也决定了许多企业的特性。定式思维使得灵感难得，也强调了找到方法以不同方式看待问题的重要性。

> **举例**
>
> 据估计，产品成本的70%取决于它的设计。可见创意设计能够带来成本的大幅降低。这也解释了为什么许多美国公司会在创意培训项目上花重金。

我们也许认为这与我们无关，因为这只会对诸如艺术家和设计师之类的创意人士产生影响。但我们必须提醒自己，没有任何工作可以幸免于它的影响。

> **举例**
>
> 一名顾客在五金店中寻找一件特殊器具，销售员给他的每一样东西都不是他想要的。这名销售员没有放弃，也没有因顾客故意刁难而恶语相向。他是一名创新思考者，他重新思考了顾客给出的描述，提出更多的问题，创造出新概念。如果现有的器具不符合这一概念，他会调整它，直到找到解决方法。
>
> 如此一来，顾客满意而归，公司也因此生产出更多产品，得以满

第 13 章
如何利用创新思考

> 足更多消费者的需求。这家店说不定还会成为这一小众市场的唯一供货商呢!

特 质

这一例子显示,所有具有创造力的敏捷思维者都具有某些特质,这些特质是所有企业成功的关键。这也吻合我们在第 8 章中讨论的两大关键原则:

- 不必步步正确。
- 达到目的的方式不止一种。

创新思考者对自己充满耐心,因为他们知道找到解决办法的路上困难重重,会进入死胡同,也会找错方向。因此,我们应该具备第 8 章提到的 10 种特质。

技 巧

但是,只拥有合适的特质仍不够。我们还需要发展技巧,找到释放自己创造力的方法。

创造想法

在第 9 章中，我们学过用简单、常规的方法来回答各种导入问题，收集所需的信息和想法，从而得出自己的想法。对于一个雇主而言，这不仅表示你可以运用有效的策略进行创新思考，而且你还能够组织并彻底了解自己的想法。这显示出你不仅能够适当地处理问题，也具备处理问题的个人素质。对于大多数工作而言，这一点至关重要。

> **举例**
>
> 设想你负责向公司管理层推荐一种特殊产品。你需要做好准备，应对他们对你提出的问题。因此，在准备时，你需要列出一系列导入问题，它们涵盖所有可能被提到的问题，系统地包含了所有角度以及可能引发的所有问题，具体如下：
>
> 1. 这一产品的初级市场是什么？
> 2. 这一市场的规模多大？
> 3. 这一市场有哪些值得注意的特点？
> 4. 典型消费者有哪些关键特征？
> 5. 有重要的二级市场吗？
> 6. 二级市场有多大？
> 7. 主要竞争对手是谁？
> 8. 我们与对手相比，主要优势有哪些？
> 9. 主要的卖点是什么？
> 10. 什么时候可以开始生产？

职业成功也依赖于同样的创新技巧，因为凭借这些技巧，你可以有组织并全面地得出自己的想法。在向客户、病人或学生提出建议时，你必须知道

第13章
如何利用创新思考

你的想法已足以涵盖每一个角度，可以构思出最好的解决方法。只有这样，你才可以满怀信心地推荐自己的办法。

> **举例**
>
> 如果你是一名投资经理，正在考虑是否向顾客推荐一只基金，那么，你应当清楚地知道什么时候需大于供，达到最高价格：也就是利润的最高点。如果你是一名熟练的创新思考者，你就会收集下列所需的想法和信息：
>
> 1. 商品（油、小麦、玉米、工业金属和贵金属等）的价格会上涨吗？
> 2. 导致价格上涨的因素就位了吗？
>   （1）需求大吗？库存量大吗？
>   （2）影响供应的因素如何？供应方（OPEC、采矿公司、农场）会削减生产吗？
> 3. 政策会影响供求吗？
>   （1）补贴，如生物燃料。
>   （2）低利率刺激消费者购买和投资。
>   （3）关税。
> 4. 地理原因。商品在哪里生产？运输和油价也应纳入考虑范畴。
> 5. 社会行为和经济行为有重大变化吗？某种产品（汽车、日用消费品等）需求的增长会带来人口特征和消费习惯的改变吗？
> 6. 价格动向如何？
>   （1）如果价格下跌，消费者会卖出，希望日后以低价买入。
>   （2）如果价格上涨，消费者会买入，希望日后以高价卖出。
> 7. 汇率波动大吗？大多数商品都以美元定价，因此美元的坚挺度

影响着需求。
    8. 风险和收益何在？
    （1）需求有增加吗？价格稳定吗？
    （2）供应满负荷吗？

然而，创新思考技巧并不仅仅等同于好的组织技巧。在前面的五章中，我们讲到，对于创新思考而言，我们应该更进一步，针对所有角度分层面进行提问。所有与我们分析的问题有关的角度，无论是受其影响，还是产生影响的，都应考虑在内。

这不仅能带来让人吃惊的新想法，而且还能帮助我们发展出企业和行业都看重的技巧：设身处地、感同身受的思考技巧。我们可以通过这种方法摆脱有限的视野，提出之前不曾想到或忽视的问题。

通过类比法找到答案

一旦我们通过这种方式生成自己的想法，并利用这些想法形成结构，我们就可以找出答案了。我们可以运用类比法，也可以调整这些想法，两者都取决于我们进行反直觉思考的能力，它涉及两个方面：

· 能够摆脱日常的想法模式，把看似无关的想法框架用到问题上。

· 能够忘记自己的希望和期待，在摆出想法结构时，把注意力集中在情况本身。放下平常的期待，我们可以更自由地思考结构的性质，以及它与之前无关结构相似之处。这样一来，我们就可以找出它们吻合的地方。

这指出了大多数企业和行业都不得不面对的重要问题。为了在一个快速

第 13 章
如何利用创新思考

发展的环境中求得生存,**它们需要摆脱控制其日常思考的系统 1 思考**。它们必须能够高屋建瓴,懂得适应。为了做到这一点,它们**必须学会启动系统 2 思考**。换句话说,它们必须抛开日常的思考模式,放下愿望和期待,不受其限制,率真地提出问题,运用无关结构找出问题答案。

通过这种方式,我们可以从不同的角度看待事物。正如我们在第 11 章中讲到的那样,它常常会带来最令人意想不到的奖赏。虽然别人无法从中看到任何东西,但你却因此灵光一闪,创意也应运而生。类比法是一条崭新的康庄大道,可以改变我们思考问题和探索问题的方式。只要发展我们识别和运用类比的能力,我们就能看到答案。企业可以从这个答案中找到谋求发展的新方法,职场人士也能因此满足顾客的需要。

调整结构,找出答案

如果类比法不能为我们找到答案,我们还需要克服习惯思考的惯性。克服这种惯性有四种策略,我们已经在第 12 章中介绍过了。这四种方法的确可以帮助我们调整日常的期望模式。

- 改变结构。
- 从不同的方向着手。
- 找到新的出发点。
- 创造一种新结构。

通过运用这些简单的策略,我们可以跳出常规思考,找到解决问题的灵感。通常情况下,只要创造出审视问题的新视角,答案就会变得明显。我们在第 12 章中讲过,人们的工作方式有时看似明智有效,但实际却让情况越来越糟。

> **举例**
>
> 在得克萨斯州，州政府的矫正政策建立在政治家和法官的假设之上，但这种假设却导致这个州成为世界上监禁率最高的地方，而且三分之一的犯人会在3年内重回监狱。对于普通纳税人而言情况更糟，这个州的财政赤字达到了历史新高，甚至拿不出修建新监狱的资金。

因此，这种系统不仅无效，而且不可持续。于是，一名法官决定重新诠释过去用来证明监禁率合理的想法结构，并最终找出了解决方法。

人们假设，每个人的教养方式和受教育程度都与法官和政治家相同，而犯法是因为太过自由，没有受到限制。后来，这一假设受到质疑，答案也因此变得明显：更多理解，更少责备，投资犯人改造事业。这一举动不仅使得暴力犯罪降低了两倍，政府用在犯罪上的花费和罪犯人数也减少了。

其他行业和企业中也有类似的例子，也能够采取上述四种方法，摒弃控制其日常工作的习惯性假设。

> **举例**
>
> 我们举过美国心理学家斯坦顿·萨姆纳的例子。斯坦顿·萨姆纳研究精神病犯人多年未果，后来他颠倒自己的习惯性假设，终于找出了问题的答案。作为一名传统精神分析治疗师，他相信自己可以影响犯人的行为，改变他们的错误做法，使他们过上正常人的生活。但经

第13章
如何利用创新思考

> 过几年的实践,他意识到事情并不像他所期望的那样。
>
> 　以前,他相信自己是施加影响的人,但后来他却开始思考如果这一假设颠倒过来,情况会怎么样?如果情况正好相反呢?于是,他转换了自己的假设,把犯人应该对自己的违法行为负全责作为前提,其处理方式也相应地发生了变化。

所有的企业、公司和行业都面临着挑战,它们都需要调整自己去满足快速变化的需求,然而它们却固执于一贯的工作方式,找不到改变的方法。爱德华·德·博诺指出,**一旦我们开始挖洞,我们就不愿放弃已经付出的时间和精力重新开始了**。继续沿着这个洞挖下去可比找新目标容易多了。**我们所受的教育也强化了这一点,人们希望我们欣赏已经挖好的洞**,跟随专家的脚步,因为他们比其他人更了解这些洞。

测试题

每个雇主都希望他们的员工具有前面所学到的创新思考能力。如果不具备这些技巧,员工很可能会退回到习惯行为模式和想法模式之中,而这些行为模式没有经过严格的挑战和评估,人们还是会用旧办法解决新问题。

不幸的是,如我们所知,大多数雇主没能找到满意的人。求职者学历虽然不差,却不懂思考。为了选出最佳人才,雇主们通常会用到三种测试题:

- 归纳推理问题

它们的形式或许不同,但考核的都是推理能力。在第9章中,我们看到评估创新想法能力的测试题;在第10章中,我们学过怎样回答测试想法组织能力,从中推导假设,然后测试并调整它们的问题。

· 文字推理测试

这类测试的形式也非常多。在第 11 章中，我们学习了通过选择同义词或反义词来区分适当和不适当的类比的技巧。

· 洞察力和横向思考问题

在第 12 章中，我们学习了怎样处理洞察力问题。这类问题有三种形式：空间的、言语的和数学的。它们虽然形式不同，但解决方法相同。

此类测试的广泛使用显示了掌握这些技巧的迫切性。英国特许人士和发展协会（CIPD）在其 2012 年的学习和发展调查中指出，这些"高级创造技巧是我们在未来具有竞争力的关键"。

但是，它同样也显示出研究生求职者严重缺乏创新思考技巧。世界银行指出，教育机构必须把注意力重新放在评估问题和教学过程上，它们不应开设太多低阶思考技巧课程，如记忆和理解，而应把重心放在高阶技巧，如分析和解决问题以及发展创造力上。

第三阶段

做出决定

迄今为止，我们一直在强调暂时放下自己的判断有助于充分发展想法。我们已经学会去关注那些最初看起来十分荒唐的想法，也知道了能够抵御诱惑、学会关注它们的人可以创造出更多的好点子。

现在，我们将进入一个新的阶段。在这一阶段中，我们必须有所作为。给出判断，做出决定是敏捷思维的重要部分。这个时候，我们可以通过检验想法，以及把它们整合入自己的信念和理解之中，形成自己的想法。

如果失败，我们很难用这些想法去劝服别人。我们难以清楚地表达它们，也无法自信地使用。在写文章、做报告、撰论文时，我们只能跌跌撞撞，根本无法给出令人信服的解释，因为我们实在难以用自己无法把握的语言去表达那些不属于自己的想法。

不幸的是，我们并没有从教育中得到帮助，我们所受的教育只会鼓励我们去相信权威的决策。我们自然不必自己做决定，只要依赖权威就够了。因此，我们心满意足地重复着权威的观点，而我们从老师那里学到的，也不过只是思考的内容，而绝非方法。

职场中的不确定因素

诚然，现实世界中充满了各种不确定因素，所以我们不得不做出决定，在混乱中找到秩序。然而，确定性并非现成之物，要想学会在不确定因素中生活，学会自己做决定实非易事。

很多时候，人们都想找到确定感，从很大程度上说，这种需要塑造了人类历史。它的形式千变万化——宗教信仰、效忠国家以及令人振奋的个体——他们似乎能为我们最深层的恐惧找出答案。这也许解释了为什么书店的书架上充斥着关于自我提升、心理治疗、冥想和现代宗教的书籍。喜欢看这些书的人越来越多，因为他们想要寻找信仰，而信仰可以带给他们即时的确定感。

因为这些缘故，我们不再需要了解不确定性，不需要了解怎样测量风险以及怎样根据它来做出好的决定。因此，大多数人，不管他们受教育程度如何，也不管他们从事的是什么职业，都很难再评估风险，并从中推导出可靠的假设。医生通常知道临床测试的误差率和疾病的基本比例，但却不知道怎样从中推导出检验呈阳性病人的患病概率。同样举步维艰的还有法院，它们常常因为错判而不得不重新判决。

举例

1999年，莎莉·克拉克因杀害自己的两个孩子被判死刑。2003年1月，又有两名妇女因为同样的情况被判有罪。这时，人们才开始怀疑这些孩子可能死于猝死综合征。

在最初的审讯中，计算的发生概率是1/73,000,000，即1/8,500的平方。这种计算建立在两件事彼此独立的假设上，而实际上，一些研究显示，如果一个家庭中有过一个猝死综合征病人，其再次发生的频率会有所增加。辩护律师理应提到这一点，但他却没有。似乎没人理解最初风险评估的内涵。

在这一阶段，我们将学会处理空虚感。我们将学会怎样成为一名优秀的决定者，怎样做出好的决定，怎么循序渐进地做决定，以及怎样评估风险和机遇。在这个过程中，我们将学会在这个充满不确定性的世界中做出决定的技巧。

第 14 章

如何成为优秀的决策者

在这一章中,你将学到下列内容:

- 做决定意味着什么
- 决策者的类型
- 如何成为一名优秀的决策者
- 怎样做出好的决定
- 决策分析测试

几年之前，华盛顿一名电台节目制作人因为"总能做出好决定"而升职。我们大多数人可能会心存感激，心安理得地接受，但他却想，明明自己的许多决定都无好结果，为什么还会因此升职呢？他的公司并没有因此而困惑。"好的决定者意味着勇于做决定，"一名经理确定地告诉他，"但并不代表着做出的决定都是好的。"

然而，实际情况应该是这样——你不仅要做决定，还必须做出正确的决定。如果我们想把自己的积蓄投资到一个互惠基金中，我们必须知道基金经理不仅勇于做决定，而且据记录显示，他的决定一直都是正确的。然而，不幸的是，研究表明，我们大多数人的此种能力都比预料的要差得多。

什么是做决定

为了成为更好的决定者，我们首先必须澄清什么是做决定。这个词语常

SMART THINKING
如何成为更聪明的人

常被用来描述一系列事件：做出选择、表达偏好、得出判断。也就是说，这是一个完整的过程。事实上，它是思与行之间的桥梁，尽管有时候行动并不明显。在许多情况下，它是一个内心过程，在自己的信念和理解之中通过检验和整合想法，去选择是否接受它们。

但是，不管这一过程是否涉及这一点，这一过程都是相同的。它由七个步骤组成。前面两步，也就是概念思考和创新思考，我们已经在本书的前两阶段内容中讲过了。

做出好决定的七个步骤

1. 思考概念，确定问题：创造概念，分析概念，整合想法。
2. 创造想法，组织想法。
3. 构思问题的解决方法。
4. 评估每种解决方法是否能达成目标，是否符合偏好和价值观。
5. 评估风险：成功的概率，每种想法的有效性。
6. 做出决定。
7. 反思决定。

事实上，这是一个变输入为输出的过程。输出内容的品质取决于所输入的内容。敏捷思维的前两个阶段可以确保我们获得最佳输入。我们看到，这取决于我们是否具有宽阔的视野，能否通过创造大量想法进行反向论证，并从这些想法中构思出不同的解决方案。通过这种方式，我们可以确保自己已经考虑过各种方法，甚至连那些让我们不舒服的办法，我们也思考过了。

同样，它也是一个理解不确定性和相关风险的过程，因为只有这样，我们才可以减少不确定性，降低风险，做出合理的选择。每种选择都要承担风险，这是不可避免的事。如果万事都确定不二，我们就不用做决定了，我们

第 14 章
如何成为优秀的决策者

只需按照解决问题的步骤或公式演算就行了。

> **举例**
>
> 2011 年 7 月,英国首相戴维·卡梅隆(David Cameron)因为库尔森(Coulson)电话窃听事件犹豫不决而备受指责。文化参赞杰利米·亨特(Jeremy Hunt)为首相辩护说:"只要首相掌握了全部事实,他就会做出决定,果断行事。"

暂且抛开此番言论中明显的套套逻辑,这句话看起来仍然不得要领。如果他掌握了全部事实,他就不需要做决定了,他只需解决问题就行了。真正的挑战在于没有掌握所有事实,也就是在不确定和充满风险的时候,你必须做出决定。

不同类型的决策者

我们可以看到,决策者分为几种类型。事实上,从宽泛的角度说,分成三类:(1)武断决策者;(2)优柔寡断者;(3)拒绝决策者。

武断决策者

用"武断"描述某位决策者似乎有赘述之嫌,但是这一类型的决策者的确存在。他们在没有系统分析的情况下就做出决定,完全依赖于系统 1 思考,也就是他们的直觉。20 世纪 60 年代,英国心理学家约翰·科恩(John Cohen)把他们描述为"但氏症患者"(Dante's Disease)。这种说法来源于但丁的《飨宴》(*Convivio*) 一书。但丁在这本书中描述道，他们深受"可怕疾病"的折磨，是一群受害者，"狂妄自大，自以为无所不知……对错都由他们自己说了算"。

> **举例**
>
> 　　政治家身上展现出来的此种特质要比其他人明显得多。科恩说他们"完全不知道自己也可能会犯错……他们生来就不懂放下那些束缚普通人的判断"。他们不敢承认自己在政治上的愚昧，却认为自己消息灵通。他们不允许自己有丝毫怀疑，因为这意味着他们承认对手可能是正确的。为了避免这种可能，他们会不惜一切代价。

　　当然，我们每个人都希望对自己的信念充满信心，特别是那些我们要遵照的事件。但是，虽然我们知道每个人都可以草率决定，我们所处的文化仍崇尚像华盛顿电台制作人那样有决断、行动力强的人。在过去的30年里，我们可以看到"说做就做"的文化氛围越来越浓，迟迟未决就是弱者的表现，深思熟虑则意味着你不了解自己心里在想什么。

> **举例**
>
> 　　破产前，苏格兰皇家银行的经理们都很喜欢"五鸟之谜"这个谜语。
>
> 　　问题：树枝上有五只鸟。两只鸟决定飞走，还剩下多少只？

　　你的脑中很快会闪过"三只"这个答案。但实际上，正确的答案是五只。"两只鸟决定飞走"，但它们并没有这样做。经理们认为，这一谜语指出了公司成功最重要的原因——说做就做。

第14章
如何成为优秀的决策者

优柔寡断者

与武断者形成鲜明对比的是优柔寡断者，他们面对眼花缭乱的信息不知怎么决断。他们不能下定决心，永远处在犹豫状态。他们面对众多选择，根本不知所措。

> **举例**
>
> 几年前的一项研究显示，在24种果酱样品中选择自己想要的那一种，比在6种样品中选择困难得多。这一结果似乎很不合理，在4倍于前的样品中选择肯定更容易，但这种情况却十分普遍。

在这些情景中，出现了信息超负荷的情况。我们手上的信息太多，我们不能有效地管理和处理它们，这自然就限制了做决定的技巧。因此，我们要么武断、有选择地使用这些信息，支持预设好的解决方法，要么草率地就做了决定。

然而，这一行为还有另一种解释。我们做的所有决定都根据其他决定而产生。每一个决定都由一连串的决定所引导。这不仅使得我们可能为未来做决定，也会限制我们的自由。每做一个决定，我们就打开了一扇门，但同时我们也关掉了一扇窗。那些难以做出决定的人可能感觉失去了这种自由，所以他们不愿意去决定。

拒绝决策者

与上述两者不同，拒绝决策者完全没有意识到做决定的必要。他们也可以分为两类。

确定论者

如果相信一切都是确定的,根本没有必要去做决定了。你只需要学会使用公式,并按部就班地解决问题就行了。确定论者根本不能理解为什么要做决定。

> **举例**
>
> 二战时期,赫尔曼·戈林(Herman Goering)收到报告,德军在领土上空击毁了一架飞往轴心国战线的盟军战斗机,这表明盟军已经制造出了一种远程战斗机。戈林断然地说他"知道"这是不可能的:"我在这里正式宣布,美国战斗机没有到达过亚琛上空……我正式地命令你,它们不在这里。"

与戈林一样,现代大学也沉溺于确定性之中,这使得学生们无法好好应对现实世界中的不确定性。而事实上,学生们不得不在现实世界中给出价值判断,做出决定。

过滤人

我们都知道,决定会带来焦虑,为了避免这一点,这一类拒绝决策者会过滤掉所有需要他们做决定的信息。丹尼尔·戈尔曼(Daniel Goleman)在《必要的谎言,简明的真相》(*Vital Lies, Simple Truths*)一书中解释道,大脑会通过暗化信息认识使自己免于焦虑。这就制造了一个盲区——关注点被屏蔽,自欺欺人。

第 14 章

如何成为优秀的决策者

> **举例**
>
> 20世纪50年代,认知失调研究者们发现,消费者在买车后仍会关注此款车的广告,但他们会过滤掉其他品牌的信息,以免自己后悔。

当人们习惯从这种屏蔽中得到安慰,它就会成为我们性格中的一部分。这些习惯被遗传了下来。事实上,我们可以用进化来解释它。对于我们的祖先而言,在受到攻击时克制自己不去注意伤口的疼痛非常重要。只有这样,疼痛和恐惧的内啡肽才会得到抑制,他们才能不受恐慌干扰,冷静地评估和判断。

对于现代人来说,心理痛苦比身体疼痛更常见,如自尊受创或遭遇失败。遇到此类挑战时,我们的警报系统也会启动,这与数百万年前我们的祖先受到威胁时并无二致。其解药也相同:过滤信息、淡化意识与否认。为了避免焦虑,一些专业人士,如医生、律师和社会工作者,会过滤掉让他们无法抉择的信息。

如何成为优秀的决策者

不做选择性排除

显然,最好的决定者不会选择性排除。他承认做决定不可避免:(1)他要么决定做某事;(2)他要么决定不做某事;(3)他要么决定不做决定。

SMART THINKING
如何成为更聪明的人

元认知

此外，好的决定者能够意识到决定和判断很容易受系统1思考和直觉的影响，也明白它们很可能并不可靠。因此，他们知道必须监控自己的决定，运用其元认知，识别和抵御不可靠的直觉，以免决定出现错误。为此，他们在做出决定时十分小心，也会进行全方位的考虑。换句话说，他们会运用敏捷思维的三阶段"渐进法"。总的来说，这种渐进法是一个过程，它开始于对问题谨慎的澄清与分析，也就是我们在第一阶段中所进行的概念思考。然后，我们得出想法、组织想法、构思出可能的解决办法，也就是我们在第二阶段所做的事。现在，我们必须分析每一种解决方案，评估它们可能带来的后果，然后再评估每一种方案的成功概率，再在此基础上使用一种合理、客观的方法比较每种选择，做出决定。最后，我们必须反思自己的决定，从中学习并评估其效应。

决定的最后阶段分四步，在下面的三章内容中，我们将详细地讲到它们：

- 评估每种解决办法——可能出现的结果，好的还是坏的？
- 评估风险——成功的概率多大？它有效吗？有失败的风险吗？
- 做出决定。
- 反思决定。

在完成这些步骤的过程中，好的决定者位于事件的中心，他们会监控自己的思考。他们信心满满，能够在思考时思考自己所思，并在需要时做出调整。通过这种方式，他们知道什么时候应该小心为妙。

第14章
如何成为优秀的决策者

不可靠直觉

在一些情况下,我们的直觉思考无可替代,但是我们必须学会通过谨慎反思自己的决定过程来识别它们。否则,我们很容易在无意识的情况下接受直觉给出判断,做出决定,进而犯下第1章中提到的那些错误:叙述谬误和简化启发法。

复杂决策

同样,复杂问题也不能依靠直觉思考来解决。仅仅因为直觉"感觉它是对的"就不再小心谨慎,无视道德两难困境实在大错特错。要想解决这些问题,我们必须求助于审慎的系统2思考,深思熟虑。

反直觉思考

一旦意识到直觉反应并不可信,我们就必须思考展现在我们面前的反直觉选项。一名好的决策者可以想所不能想,挑战自己习惯的直觉反应,哪怕这些反应最初看起来的确值得信赖。

在第1章中,我们发现最初的直觉反应常常受可得性偏差影响。当我们被要求评估某事的频率时,我们会回忆这件事发生的情况,并草率地得出结论。而我们回忆起这些例子的难易程度决定了我们对其频率的判断:如果能够轻松回忆,我们就会认为它们发生的频率很高。

> **举例**
>
> 假设你是本地委员会的政客,有权调度明年的经费。现在,你必须决定要拨多少款项用于减少未成年人怀孕的政策。对其重要性的认

> 识取决于你对这一事件频率的评估。依靠直觉，它可能取决于你回忆相关事例的难易程度，但实际上，这只是你的个人经验。
>
> 　　无须诧异，我们并不擅长此类评估。最近，莫里研究公司在14个国家进行的调查发现，每一年里，15～19岁的青少年中怀孕生子的比例达到了15%，而官方数据显示这个数字只有1.2%。在美国，这个数字据估计达到了24%，而实际上却只有3%。

　　根据上述简化启发法，在可得性偏差中，我们会用一个简单的问题代替一个难的问题，也就是说我们并非在评估某事的频率，只是在报告我们回忆此事的难易程度。然而，好的决策者能够挑战自己最初的评估，把其他可能性纳入考虑范围。这些评估也许看似非常具有说服力，但它们可能并不准确。

　　显然，为了避免这些失误，我们需要进行反直觉思考，启动系统2思考以确保每种选择都经过合理的评估，风险都经过准确的计算，并最终得出最佳决定。

评估风险和机会

　　这显示出我们的直觉偏好常常会妨碍合理选择。这一点在我们评估风险和可能性时表现得最为突出。虽然直觉并非全不可信，但其可靠性的确都建立在不可知的事物之上。

　　我们对直觉的信任是主观的，它并不是精确度的好指标。直觉通常建立在无关事物之上，我们并不了解它。也正因为如此，我们很可能会给出错误的回答。

第14章
如何成为优秀的决策者

> **举例**
>
> 一位投资人因为喜欢福特车的外观而决定投资福特股票。但事实上,这与公司的经营状况以及面临的竞争状况,甚至是汽车本身的性能都没有关系。

在叙述谬误中,我们的信心来源于故事的信服度和吸引力,而故事却是我们根据收集到的信息创造的。在所有这些情况中,信心并非来源于对可能性的合理评估。

> **举例**
>
> 特里·奥丁(Terry Odean)是加州大学伯克利分校的金融学教授,他研究了10,000名个人投资者7年来的每一笔交易记录,合计近163,000笔交易。投资者在卖掉一只股票,又买入另一只时,都会相信自己所编造的故事,认为一只股票的下跌会带来另一只股票的上涨。
>
> 他比较了两只股票在接下来一年里的表现。结果显然很糟糕。通常情况下,被卖掉的股票要好过有重大利空的那只,其每年的上涨幅度高出后者3.2%。此外,换手也会产生大量的成本费。

叙述谬误和所有的简化启发法都显示出系统1思考在很大程度上建立在主观自信之上。它是一种感觉,而非判断。无论是专家还是新手,我们都倾向于相信自己的决定,而故事可以证明它们的合理性。也正因为如此,我们在收集所有有效信息之前就停止了探究。

> **试一试**
>
> 下列每组历史事件中,哪一件发生在前?我们可以用 0~10 表示你对此题的自信程度,0 代表完全没有自信,10 代表非常自信。
>
> A. 签署《大宪章》　　　B. 穆罕默德出生
> A. 拿破仑逝世　　　　　B. 买下路易斯安那州
> A. 林肯被杀　　　　　　B. 维多利亚女王出生

我们在研究生、大学生、医生,甚至是中央情报局分析专家中进行了测试,发现他们的自信程度远远高于其答题的正确率:百分之百相信自己能全对的人只答对了 80% 的问题;认为自己有 90% 把握的人准确率只有 70%;而那些有 80% 把握的人准确率只有 60%。

要成为一名优秀的决策者,我们必须学会警惕过度自信。如果没有收集到所有有效证据,没有对风险进行合理客观的分析,我们的反应很可能是主观的,受制于简化启发法。

如何做出好决定

在下面三章中,我们将学到怎样做出好决定。但是,首先,什么是好决定呢?

以完整有效的信息为基础

我们之前曾说过,决策要建立在完整有效的信息之上。就算涉及人生

第14章
如何成为优秀的决策者

中最重大的决策,我们也会相信自己的直觉印象,不去寻找质疑它们的客观看法。

> **举例**
>
> 一名厨师想在闹市区开一家餐厅。他认为自己拥有精湛的厨艺,已把握成功的关键,因此,他不愿意再进行市场调研,看看同一地段其他餐厅的经营状况。他没有意识到本城的餐厅也许已经供大于求,大家都在争夺有限的市场,苟延残喘。所以,就算店主们厨艺精湛,成功概率也非常小。

在这些情况下,我们都不能轻易地强调自己能做的事而排除其他因素。因此,我们的推测,很可能也只是最乐观的情况。

实事求是

为了让这些推测更实际,我们需要借助"同类预测法",也就是说,向相似市场借鉴相似情况下和相似事件中的数据。我们不应该只依赖自己的印象,而应该对潜在的收益和损失,以及失败概率进行合理评估。在接手风险项目时,许多项目设计者都会低估他们面对的困难,其中原因颇多,如:

1. 我们太关注自己的能力和自己所能做的事,从而忽视了竞争对手的技能和计划。

2. 同样,虽然我们想要进入这个市场,但我们却忽视市场数据:市场大吗?相似项目的失败率如何?有研究显示,当人们要求公司的创立者用比例来表示他的所作所为对公司成功产生的影响时,这个比重从来不低于80%。但事实上,一个公司的成功也依赖于其竞争对手的技巧和成绩,以及市场的变化。

3. 我们更关注自己的所知，而不去了解自己的未知。

4. 在强调自己的技巧和可做之事时，我们以为一切尽在掌握之中：我们感到很自信，可以解释过去、预测未来，并因此去冒那些不该冒的险。纳西姆·塔勒布坚持认为，我们对环境中的不确定因素把握不足，我们忽视了运气的作用。

能达成所有目标

你可以说，一名优秀的决定者能够完全满足我们的偏好，尽管我们喜欢的东西可能不是我们看重的，而它正表现了对最终目标的深层理解。你可以很喜欢抽烟，但你知道，吸烟有悖于你最看重的事——戒烟。

另外，我们对喜好的评估并非总那么可靠。丹尼尔·卡尼曼指出，"经验自我"和"记忆自我"是有差别的。经验自我记录的是我们确实经历过的事，而记忆自我会根据一些重要时刻创造出一个生动的故事。人们会记住这个故事，并把它作为日后的参照。这个经历虽是扭曲的，但它还是会决定我们的偏好。

> **举例**
>
> 假期可能并不尽如人意，但记忆自我却会根据预期和旅行时的激动情绪创造出一个积极的故事，我们因此对这个假期中发生的一切印象深刻。

显然，决定之所以不能达成目标，是因为它基于不准确的预测，而这个预测来源于对偏好的错误描述。一个不能达成目标的决定是糟糕的决定。这

第14章
如何成为优秀的决策者

也是对理性经济人模式的挑战，因为这种模式假设每个个体的偏好都不变，人们很了解这些偏好，可以做出最大化它们的合理选择。

有效地达到目标

但是，这并不是全部。一名优秀的决策者不只应该达成目标，还要在达成目标之时花最少的钱，耗费最少的精力，以及不带来任何副效应。我们必须检测自己的喜好，问自己是否还有更有效的方法。我们放弃它们的理由充分吗？匆忙着手计划之时，我们常常会忽视这些内容。

同样，我们还需要考虑所有副效应，间接的好处和坏处，那些无意之中引发的结果。一名优秀的决策者一定会放下偏好，好好思考。

> **举例**
>
> 一家企业本打算扩大产品范围，后来经过重新考虑，它意识到，如果采取这种方式，现有员工的技巧和能力并不能完全发挥出来。

学会接受

在考虑过所有因素之后，我们本可以做出最佳决定。但是，如果忽略了人的因素，我们的决策仍是失败的。计划的实施者可能并不愿意执行，或者消费者并不喜欢这件商品。因此，令人惊讶的事发生了，所谓的"次等"选择却带来了好结果。

> **举例**
>
> 第二次世界大战后，家庭主妇比以前更忙碌，有商家认为易制作的蛋糕粉可能会成为畅销品。于是，工厂生产出只需要加水就能做好的蛋糕粉。然而，销售并不如人意。心理学家厄内斯特·狄克特（Ernest Dichter）发现，妇女其实想要更多地参与到这个过程中去，所以需要加入鸡蛋和牛奶的蛋糕粉销路会更好，这让她们觉得蛋糕是自己做的，而不只是加加水而已。具有讽刺意味的是，最成功的解决办法，是最麻烦的。

测试题：决策分析测试

为了测试你是否掌握了做出好决定的技能，一些雇主会使用决策分析测试。不幸的是，它无法评估你在现实世界做决策的所有能力。要在现实世界中做出好决定，必须掌握敏捷思维的三个阶段。前两个阶段我们已经学习过了，现在我们需要在不同的解决办法中做出选择。

> **试一试**
>
> **球场边的家长**
>
> 在前面的章节中，我们处理过家长在球场边骂教练和裁判，并对自己孩子大喊大叫的问题。迄今为止，我们已经得出想法，并组织了这些想法，构思出了可能的解决办法。现在，我们可以利用后三章中的方法，做出决定，找出问题的最佳解决方案。

第14章
如何成为优秀的决策者

与前面测试题不同的是，决策分析测试特别关注你的判断能力。首先，你会得到一些文字、图像或表格信息。然后，你应该分析信息中的关键概念，找出其中的模式，并通过这些模式给出自己的判断，从一系列可能的答案中选出最佳方案。

因此，虽然它们不能测试你在职场中做决策的所有能力，但它们的确可以评估你在不确定情况下的判断能力。你得到的信息很复杂，也并不完整，甚至是模糊的，所以你不能直接运用学过的规则。另外一些测试，如英国临床能力测试（UKCAT），会让你指出做决策时的信心等级，在元认知中完成练习。

决策分析测试旨在评估下列能力：

- 在复杂的信息中找出概念。
- 分析概念和信息。
- 整合信息，结合它们建立新联系，得出新推论。
- 找出信息中的模式。
- 运用这些模式找出正确答案。
- 给出有价值的判断。

这种测试通过破译问题的方式呈现，它是一种解密式的练习，信息就包含在文章、表格和其他形式之中。它被分成了"运算符/一般规则"以及"特殊信息/基本码"。接着，你会看到一些问题，每个问题都有四到五个备选答案。

SMART THINKING
如何成为更聪明的人

试一试

在清理一张英国博物馆14世纪的挂毯时，人们发现了以前未检测到的密码。挂毯上有一系列字母和数字，它们互相结合，组成了密码信息。你的工作是破译这些代码。你需要根据获得的信息做出判断，找出它的意义。

运算符/一般规则

A = 乘法
B = 反义
C = 向下
D = 一组
E = 危险
F = 高贵
G = 里面
H = 特别

特殊信息/基本码

1 = 我
2 = 你
3 = 男人
4 = 马
5 = 剑
6 = 树
7 = 勇敢
8 = 运动
9 = 拿走
10 = 战斗
11 = 生物
12 = 城堡
13 = 酒杯
14 = 寻找

下列密码信息的最佳诠释是什么？

C12, 1, 9, F（B3）

A. 从城堡向下，高贵的女人对我一视同仁。
B. 伯爵夫人是我的陷阱。
C. 我把公爵夫人带进城堡。
D. 我把伯爵夫人带下城堡。
E. 我和公爵夫人在城堡里找到了我们的陷阱。

第14章
如何成为优秀的决策者

前面说过,最有效的方法是写下获得的所有信息,清楚地列出它们。在这道题中,你需要写下每个符号代表的意思,把所有的元素进行分组,请注意千万不要忘了原文中的标点符号。接着,你需要看看可能的答案有哪些,并排除那些有遗漏的因素及联系不正确的地方。符号代表的意思:向下(城堡),我,拿走,高贵(男人[反义])。

我们从C12或"向下(城堡)"入手,A选项和D选项包含了这些元素,但是B遗漏了"城堡",C用的是"进入"而不是"向下",因此排除B项和C项。在E选项中,"向下"和"城堡"并没有联系在一起,而且向下也被解释成了更复杂的陷阱,但我们还是应该暂时保留这个选项。

下一个元素是"我",剩下的三个选项中都包含了这个元素,但E选项中并没有涉及"拿走",所以E可以被排除。最后一个元素,"高贵(男人[反义])"可以解释为高贵的女人,A选项中出现了这一点,解释为伯爵夫人,D选项中也出现了。然而,A选项中提到"一视同仁",密码中根本就没有提及这一点,所以A项肯定不正确,答案只可能是D。

试一试

下列密码信息的最佳解释是什么?

F(7,3),E8,5,B(G6)

A. 勇敢的公爵把剑从树里拔了出来。
B. 勇敢的公爵冒险把剑插入了树里。
C. 公爵勇敢地拿着剑离开了暗藏危险的大树。
D. 骑士把剑从树里拔了出来。
E. 骑士冒险把剑从树中拔了出来。

第 15 章

如何评估解决方法

在这一章中，你将学到下列内容：

- 如何评估每一种解决方法所带来的所有实际问题
- 如何预测每种解决方法可能出现的反应
- 合作的重要性以及信任每种解决方法的重要性
- 利己行为的危害
- 参照点如何破坏我们判断不同解决方法所带来的好处

进化并没能让我们掌握决策技巧，成为好的决策者。对于我们的祖先来说，学习一系列行为规则和模式事关生存，所以他们必须学会不假思索。他们需要考虑的是遵照这些反应模式生存下来，还是无视它们而被杀害，因此他们根本不需要掌握复杂决策所需要的技巧。

几百万年来，我们就这样生存了下来，理性思考根本无用武之地。与我们的祖先一样，大多数情况下，我们都是根据既定行为模式来做决策，这些行为模式一直受直觉引导。为了克服这种局限，我们学习了敏捷思维的前两个阶段，懂得了怎样进行概念思考和创新思考。现在，我们需要完成最后一阶段的内容：做出决定。

在这一章中，我们将学到怎样评估每一种解决方案。为了做到这一点，我们会采取一系列心理模拟，逐一地审视每种解决方案可能带来的影响。在这个过程中，你会发现这样做的三个作用：

· 可以评估每种解决方案的**实际效果**。

· 可以预测**其他人可能出现的反应和做出的决定**，看看谁会受到影响，以方便你调整解决方法使它更有效。

·可以评估**参照点**在你评价问题时的影响——我们的偏好随情况而变化，因此我们在评估每种解决方案时也必须把它纳入考虑之中。

实际效果：成本收益分析

我们的目标是获得一个尽可能完整和客观的画面，并摆脱直觉带来的偏见，以免一叶蔽目。为了避免这种情况，评估每种解决办法，我们必须考虑每一种办法的负面效果，如成本、花费的时间、可能带来的问题和后果等。当然，我们也要考虑积极因素，如可能节省的时间和金钱、员工士气的提升，以及做出更大创造性贡献的机会。

我们不仅要考虑直接的影响，还要考虑到间接影响。如果我们不对可能发生的事进行心理模拟，很可能会忽视这些间接影响。

> **举例**
>
> 通过采纳某种方法，一家企业认识到它可以更好地利用闲置员工的技能。同样，另一家公司可能正在考虑是否进入新市场，其对供应商或顾客的间接影响可能会使某种选择比其他选项更可行。

为了组织这些因素，将其纳入常规方式之中，你可以提出下列实际问题：

1. 采纳这种解决方案会发生什么？
2. 我应该怎样做？按时间顺序？按阶段进行？它需要特别的技巧或经费吗？

第15章
如何评估解决方法

3. 谁对这项工作负责？主管是谁？需要多少人？

4. 时间：什么时候开始操作？必须要等到资源齐备，事情安排妥当吗？

5. 问题：可能出现什么问题？我应该怎样避免或克服这些问题？

（1）有效性：它比其他办法更有效吗？

（2）复杂性：可以不那么麻烦吗？

（3）经济性：操作费用很高吗？

（4）方便性：它很简单还是会给许多人带来麻烦？

（5）兼容性：它与已经在操作的系统兼容吗？

（6）安全性：存在安全隐患吗？参与的人会有危险吗？

（7）合法性：它违背现行法律吗？需要特别的许可证吗？满足某些法律规定吗？

（8）道德性：会引发严重的道德问题吗？

（9）公众意见：会引起公众的抗议吗？会失去顾客吗？

（10）公共信息：有必要召开公共会议，写文章或邀请名人在媒体上解释吗？需要怎么做？会对人们造成什么影响？

6. 后果：这种解决方法可能带来哪些后果？

（1）有哪些直接影响？对个人还是对团体？

（2）对附近的人有哪些直接和间接影响？对远方的人呢？对后代呢？

预测他人的反应和决定

同样，我们还必须考虑另一些复杂的问题。为了让解决办法更有效，

我们必须清楚地知道人们对决定的反应。

我们必须能够预测他人的反应和决定，只有这样，我们才可以评估事情的发展情况。我们需要清楚地知道什么会激发他人的行为：他们想要什么？他们会通过什么方法得到？我们的决定会引发他们怎样的反应？

传统决定理论

传统决定理论的核心是两个相互联系的理论，现代西方社会对它们都不会感到陌生。事实上，它们是我们思考、选择和理解社会、经济、政府工作的核心。

理性主体理论

日常生活的很大一部分经济因素，和在学校中学习的经济因素，都基于以下信念：（1）我们所有人都是理性的；（2）我们所有人都是利己的；（3）因此我们所有人都试图最大化自己的利益。

经济学家告诉我们，理性主体完全了解市场，会比较所有有效选项，然后选择能最大化其利益的那一个。

预期效用理论

我们想要得到的东西可以用预期效用理论来解决，用更通俗的话说，就是期望价值理论。在这种情况下，"价值"用偏好的满足来计算。我们通过决定某事发生的概率，评估可能的价值或结果的效用，然后把两者相乘，做出选择。

满足偏好的可能性 = 价值 × 概率

第 15 章
如何评估解决方法

最佳选项是所得乘积最大的那一个,即最能够满足我们偏好的那个。

传统决定理论不仅在理性主体理论中扮演着主要角色,在现代经济和社会科学中也同样如此。它回答了我们做决定时提出的问题,即如果不确定自己的行为会带来怎样的结果,我们该如何抉择呢?答案遵循一个原则——选择那个最符合预期效用的行为。

问 题

然而,它同时也指出好些影响我们决策质量的问题和做决定时必须考虑的因素。

偏好最大化

预期效用理论虽然回答了"如果不确定自己的行为结果,我们该如何抉择"这个问题,但它却简化了一系列可能的结果。它关注的只有效用及其严格定义。效用这个概念只能用来量化对某一特定决策结果的期许,但它不能指出"有用"这一定义更普遍、更宽泛的意义。

> **举例**
>
> 买一辆四轮驱动车可能对你很有用,但你更想买一辆跑车。

此外,把有用诠释为期许,常常不能满足我们更深的需求,也不符合我们深层的价值观。期许意味着它最大地满足了我们的偏好。但正如我们在前面章节中看到的那样,我们喜欢的东西并不一定就对我们有价值,而价值才能反映出对最终目标的更深理解。另外,所有偏好的价值都相同,因此在我们知道一些期许比其他另一些更具价值时,我们决定做什么的过程仅仅是把它们叠加起来。

> **举例**
>
> 你可能想买一辆跑车,但是你也想存钱买房子或重回学校读书。你也许想每晚泡夜店,但你同时也想赚钱养家。

理性优化者

更糟的是,这两个理论都假设理想的决策者总试图做出最佳决定,通过收集所有事实,精密计算,做出选择,最大化自己的利益。这个决定可以精确地完成其无懈可击的既定目标。当然,事实往往并非如此,而且我们也不可能真的做到这一点。

> **举例**
>
> 每周去超市购物时,我们都必须比较货架上的每件商品,评估它们,看看能否通过购买它最大化了我们的效用。如果不这样做,就意味着我们的选择是非理性的。

利 己

同样,如果假设我们的行为方式可以最大化自己的利益,并将理论建立在这一假设基础上,这个理论就很难解释利他行为和其他"非利己行为"。它们可能会捕捉到个体在最大化自身利益时的竞争影响,但却无从把握合作行为的影响。实际上,我们会义务献血,我们会投身慈善事业,我们拾金不昧,也会参与社会中收入微薄的公益工作。

第15章
如何评估解决方法

> **举例**
>
> 在伦敦大学学院的实验中,参与者可以花钱避免自己被电击,也可以花钱去救陌生人。通常情况下,选择解救陌生人的参与者是救自己的两倍。事实上,普林斯顿大学的心理学家达契尔·克特纳(Dacher Keltner)早就发现同情心是"人类与生俱来的反应,扎根于我们的大脑之中"。

合作和竞争都要考虑

但这一切是怎样影响我们评估解决方法的呢?在评估每种方法,决定哪种策略最可能带来你想要的结果时,**不要只想到竞争,你也应该想想合作能否带来最佳结果**。毕竟,我们小时候就学会了合作。我们组建社团,我们达成协议,我们在他人与自己的利益间达成妥协,我们加入贸易组织和俱乐部,以提高共同利益。

在所有这些情况中,我们期望合作比单打独斗更有成效。在判断每一种单纯建立在竞争模式之上的解决方法时,你可能会忽视合作的好处。事实上,我们的祖先早就意识到了合作的好处,它也具有其进化意义。

> **举例**
>
> 生物学家们认为,如果将个人利益置于首位,人类可能早已灭绝。与现代经济理论看法不同,他们认为人类最早不存在残酷的竞争。人们希望我们相信,竞争是不可避免的天性,但事实却并非如此。原始的狩猎部落会惩罚那些破坏公平秩序的自私行为。

实际上，最近两三百年以来，我们才接受这种社会理论，认为社会仅仅是松散的孤立个体的集合，每个个体都可以在与他人的竞争中最大化自己的利益。根据这一理论，每个个体当然可以以自己的快乐为重，由这些个体所组成的社会也理应如此。

然而，证据却与定义存在着天壤之别。寻求最大化自己的利益，不但使个体不再关注社会整体的利益，也不利于实现他们自己的目标。

> **举例**
>
> 引发2007—2008年金融危机的所有事件都与只关注自身利益有关。银行随意贷款给抵押贷款申请人，随后银行又打包这些贷款，以投资形式出售，这样一来，就算人们还不上贷款，银行也没有任何损失。
>
> 房地产中介也只看重自己的利益。对他们来说，卖出房子，拿到佣金就够了，才不去管买家是否负担得起呢！这不是房地产中介应该考虑的问题，这是银行的问题。普通大众也只关心自己的利益，他们向银行贷款买高价房，不管自己是否承担得起，只想着房价上涨赚钱。

所有这一切都源于人们只想理性地最大化个人利益，却导致了大家都不想要的结果：失业、银行破产、房产强制回收、无家可归、败光积蓄、税收提高、物价剧增、工资冻结、真实收入减少、得不到社会福利，最后许多人只有靠救济度日。

相互依赖和博弈理论

我们可以得到一个教训：**我们生活在一个相互依赖的世界里，社会不是孤立个体的松散集合**，个体行为和其结果的影响并不是闭合的。**一个人得到**

第 15 章
如何评估解决方法

的结果依赖于他人的选择；反之亦然。在决定最佳解决方法时，我们不仅要追踪行为的直接影响，还要关注它的间接影响，想想其他人可能会做出什么反应。

我们应该把它看作下象棋。每个人都必须考虑对手的想法。我们必须置身于对手的位置，试着计算出最好的结果。知道对手所思，了解他要怎样做，是计算的关键。当然，我们不仅要考虑自己所思，对手所想，还应该想想对手如何看待我们。

虽然这是一个没有结束的循环过程，但请不要感到绝望！这是一种游戏理论，约翰·纳什在其"均衡"概念中找到了一种解决方法：如果每个人都选出最佳策略来回应他人的选择，就会达到一个均衡点，这样当他人在寻找自己的最佳策略时，每个人的策略对他来说都是最佳的。

试一试

案例研究：Zipcar 租车公司

罗宾·蔡斯（Robin Chase）和安切·丹尼尔森（Antje Danielson）共同创办了 Zipcar 汽车租赁公司。她们想为城市居民提供便捷、快速的用车方式，这不仅能为环境带来好处，还可以降低人们的用车成本。为了达到这个目标，她们必须找到这个"均衡点"，也就是找出自己和他人的最佳策略。

首先，她们需要租车，找到安全的停车场地，买保险，还要建立信用卡支付系统。这就意味着她们需要与一系列企业商谈，其中包括停车场、停车场的土地所有人、汽车制造商、汽车出租公司以及保险公司。

更难的是，有些公司把Zipcar看作威胁，所以她们必须在商谈之前想好对手的反应，以占得先机、预见问题，让对手相信她们，愿意与之合作，一同发展这种前所未有的商业模式。之前，许多租车公司都因诸如汽车、保险和停车场等日常管理费用太高而倒闭，所以她们必须妥善处理这些问题。

比如，她们意识到，在与汽车厂家会面时，她们必须消除对方的恐惧，不要把Zipcar看作抢生意的竞争对手。为了说服对方，她们会强调Zipcar的客户群体实际上是那些想用车又不愿自己买车的人。对于那些有买车意愿的人，Zipcar会动员他们先购买。而且，Zipcar为会员提供的都是整洁无损的好车，如果有朝一日他们想买车，一定会优先考虑这款车。

囚徒困境

对于这一点，最著名的例子是"囚徒困境"问题。它不仅指出考虑与他人相互依赖的关系，计算自己的所思及决定对他人所思和决定的影响十分重要，而且它还显示了合作对于最大化我们利益的重要作用。

试一试

两名嫌疑人在协同犯罪后被分开受审。警察为每个嫌疑人提供了一个选择：他们要么供出同伙（竞争），要么保持沉默（合作）。但两名嫌疑人知道，如果两人都保持沉默，互相合作，警察拿他们根本没有办法。这样一来，他们可以从轻处理，各判1年。

在这种情况下，警察又开始诱导他们：如果其中一人认罪，指控另一个人，他就可以免诉，获得自由，而他的同伴将被关上20年。然

第15章
如何评估解决方法

而，如果双方都认罪，指控对方，两人都要坐5年牢。

如果是你，你会怎么做呢？

		嫌疑人B	
		认罪	不认罪
嫌疑人A	认罪	5年/5年	被释/20年
	不认罪	20年/被释	1年/1年

（分隔号前面代表嫌疑人A）

你也许意识到最好的策略是合作，但你的决定取决于你认为你的朋友会怎样做。你也许确信他会认罪供出你，自己免罪，让你判上20年。你也许还会认为他的想法与你相同，你自己也很想认罪被释放。

因此，你得出结论，自己没有选择，只能认罪并供出他。如果我的朋友很傻，没有认罪，你就会被释放。就算他也认罪了，至少你不会被判上20年那么久。于是，与那些银行、房产中介人和买家一样，你们两人都用无可挑剔的逻辑，劝说自己相信最坏的结果：如果不认罪，会在牢里待得更久。

想一想

你的逻辑也许无可挑剔，只想最大化自己的利益，但得到的却是你最不想要的结果。借用上面的表格，我们可以通过嫌疑人A的视角看到：

（1）如果嫌疑人B认罪，嫌疑人A也应该认罪，否则他就要被判20年监禁。

（2）如果嫌疑人B不认罪，嫌疑人A认罪就会被释放，如果他也

> 不认罪，两人各判1年。
> （3）因此，无论B怎么做，A都应该认罪。

当然，B也会这样思考，于是两人都认了罪，各判了5年（总共10年）。然而，最好的解决办法是不认罪（合作），各判1年（总共2年）。但遗憾的是，他们都只看重自己的利益，这样一来，他们得到的结果比应该出现的情况更糟糕。

信　任

你可以看到，每位嫌疑人都根据自己对他人行为的判断做决定。我们每个人大概都是如此。我们越了解对方，越能精确地预测应该与谁合作，与谁竞争。如果能明智地选择搭档，合作应该是合理的。这意味着我们的行为从某种程度上说出于信任，但是如果我们生活在一个容忍欺骗的社会中，认为一切都变幻无常，我们也很可能会去欺骗别人。如果你觉得别人与你合作的机会近乎为零，你也会觉得合作毫无意义。

> **举例**
>
> 如果你确信美国和印度不会联手降低温室气体的排放，那么你也不会这样做。英国排放的温室气体占全球排放量的2%，就算英国政府禁止排放，其他国家的排放量却会占用这2%。

对于这一点，我们不难找出更多的例子。冷战时期，世界两大超级强国的军备竞赛延续了40年之久，浪费了大量财力，后来双方领导人担上风险，削减军备，加强安全检测，国家之间的不信任才得到真正的缓解。阿拉伯国

第15章
如何评估解决方法

家和以色列之间的冲突也是如此，疑三惑四，永无止境，暴力和死亡事件也永不休止。

我可以信任谁

如果不知道应该合作还是竞争，我们应该怎样选出最好的解决方法呢？在《合作的演化》（*The Evolution of Co-operation*）一书中，罗伯特·阿克塞尔罗德（Robert Axelrod）解释了他是如何找出解决方法的。他会请人们提交扮演罪犯的计算机程序。每个程序都与其他程序配对，并得出200种结果。这种模拟囚徒困境的形式精确地复制了彼此之间的延伸关系。

重要的是，我们可以通过每个程序了解对方。人们可以根据前面决定中发生的事决定是应该合作还是竞争。如果你不想再面对某个人，竞争就是合理的选择。但是，如果你知道你以后想经常见到某人，你就想要重新确立自己的信誉，让人们相信你。计算机程序也是如此，在模拟的囚徒困境中，它们也会确立信誉。

第一轮有16场游戏，几个月后的第二轮有62场，参与者可以使用前一轮得到的信息，制定更有效的方法。但是，两轮中取胜的程序都是同一个，最简单的针锋相对的程序。开始时，大家都在合作，但后来，游戏者们开始按照对方的模式行事。阿克塞尔罗德指出，这一游戏具有一些重要特征：

1. 它很"友好"：这也就是说，它开始不会采取对抗的态度。事实上，友好原则通常比以对抗开始更成功。

2. 但是，它同时也很"强硬"：下一轮开始时，它就会惩罚对抗者，达到报复的目的。

3. 它也很"宽容"：这也就是说，它会在下一步中奖励合作。它一直很愿意再次建立富有成效的合作关系。

4. 最后，它是"**明确的**"：它非常简单，其他参与者很容易看出它们在做什么。

古语道："恶有恶报。"这句话非常有道理。许多人相信好人不会有好报，这是十分错误的。当然，好人也需要兼具强硬、宽容和明确。对手很快就会意识到，以牙还牙没有好处，合作才是更好的办法。

另外，正如阿克塞尔罗德指出，合作一旦建立，人们意识到日后还会相遇，他们就会胜过无人愿意相信的对抗者。他们的成功意味着合作者数量的迅速增加，他们的合作策略会占据主导地位。就算对抗者试图利用这种形势，强硬的以牙还牙作风也会惩罚他们，他们因此得不到扩散。**合作会很快成为默认的处事方式。**

这显示出人们不会简单地以竞争方式行事。更多情况下，他们会互相合作，利用社会提供的种种好处。

参照点

你可以看到，我们的行为要比传统理论描述的复杂得多。要想做出好决定，我们必须理解这一点。传统经济学的关注点集中于两种情况（垄断和完全竞争），共同期望因而无处容身，自然也看不到我们在这里看到的问题。因此，我们总是过分简化个体的意向，认为它们是理性的、利己的，每种情况下的偏好都清楚一致。

事实上，特沃斯基和卡尼曼发现，我们的偏好一直都在变化。他们因此

第15章
如何评估解决方法

得出"前景理论",并因此获得了诺贝尔经济学奖。前景理论指出,系统1思考中的三种主要机制可以解释我们的决定行为:

- 我们对情况和问题的评估总与参照点相关

换句话说,我们的偏好随情况——也就是我们的参照点——在不断地变化。参照点通常是现状,但也可能是以后的目标。如果没有达到这个目标,我们不仅会把它当作没有收获,还会把它看作是一个损失。

> **举例**
>
> 你听说自己已经被本市最好的律师事务所录取。这是一次绝佳的机会,你以前从未想过自己会被录取。但是,在接受这份工作之前,你听说你投出的另一份申请也成功了。对于一位年轻的律师来说,能够在联合国人权理事会工作是绝佳的机会。你非常想接受这份工作。
>
> 但是,就在你准备赴任的两周前,这个项目被取消,工作机会自然也没有了。你仍可以接受第一份工作,但你还是感到很失望。你的参照点已经发生了变化。

- 敏感性递减原则

事件对我们的影响总是与衡量标准相关,但这些标准都不是孤立事件。如果有1,100块钱,掉了100块,损失尚可接受。但如果只有200块钱就掉了100块,这损失可就大多了。可见,比起财产本身,投资者们更关注其变化。

- 损失规避

大多数人厌恶损失,损失对他们的影响比收益更大。事实上,卡尼曼发现,损失对人们的影响是收益的1.5~2.5倍。进化能够很好地解释这一现象:

有机体会优先处理威胁，其后才是生存和繁殖的更好机会。

> **试一试**
>
> 问题 1：你会选择哪一个？
> 100% 得到 900 元，还是 90% 的机会得到 1,000 元？
> 问题 2：你会选择哪一个？
> 100% 损失 900 元，还是 90% 的情况下损失 1000 元？

大多数人会在问题 1 中选择规避损失，得到 900 元的主观价值比 90% 的机会得到 1,000 元更高。但是，在问题 2 中，大多数人会选择赌一把。这是问题 1 中选择规避损失的翻版，损失 900 元的负面价值比 90% 情况下损失 1,000 元更大。卡尼曼指出，确定受损令人非常讨厌，会让你冒险一搏。

这也就解释了为什么我们虽然讨厌冒险，却在面对潜在损失时不惜孤注一掷。

> **举例**
>
> 如果投资迅速升值，我们常常会卖掉它获取利润。但是在投资迅速贬值时，我们常常会无期限地持有，期望它再涨回来。

当人们面临潜在损失时，他们会冒更大的险。投资贬值时，他们会继续持有。这就解释了公司为什么常常更换投资失败的 CEO。这并非因为新 CEO 更好，或者他有能力扭转局势，"沉孔谬论"（Sink-hole fallacy）可以解释这一原因：先前的决定会妨碍现任 CEO，他不愿就此止损。相反，新 CEO 可以不管过去的投资，就地止损。同样，"沉没成本"也是人们不愿换掉差工作，不愿中止不愉快人际关系的原因。

第15章
如何评估解决方法

> **思考**
>
> 请审视一下你的决定,看它是否受制于你对损失的规避,而无视潜在的收益。

我们必须考虑的因素

在评估每一种可能的解决办法时,请遵照我们已经讨论过的10个条款。你的目的在于控制思考,摆脱直觉和具有误导作用的过分简化,做出客观的决定。

> 我们必须考虑的因素有:
> 1. 实际问题。
> 2. 成本与效益。
> 3. 直接和间接影响。
> 4. 他人的想法和反应。
> 5. 竞争与合作。
> 6. 不要只考虑你与他人所想,还要思考他人如何看待你。
> 7. 最大化自己的利益可能带来最坏的结果。
> 8. 可以信任的好名声至关重要。
> 9. 参照点。
> 10. 风险规避情况。

第 16 章

在不确定的情况下做决定

在这一章中,你将学到下列内容:

- 怎样在不确定的情况下做决定
- 怎样运用期望价值理论计算风险
- 运气和"黑天鹅"的重要性
- 怎样使用贝叶斯理论以及更简单的方法来计算风险
- 风险沟通中最令人困惑的三种方法

区分现代社会与过去最重要的因素或许不是科学的发展、新世界的发现或技术的进步，甚至不是时空穿梭，而是理解风险，意识到人类不是受上帝或大自然支配的无助猎物。一旦想通了这一点，我们就会意识到未来与过去的不同。

过去我们常常会提到确定性，认为它是重要的进化能力。无可置疑的既定价值观和规则不仅是我们融入文化群体的重要因素，也是面对侵略者时迅速做出反应、保障生存的要素。我们在宗教、占星学和迷信中寻找信仰体系，为的都是同一个目的——创造确定的假象。

17世纪中期，一种新的推理标准出现了。它认为，除了必须正确而毫无内涵的命题，我们不能寄希望于确定性，合理的判断都来自真实世界的不完善证据。换句话说，命题：

- 要么必须正确，经得起分析，但完全未超越其字面意义。
- 要么是偶发的，不确定的，与真实世界有关。

新科学方法的基础是一种归纳理论。这种理论阐述了实验怎样弥补证据缺口——人们怎样通过审慎思考，得出判断，把局部证据变成普遍法则和解释。在此基础之上，他们可以更好地理解和控制这个世界。

理解不确定性

今天，理解怎样在信息不齐备的情况下做决定是我们面临的迫切挑战。然而，在学校里，我们仍被告知世界是确定的，它并不难理解。但事实上，我们很难预测会发生的事，事故是家常便饭，错误也层出不穷。

虽然我们学到的内容可以作为安慰剂，但我们得到的信息并不完整，因此也不可能在一切齐备的情况下做出决定。不可否认，我们的大多数决定都存在风险。

> **举例**
>
> 如果在凶器上发现某人的指纹，我们会毫不犹豫地认为这个人一定是凶手。这一确定性源自弗朗西斯·高尔顿（Francis Galton）爵士的研究。19世纪90年代，高尔顿爵士就计算出，640亿个人中才能找到两个指纹完全相同的人。
>
> 但是，他当时并没有查看所有的指纹，依据的只是"相似点"，这些嵴纹要么是断开的，要么是分开的。他只根据每个点进行估计：通常是35～50个点。然而，今天只要在16个点中找到8个，我们就会宣布是吻合的，但尽管如此，我们还是认为自己的结论确定无误。

计算风险用到的传统办法是"期望价值理论"。我们在上一章中看到，

第16章
在不确定的情况下做决定

它使用的想法非常简单,即风险的期望价值就是其潜在结果的价值,而其潜在结果的价值却会因为被预测到的概率而大打折扣。

$$EV=P(价格) \times R(风险)$$

显然,思考投资资金,购买保险或赌一把时都会使用期望价值理论。只有当期望价值等同或高于风险时,冒这个险才会被认为是值得的。

> **试一试**
>
> 你刚买下一台保质期为一年的二手洗衣机。如果洗衣机在保质期外坏了,你需要自己花钱维修,因此你需要考虑是否应该延保。平均的修理费为260元,延保要花60元,而洗衣机坏的概率是10%,你认为延保值得吗?

把价格(平均的修理费260元)与风险(10%)相乘。

$$260 \times 10\% = 26$$

然后,将它与延保费(60元)比较,看看值不值。你可以看到,与期望价值(26元)相比,延保费要高得多,因此是不值的。

低估和高估

不幸的是,这还不是故事的全部。虽然期望价值理论是经济学和其他社会科学理性选择模式的核心,但它的价值由可能性来衡量,不会反应在系统1思考中。系统1思考会根据不同情况的重要性赋予不同的权重。它有以下几点原因:

规避损失

从上一章中可以看到，我们都厌恶损失，因此面对潜在损失时，我们倾向于孤注一掷，而不再去考虑其他情况。一想到损失就会心痛，我们希望能够规避它，在这种情况下，要明智地做决定，减少损失已是不可能了。

> **举例**
>
> 战争中，就算必败，也会接着打。人们很难接受失败，就算是暂时的失败也难以承受。

事件的生动性

近期发生的事，如飞机失事，会吸引我们的注意，在这种情况下，我们会高估一些事出现的概率。这就是我们在第1章中提到过的**可得性偏差**。这些材料会在我们脑海中生成栩栩如生的画面，因此我们会认为同类事件出现的概率很大。于是，我们就会高估其概率。

> **举例**
>
> 我们总是听说乘飞机是最安全的出行方式。2013年，出现过90起客机失事事件，其中只有9起出现死亡事故——3,200万乘客中只有173人遇难。这也就是说，300,000架飞机中有一架失事，300万乘客中有一人死亡。但是，在听到飞机失事时，我们马上就会对危险添油加醋，并发誓以后只坐火车或汽车。而与此同时，据估计，美国的公路死亡人数在"9·11"事件后的一年内就增加了1,595人。

这同样也是**叙述谬误**的例子。我们喜欢引人注目的叙述性故事，它们环

第 16 章
在不确定的情况下做决定

环相扣,看起来不可避免。

我们总是回过头去看这些事,相信它具有预测性。我们可以自由地编造一个条理清晰、具有说服力的故事,让自己相信事情就是这样发生的。然而,主观信心是一种感觉而非判断,它不能代替理性评估。

运气和"黑天鹅"

在试图赋予世界意义时,我们觉得最吸引人的是人们主观编撰的故事。这些故事排除了所有不确定性和运气的因素,可以用不可辩驳的因果关系进行解释。这些故事让我们心安,因为我们确信自己生活在一个尽在掌握、充满确定因素的世界里,所有事件都是可以预测的。我们不再考虑运气的影响,也就是被纳西姆·塔勒布称为"**黑天鹅**"的东西,**它是指罕见的意料之外的事件,它解释了世界上许多重要之事。**

虽然我们经常听到这样的言论,但我们生活的社会并不是由一些简单的原子组成的,它也不是各部分孤立个体组成的松散集合体。我们生活在一个产生非线性效应的社会中,塔勒布把它描述为"伸缩性"。一些个体,如牙医和医生,得到的报酬取决于他们的个人贡献,而其他个体,如畅销小说家、运动员、歌手和网红,收入远比同等劳动者要高。这就是"伸缩性"。它们是社会中非线性力量的效果,正是在这种社会中,"黑天鹅"诞生了。

> **举例**
>
> 城里的金融投资者们创造利润和造成损失的速度都同样不可思议。于是,这可以而且通常也是如此,导致不可预测的金融危机:1978 年、1985 年、1987 年、1994 年和 2007 年,所有金融危机都是"黑天鹅"。

在一个如此复杂的世界里，不可预测的事件和灾难性事件时有发生：网络崛起、个人电脑的出现、前苏联垮台，甚至"9·11"事件。然而，经济学家和金融风险管理分析家却仍在依赖电脑模式，电脑模式根本不可能考虑这些因素。事实上，丹尼尔·卡尼曼就指出：

> 我们相信世界是有意义的，这种信念很是安慰人心，它依赖的基础也很安全：我们有无尽的能力，可以忽略那些被我们忽视的事……那些花了时间，赚了钱，研究特殊主题的人做出的预测还不如一只掷飞镖的猴子……猴子对所有选择仍能做到一视同仁呢！

如何在不确定中做出决定

从前面的章节中看到，我们处理的最棘手的问题与系统1思考和直觉有关，虽然系统1思考和直觉能够引导我们用不确定性去诠释，但其方法却令人困惑。在这种方法中，不确定性常常表现为一种刻意的形式。要处理这两个问题，我们必须理解下列三点：

- 问题由不确定性所呈现的方式创造。
- 如何计算不确定等级——风险？
- 如何清楚地呈现这些风险？

问题来自不确定性所呈现的方式

在大多数情况下，我们都知道存在着不确定的情况，但是我们并不确定

第16章
在不确定的情况下做决定

它们的程度如何。这并非我们之过,而是取决于不确定因素呈现的方式。其呈现方式会有意无意地蒙蔽我们的思路。诸如气候变暖和吸烟等,会对商业利益构成威胁,因此其反应常常会降低风险水平或是迷惑大家。

> **举例**
>
> 烟草公司在内部文件中承认,反击公众对被动吸烟危害控诉的主要策略是通过模糊事件制造怀疑:"我们创造怀疑,它是回击公众头脑中存在的事实的最佳途径。"

感到迷惑的不只是普通人,训练有素的各种专业人士也很难理解信息,评估风险。法官、律师和陪审员很难完全理解摆在他们面前的证据,因此他们判定的罪行不清不楚,得不到支持,只有推翻重新来过。

问题在于,他们所受的专业训练并未赋予他们完成这类计算的能力。医生了解临床测试的错误率和疾病的基本比例,却不知道怎样从中推导出呈阳性病人的患病概率。因此,许多病人不得不承受不必要的治疗,其中甚至包括外科手术。在德国,每年有约 100,000 名妇女在检测呈阳性之后接受了乳房切除手术,但事实上,大多呈阳性的乳房 X 光照片都不能真实地反映病人的情况。

> **举例**
>
> 在德国,一名具有 30 多年医药研究和教学经验的医生面对这样一个问题:妇女患上乳腺癌的概率为 0.8%。如果一名妇女患上了乳腺癌,其 X 光片有 90% 的可能呈阳性;如果没有,则 X 光片呈阳性的概率为 7%。试想一名妇女的 X 光片呈阳性,她真正患上乳腺癌的概率是多大?

他花了10分钟左右研究这个问题，虽然不能确定，但还是猜测答案大约为90%。同时，48名平均相关经验为14年的医生也做了这道题。

> **结果**
>
> 答案从1%～90%不等。三分之一的人认为一定是90%，三分之一的人估计为50%～80%，另外三分之一的人估计低于10%（其中一半的人认为只有1%）。估计的平均数为70%。只有2%的人给出了约9%这个正确答案，但也没能正确地说出原因。
>
> 克林顿政府的卫生保健咨询员戴维·埃迪（David Eddy）也让一些美国医生做了这道题：95%的人估计概率约为75%，是正确答案的近9倍。

虽然大多数医生都错误地估计了阳性X光片显示的乳腺癌风险，但这不是能力问题，而是因为训练——他们都缺少恰当的技巧。

框架效应

我们之所以如此频繁地出现此类计算错误，是因为我们架构信息的方式，也就是使用词语呈现它的方式。呈现方式对我们的影响比客观数据更大。事实上，如果它引发了我们某种直觉反应，如损失规避，影响就更大了。

> **举例**
>
> 在上一章中，我们发现当结果很好时，我们更倾向确定的事，而不愿意赌一把（风险规避），但是当两种结果都不好时，我们倾向于拒绝确定的事，接受搏一把（风险寻求）。政府和公司很容易利用这一点，

第 16 章
在不确定的情况下做决定

> 它们会使用合适的方式来架构其对外宣传资料。面对相同的客观结果，我们的偏好可以通过改变表达方式而颠倒过来。

刻板印象与合取谬误

我们不仅要小心问题架构的方式，还要小心它在我们头脑中形成的刻板印象。事物的相似性不是由其概率判断的，而是取决于我们能否轻松地根据它与刻板印象的相似性进行分类。这是**代表性偏差**的例子，我们曾在第一章中提到的简化启发法中提到过。

> **举例**
>
> 第一章中，我们提到过琳达的例子。特沃斯基和卡尼曼列出 8 个特征，包括"（f）琳达是一名银行出纳"和"（h）琳达是一名银行出纳，而且热心于女权主义运动"。他们让几所主要大学的本科生按最可能到最不可能的情况进行排列，发现其中 82%～92% 的人认为 h 项的可能性大于 f 项。然而，合取规则却指出两种情况同时出现的概率要低于两种情况单独出现的概率。

在这样的问题中，概率与相似判断成反比。而且，无可避免的是，带有刻板印象的相似性会胜出。我们赋予可能出现的情况越多细节，它出现的概率就越小。然而，我们系统 1 思考却朝向相反的方向——细节越多越可信，因为它吻合刻板印象的可能性就越大。

系统 2 思考试图计算概率，而系统 1 思考却期望看到代表刻板印象的形式，于是矛盾出现了。最具代表性的结果结合了所有细节，把它们黏合成一个具有说服力的连贯故事。这个故事似乎合情合理，于是我们用它取代了概率。

> **试一试**
>
> 试想你在一次聚会上与一位叫作约翰的人交谈后拿着大衣离开。随后，你发现自己错拿了他的大衣。为了换回大衣，你需要和他取得联系。你只知道他在哪家公司上班，却并不知道他分属哪个部门。

（1）基础比例：除了知道他叫约翰，长什么样子，你对其他信息一无所知。因此，你需要凭基础比例，也就是某类事物的数量来判断。在这个问题中，是每个部门的员工数。你意识到生产部门的员工比其他部门都多，所以在生产部门中找到他的可能性更大。

（2）个人特征：下一步，你需要回忆对他的印象，找出他是哪一类人，他的性格如何，他的谈吐以及他的样子。

（3）刻板印象：然后，你可能会重新获得或建立一种刻板印象，它代表你对每个部门员工的通常看法，然后再找出与约翰最吻合的个人特征。

现在，你掌握了三点：（1）基础比例；（2）你对约翰个人特征的印象，鉴于你们只交谈过15分钟左右，你对这一点可能存在疑虑；（3）个人印象与刻板印象的相似性。

大多数人会把注意力集中在第（3）点上，而忽略了第（1）点和第（2）点。这就是用代表性判断取代了我们应该处理的问题。记住，**当你对证据存在疑问时，你必须让自己对概率的判断接近于基本比例。**

第 16 章

在不确定的情况下做决定

如何计算不确定因素的等级——风险

现在，我们来到一个更复杂的阶段，对不擅长数学计算的人来说更是如此。然而，请不要绝望，我们有更简单的处理办法。但首先我们必须先看看复杂的办法。这就是贝叶斯理论，由 18 世纪的神学家兼数学家托马斯·贝叶斯（Thomas Bayes）提出，它是根据某些数据计算假设成真的概率或事件出现概率的方法。**一些事件出现的概率是其不同出现方式的总和。实际上，我们求的是事件出现的次数除以事件可能出现的次数的商。**

> **举例**
>
> 假设你的癌症检查呈阳性，你想知道自己患癌症的真实概率有多高。于是，你计算了呈阳性人数和癌症患者人数的比例，然后再用结果呈阳性的（其中有准确的，也有不准确的）比例来除以这个数字。

这是我们解决的简单问题。我们处理技术性代数公式时，一定要记住这一点，因为代数公式是它通常的表现方式，记住它，事情会容易一些。我们处理的事情有两件：数据 D（如阳性检测）以及二元假设 H。二元假设可能是正确的，也可能是错误的（H 或非 H，比如这种疾病或非这种疾病）。我们想要计算出这一数据（这一阳性检测）是否准确，公式如下：

$$p(H\text{-}D) = \frac{p(H)\,p(D\text{-}H)}{p(H)\,p(D\text{-}H) + p(\text{非}H)\,p(D\text{-}\text{非}H)}$$

p（H-D）代表后验概率：我们寻找的答案。

p（H）代表先验概率：患此病的概率（即这一疾病的基本比例）。

p（D-H）代表如果 H，那么 D 的概率：如果你患有此病，检测呈阳性的概率。

p（非H）代表非H的概率：没有患此种疾病的概率。

p（D-非H）代表非H的情况下D的概率：没有患此病的人，报告呈阳性的概率。

举例

假设你是某大医院的医生，正在系统地筛选患上一种危险血液疾病的病人。这种疾病现在的发生率是1%，但是人们担心如果不快速采取行动，它有可能会扩散。检验的准确率为90%，也就是说，患上这种病的人，90%会在检验中呈阳性。没有患上这种疾病的人，80%呈阴性。

请问检测呈阳性的人真正患上这种病的概率有多大？根据你对上述问题的答案，你会对病人说什么？

把这道题提供的数据代入上面的公式中，你就可以得到想要的答案：

$$p(H\text{-}D) = \frac{0.01 \times 0.9}{(0.01 \times 0.9) + (0.99 \times 0.2)}$$

$$= \frac{0.009}{0.009+0.198}$$

$$= \frac{0.009}{0.207}$$

$$= 0.0435$$

$$= 4.35\%$$

你可能发现把数据代入公式中得出等式并不难，但是处理此类问题，我们还有更简单的办法。它将让你更清楚地意识到自己在做什么以及为什么要这样做。

第 16 章

在不确定的情况下做决定

在诸如此类的问题里,我们处理了两个问题:基本比率(总人数中患病与非患病的概率)和检验的可靠性。

基本比率

(1)患病概率——1%。

(2)非患病概率——99%。

可靠性

(3)检查准确——90%的患者呈阳性;80%的非患者呈阴性。

(4)检查不准确——10%的患者呈阴性;20%的非患者呈阳性。

这里就出现了四种可能性,我们可以用下列方式简单地表现出来:

A	B
C	D

A=1×3——患病检查呈阳性的概率

B=4×2——未患病但检查呈阳性的概率

C=3×2——未患病检查呈阴性的概率

D=4×1——患病但检查呈阴性的概率

我们可以把筛选血液疾病问题中的数据代入算式中:

A=1×0.9=0.9

B=99×0.2=19.8

SMART THINKING
如何成为更聪明的人

$C = 99 \times 0.8 = 79.2$

$D = 1 \times 0.1 = 0.1$

0.9	19.8
79.2	0.1

利用这一分类，我们可以得出一个简单的公式：

$$\frac{A}{A+B}$$

我们只需要把数字代入这个公式中，就可以通过解这个简单的等式得出答案了：

$$\frac{0.9}{0.9+19.8} = \frac{0.9}{20.7} = 4.35\%$$

运用这种形式，我们不仅可以更清楚地看到你要做的事，而且可以了解你这样做的原因：这种方式表现的逻辑也更清楚。现在，请运用这种方式，解决下面的问题。这个问题出自《思考，快与慢》一书，与上面的问题属于同一类问题。与许多标准的贝叶斯问题一样，我们获得了两项信息：基本比率和检验的可靠性。在这个问题中，可靠性取决于证人的证词。

试一试

一辆出租车卷入了晚上的肇事逃逸事件。这座城市共有两家出租车公司：绿车公司和蓝车公司。你所知的信息如下：

第16章
在不确定的情况下做决定

城里85%的出租车都属于绿车公司,另外15%属于蓝车公司。

证人认出这辆出租车属于蓝车公司。鉴于事故发生于晚上,法庭检验了证词的可靠性,并断定证人能够识别两种颜色的正确率为80%,错误率为20%。

涉事出租车是蓝色而不是绿色的概率有多大?

基本比率——蓝车和绿车概率

(1)蓝车的概率=15%。
(2)绿车的概率=85%。

可靠性

(3)准确——80%的观察。
(4)不准确——20%的观察。

$$A = 3 \times 1 = 80\% \times 15\% = 0.12$$

$$B = 4 \times 2 = 20\% \times 85\% = 0.17$$

$$\frac{A}{A+B} = \frac{0.12}{0.12+0.17} = \frac{0.12}{0.29} = 41\%$$

我们通过上面讲述的原则找到了答案。

正确识别蓝车的总次数 × 本能识别蓝车的总次数 = 准确认出蓝车的总次数 + 把蓝车错当成绿车的总次数

如何清楚地表示这些风险

如果像平常一样用代数形式来表示概率和百分比，我们会感到非常迷惑。这样一来，我们就会以下列两种方式来回避困难的计算：

- 忽略基本比率

卡尼曼把出租车问题摆在学生面前时，最常见的答案是80%。换句话说，他们和我们许多人一样，忽略了基本比率，只考虑了证人的陈述。

- 系统1思考

同样，我们也会回到系统1思考，依赖我们的直觉反应，想办法编造一个因果故事，通过运用刻板印象揭示原因，认为粗心的蓝车司机鲁莽地伤害了他人的性命。

当然，鉴于这不是我们一直以来学习的信息输入方式，我们很难用这种形式处理它们。

> **举例**
>
> 你与朋友们约好在餐厅见面。他们来的时候，你发现其中3人开的红色车，4人开的黑色车，你当然不会对自己说，57%的人开黑色车，43%的人开红色车。你更不会说黑车的概率是0.57，红车的概率是0.43。你会用频率来表述它：7人中有4人开黑色车，7人中有3人开红色车。

概率理论在17世纪才得到发展，百分比更是在19世纪才被广泛使用，那已经是法国大革命后巴黎推行公制计量单位之后的事了。直到20世纪后期，我们才把概率和百分比用于日常生活中，用来表述不确定性的等级。根据葛德·吉格仁泽的说法，进化过程中，我们的大脑学会用"固有频率"来处理风险，它不需要太多计算。

第 16 章
在不确定的情况下做决定

表现方式

在创新思考中，我们发现解决许多问题的关键都在于怎样呈现它们：用不同的方式呈现问题，答案就会一目了然，你甚至会奇怪自己之前竟没有看到它。这里同样也是如此。在血液筛选和出租车问题中，我们都把数据转化为了 4 个数字，并轻松地计算出了答案。

> **举例**
>
> 一名医生观察了 100 个人，其中 10 人患有一种新疾病。患病者的 8 人中表现出某种症状，但未患病的 90 人中也有 4 人表现出这种症状。因此，这名医生得到 4 个数字：
> 1. 患病有症状——8。
> 2. 患病无症状——2。
> 3. 不患病有症状——4。
> 4. 不患病无症状——86。

这样，他就可以算出有症状的人患这种病的概率了：

$$\frac{8}{8+4} = \frac{2}{3}$$

这就是概率理论提出之前，我们收集信息、处理信息的方式。

> **举例**
>
> 在审理一次谋杀案时，证人告诉陪审团，谋杀现场发现的 DNA 与嫌疑人的 DNA 吻合，凶手另有他人的可能性只有 0.00001 的概率，也

> 就是 0.001% 的概率。虽然很难彻底明白它的重要性,但这听起来非常令人信服。
>
> 现在,我们试着用频率来表示它,事情就变得清楚多了。这句话的意思是,每 100,000 人中只有一个 DNA 与之吻合的。那么,嫌疑人有多少呢?如果案发城市有 10,000,000 名成年居民,那么就有 100 人与嫌疑人的 DNA 样本吻合。

如果用频率来表示信息,我们就不会那么迷惑,反应也不再那么多变。在本章前面的内容中,我们描述过一名德国医生处理乳腺癌的问题。这是一名具有丰富经验的医生,他想知道一名检测呈阳性的妇女真正患上乳腺癌的概率有多大。这名医生与许多人一样,难以找出问题的答案。事实上,人们给出的预估从 1%~90% 不等。现在,请试着用频率的方式来计算这一问题。

试一试

> 每 1,000 个妇女中有 8 人患有乳腺癌。此 8 人中,7 人检测呈阳性。剩余的 992 人中,也有 70 人检测呈阳性。

你可以看到,现在要算出答案容易多了。77 名妇女中,只有 7 名呈阳性(7+70)的人真正患有乳腺癌,换句话说,是 1/11 或 9%。

有些沟通方式更容易导致问题

鉴于表达信息的方式令人迷惑,我们很容易理解自己为什么常常出错。

第16章
在不确定的情况下做决定

为了避免这些错误，我们必须认识到导致问题的三种沟通方式：（1）单一事件概率；（2）相对风险；（3）条件概率。

单一事件概率

要避免这类问题，最简单的方法是列举参照类型。当你使用频率时，你用到了哪些参照类型？**参照类型是指概率和频率所参照的事件和物体的类型。如果没有参照，你就不知道概率指的是什么。**

包含单一事件概率的陈述，顾名思义，并没有列举参照类型：它们指的是单一事件。

> **举例**
>
> 许多天气预报都会这样说："明天降雨的可能性为30%。"但这究竟是什么意思呢？对这句话，我们可以有许多理解，下面是其中3种：
> 1. 明天有30%的时间会下雨。
> 2. 明天30%的区域会下雨。
> 3. 30%的日子都会像明天一样。

以这种方式来陈述概率根本不可能被证伪，在不能清楚地显示它对世界产生何种影响的情况下，它根本不可能得到证明。因此，它是无意义的。这类迷惑可以用频率轻松避免，因为频率的参照类型十分清楚："8月里有10天会下雨。"这可以被检测，它是可以被证伪的，那么它就不是没有意义的了。

相对风险

同样模棱两可的还有用相对风险表达的信息。1995年，一家报纸发布了一项研究结果，说："如果服用一种叫普伐他汀钠的常用药，胆固醇可迅速降低……死亡风险也可降低22%。"与许多类似报道一样，这则报道用"相对风险降低"来陈述好处。但是，22%在这里指的是什么呢？大多数人似乎都认为这指的是，在高胆固醇人群中，1,000个人中会有220个人幸免于难。

事实上，它并不是这个意思。如果用绝对风险降低来表示，你会发现情况完全不同。服这种药的1,000名患者中，5年内死了32人，而没有服药的，死了41人。绝对风险等于没有服药的死者人数减去服过药的死者人数。研究显示，就1,000名患者而言，这种药物把死亡人数从41降到了32。因此，降低的绝对风险是千分之九，也就是0.9%。

你可以看到，**用相对风险降低来表示很可能会误导我们，其效果给人的印象更为深刻**。在不同的情况下，它可能还会增大人们的焦虑。

> **举例**
>
> 自20世纪60年代口服避孕药发明以来，人们一直对它心存疑虑。几年前，英国有消息称："复合口服避孕药中含有的去氧孕烯和孕二烯酮会使患血栓的风险增加两倍。"

这种说法指的就是相对风险。这一信息引发了妇女的警惕，许多人开始停服避孕药，意外怀孕和流产人数因此增加。

> **相对风险**：当人们用相对风险表达信息时，它指的仅仅是血栓的出现率可能高多少——服药的人比不服药的人风险高出两倍，但这并不代表血栓的实际发生率。
>
> **绝对风险**：这种形式的信息显示，在14,000名妇女中，患血栓症的只有1～2人。换句话说，这点风险根本不算什么。

第16章
在不确定的情况下做决定

条件概率

第三种类型的表达方式说的似乎不是概率。通常情况下,我们大多数人很难进行命题形式的条件推理,"如果A,那么B"。最普遍的错误在于它认为"如果A,那么B"就一定有"如果B,那么A"。这种转换其实是不正确的。在许多情况下,这样做是合理的,但并非每次都如此。比如,我可以说,"如果斯坦利是只狗,那么他是一个动物",但我却不能倒过来说,"如果斯坦利是一个动物,他就是一只狗"。

同样的问题也会出现在条件概率形式中。检验可以发现疾病的概率常常以条件概率的形式表现:

> 如果一名妇女患有乳腺癌,那么她体检呈阳性的可能是90%。

但是,许多医生却把这一陈述错误地转换成了这个样子:

> 如果一名妇女体检呈阳性,那么她患有乳腺癌的概率就是90%。

吉格仁泽指出,虽然问题十分明显,但这却是媒体报道风险以及医药公司推销药品和报道医疗效果的标准途径。我们看到,要解决这个问题非常简单,用频率来呈现信息就行了。

第 17 章

如何做出好决定

在这一章中,你将学到下列内容:

- 怎样对所有解决方法进行比较评估
- 怎样创造一种不受不可靠直觉影响的演算法
- 怎样利用表格分析(grid analysis)客观、合理地列出偏好
- 怎样利用捉对比较查看不同选项的相对重要性
- 反思决定的重要性

在逐步学习敏捷思维的三个步骤时，我们的目标十分明确——摆脱直觉和第一印象，评估我们的思考。当我们需要选择最后的解决办法时，敏捷思维和直觉的冲突就变得尤为突出。我们已经评估过每种解决办法，也评估了每种解决办法的风险，现在我们必须进行捉对比较和评估，决定选出哪一个。

但是，如何才能在不受直觉及印象判断的影响下做到这一点呢？如果你所比较的事情不属于同一类型，那么判断的基础应该是什么呢？比如，你要在下列备选项中选出想买的房子：一幢房子户型不错，但视野不好；一幢房子视野不错，但位置有点偏；一幢房子户型不错，视野也很好，但是毛坯房；另一幢房间小，视野好，但又有点吵。

创造一种演算法

一种答案是相信自己的本能反应，你的直觉。如果你是专业人士，你会把这描述为专业判断。你的训练和经验提升了你的能力，让那些没有接受过类似训练的人望尘莫及。

然而，这种方法并不如你想象的那么可靠，它甚至不如简单的演算。在过去的50年里，有近200项研究比较了临床医生的预测和其他专业人士进行的数字演算。每种情况下，简单演算的精确度都与专业人士的预测差不多，甚至有过之而无不及。研究涉及每个领域，投资经理选股票，医生选择治疗方式都在其中。每一次，"在信封背后进行的演算……都很好，超过了专家的判断"。

> **举例**
>
> 产科医生知道，如果新生儿在出生后几秒不能呼吸，他的大脑就会受损。为了避免这种危险，医生和助产士动用了他们的专业判断。但不同的专业人员关注的却是危险的不同方面，这些关键迹象很容易被忽略。
>
> 1953年的一天，有人问麻醉师弗吉尼亚·阿普加（Virginia Apgar）怎样改进这种情况，她简略地记下了五个变量：心率、呼吸、反射、肌肉张力和皮肤颜色，并用0、1、2来测评，不同的数字由每种变量的稳健性决定。后来，阿普加新生儿评分标准成为通行的统一标准。从那之后，世界各国都采用这个标准，并因此拯救了成千上万的生命。事实上，"阿普加（Apgar）"已成为评分标准的缩写：A-appearance，代表皮肤颜色；P-pulse，代表心率；G-grimace，代表反射；A-activity，代表肌肉张力；R-respiration，代表呼吸。

这显示出持续使用一种结合了几种变量的简单而机械的方法，也可以胜过让我们叹为观止的专家判断。

第17章
如何做出好决定

列出所需特征

现在，我们可以用类似的方法在不同的答案中进行选择。通过创造自己的演算方法，就像我们用导入问题生成想法时一样（参见第9章），我们也可以创造出简单有效的方法，用它来比较不同类型的事。然而，我们还需要更进一步，创造我们自己的评估标准，就像阿普加创造新生儿评分标准一样。

> **举例**
>
> 假设你是一名餐厅经理，正准备面试一名副经理。当然，你可以依赖自己的第一印象来决定，但我们都知道，第一印象通常并不可靠。因此，首先你需要列出某些特征，在这里，是指你认为副经理需要具备的个人特质。
> - 责任感
> - 专业形象
> - 乐观
> - 善于激励他人
> - 关注细节
> - 社交能力强——对人感兴趣

如果你正考虑买房子或找工作，也可以采用同样的策略。你可以把自己找的事项列出来。清单不必长，6条已经足够了，但它们必须是独立的，尽可能与其他项没有关系。只有这样，你才可以不受影响地好好评估每一项内容。

衡量重要性

现在，请想想是否某些特征更重要。如果是，你必须衡量它们，也就是说，如果有一种特征更重要，那它到底有多重要呢？它的重要性是否比其他项高出 2 倍甚至是 3 倍呢？

> **举例**
>
> 如果你有幸得到三份录取通知，你会选择哪一个？
> 首先，你需要列出自己在工作中最想得到什么：
> 1. 高薪。
> 2. 内部培训提高技巧的机会。
> 3. 旅游机会。
> 4. 进行判断的自由。
> 5. 创意挑战。
> 6. 公司内部迅速升值的机会。
>
> 也许，你最想要的是旅游机会。那么，你需要确定它到底有多重要。它的重要性高出其他项两倍甚至是三倍吗？

提 问

接着，你需要对每种特征提出一系列事实性问题。你可以通过这些问题收集自己需要的信息。选择正确的措辞非常重要，因为它们可以更准确地收集到你需要的信息。如果你正面试申请餐厅副经理的候选人，请让他们回答一样的问题。

第17章
如何做出好决定

> **举例**
>
> 当问到候选人的社交能力,他们对人的兴趣时,你可能会问到他们的社交生活,他们与朋友见面的频率,他们的体育爱好,参加的项目以及其他与社交有关的兴趣。那些爱独处的人可能会觉得社交是一种负担。

以这种方式针对每一特征提问可以消除第一印象的影响,避免它干扰我们对此人的反应和判断。同样,把注意力集中在一个特征上,收集信息,在移步下一特征前为它打分,也十分重要。比如,在买房子时,你应该先选取一个关注点,如房间的大小,并收集关于这一特点的所有信息,随后再去关注下一个特点。

为每种特征评分

下一步是为每种特征评分,分数为 1~5 分。当然,你必须清楚地知道为什么有的候选人可以得 5 分,而有的候选人只能得 1 分。

把每种特征的分数相加

最后,面试结束后,请计算出每一位申请人的总分数,结合每位申请人在这 6 个项目上的得分做出评价。总分就是你进行客观比较的标准。

完成这些步骤之后,你将清楚地知道应该雇用哪一位申请人,应该接受哪份工作或应该买哪一幢房子。研究表明,我们不应该仅仅相信自己的直觉,这才是进行比较评价和做出正确选择的可靠办法。但这并不是说完全无视直觉。直觉可以补充价值因素,但在此之前,你必须先收集客观证据,严谨地评估。决定选择的因素，一定得是客观证据。

所有涉及比较和选择的决定都会用到此类计算，只是有时候我们并没有充分地认识到这一点。无论做何决定，我们都必须收集信息，对每一选项进行比较评估。

> **试一试**
>
> 试想你是当地一家报纸的编辑。你的办公桌上摆着如下信息：
>
> 今天早上，当地一居民将游泳横跨当地长达10英里的河口。此举是为当地医院面临关闭的儿童病房筹款。他想邀请你的报社携摄影师全程报道此事。一家大型超市赞助了他，与你的报社一起参与宣传。
>
> 你应该报道这个故事吗？毕竟，你的手上还有许多类似的故事，它们都有成为头条的可能。你应该把资源集中在哪个故事上呢？当然，你的主导原则和最终目标，是通过增加发行量使报纸取得成功，这也将吸引更多的广告收入。因此，你需要和阿普加演算法一样，列出清单，也就是说，列出会引导你选择的6个特征。

也许你并不了解这一区域，但你还是可以给出一份特征清单，如下：

1. 它会提升报纸在当地社区的声望吗？
2. 在当地发生的故事有助于提高报纸销量。
3. 广告商喜欢看到精彩的新闻报道。
4. 慈善报道一直都很受欢迎。
5. 当地居民的名字出现在报纸上有助于报纸销售。
6. 图片有助于故事的销售。

现在，你必须就每个特征列出5个问题，以此评估每种特征，并得出总分，进行客观地比较。在这个练习中，我们选取第5点特征——当地居民的

第17章
如何做出好决定

名字出现在报纸上有助于报纸销售——列出要回答的 5 个问题。

也许，最重要的问题涉及当地居民的卷入程度和方式。一个人参与进来的价值远远不及一群人参加。

1. 多少人会参与到这个故事中？
2. 他们是这个故事的中心人物还是外围人物？
3. 他们的故事有趣吗？
4. 我们能为他们拍照吗？
5. 我们能引用他们说的话吗？

表格分析

表格分析采用的是类似策略，它是演算法的补充。我们已经就特征提出了问题，接下来我们需要一种简单可行的方法来呈现偏好。表格分析所起的就是这种作用，它可以使我们的偏好更明确，这样一来，我们可以更合理、更客观地进行选择。

> **举例**
>
> 试想你想买一辆二手车。你提出问题，进行了研究，针对每个问题都收集到了许多资料。接着，你看了很多车，并进行了试驾。现在，你想要找出自己最喜欢的，你认为哪一辆是最佳选择呢？

进行表格分析时，我们需要把内容列在表格中，每一选项为行，每项事实或特征为列。然后，我们要为每个选项/事实的结合打分，衡量它们的重要性。如果需要，还要像在演算法中那样思考其相对重要性。最后把所有分数加起来，我们的偏好就一览无余了。

操作步骤

表格分析涉及一些非常简单的步骤。

1. 建一个表格，每一选项为行，你所思考的每项因素为列。比如，如果你要买车，选项是你要考虑的各辆车，而要思考的因素为费用、可靠性、经济状况等。

2. 沿着每一列内容为每个选项打分，看看每种因素能得多少分，分数为0（差）~5（非常好）。

3. 按1~5分衡量每一因素的重要性，看看它们在你决定中的相对重要性。不那么重要的因素可以打1分，说明它的相对重要性不大，而非常重要的因素可以打5分。请注意这些因素不会互相影响，只由在你决定中的重要性决定，因此两种因素的重要性很可能相当。如果不确定各因素的相对重要性，你可以进行捉对比较。

4. 用第2步中得到的每一分数乘以每一因素相应的权重分。

5. 最后为每一选项加上权重分，找出你最中意的车。

> **试一试**
>
> 假设你认为下列因素是你买车时最重要的决定因素，可以帮助你挑出4辆中最合适的1辆：

第 17 章
如何做出好决定

> 价格
>
> 里程数
>
> 节能状况
>
> 发动机排量
>
> 可靠性

首先,请建一个表格,每一选项为行,需要考虑的各因素为列,再加上一行作为每种因素的权重。沿着每一列用 0~5 分为每一选项打分。

第 2 步,你给出的评分可能不同,但表格形式如下:

考虑因素	价格	里程数	节能状况	发动机排量	可靠性	总计
权重						
车 1	2	3	4	2	4	
车 2	4	3	3	3	2	
车 3	5	4	3	2	4	
车 4	2	5	4	3	4	

第 3 步,用 1~5 为每种因素的权重评分

考虑因素	价格	里程数	节能状况	发动机排量	可靠性	总计
权重	5	3	4	2	4	
车 1	2	3	4	2	4	
车 2	4	3	3	3	2	
车 3	5	4	3	2	4	
车 4	2	5	4	3	4	

第 4 步和第 5 步,把第 2 步中所得的分数与每一因素的权重相乘,接着在每一选项上加上权重分,总分最高的那一辆车就是你最喜欢的。

考虑因素	价格	里程数	节能状况	发动机排量	可靠性	总计
权重	5	3	4	2	4	
车1	2	3	4	2	4	55
车2	4	3	3	3	2	55
车3	5	4	3	2	4	69
车4	2	5	4	3	4	63

捉对比较分析

然而,在第3步中,你可能并不清楚自己会优先选择哪一项,把哪一项看得更重。在这种情况之下,你的评估标准是主观的,根本没办法得出能做出决定的客观数据。

> **举例**
>
> 你刚从大学毕业,正在思考明年做什么:是继续进修硕士,还是去一直向往的国家旅游?是踏入职场,还是遵从自己的心愿从事志愿工作?

捉对比较分析为你提供了两两比较不同选项的方法,可以让你看到每种选项的相对重要性。这种方法来源于心理学家早期的心理测试,现在已经广为使用。它需要你两两比较,评判其价值,然后根据排序找出最重要的那一个。通过这种方式,你可以在不同的竞争事物中找出相对重要的那一个。

第 17 章
如何做出好决定

操作步骤

这种方法也涉及一系列非常简单的步骤:

1. 列出你想要比较的选项。

2. 用字母标注每一选项。

3. 建一个表格,表格的行列数与选项数对应,以便进行比较。

4. 在表格的行列中填上对应的选项。

5. 把已经比较过的选项在表格中标识出来,以免重复比较。

6. 比较剩余空格中的各选项。找出两选项中更重要的那一个,把更重要项对应的字母填进空格中。

7. 用 0~3 标出两个选项在重要性上的差异。也就是说,0 代表无差异,两者同样重要;3 代表差异显著,一项比另一项重要得多。

8. 最后,把表格中每项得分加起来,得出每一项的总分。你也可以用百分率来表示。

> **试一试**
>
> 选取我们描述过的第一种情况:你刚从大学毕业,正在思考来年该做什么。你有 4 种选择:
> A. 继续读研。
> B. 去向往已久的国家旅行。
> C. 进入职场。
> D. 遵照心意从事志愿工作。

现在,你需要建立一个表格,用字母标出你的 4 个选项,并划掉那些不能比较的部分。

SMART THINKING
如何成为更聪明的人

	A	B	C	D
A	✕			
B		✕		
C			✕	
D				✕

接着，划掉那些已经比较过的部分。

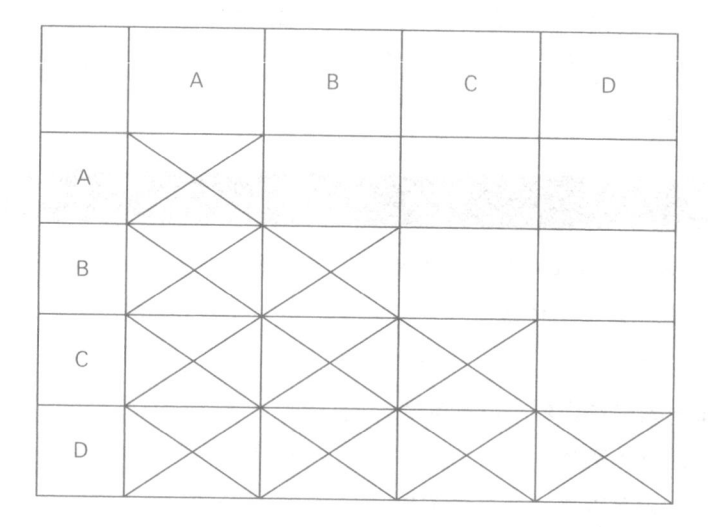

	A	B	C	D
A	✕			
B	✕	✕		
C	✕	✕	✕	
D	✕	✕	✕	✕

两两比较剩下的选项，找出哪一项更重要，并把更重要项对应的字母填入表格中。然后，用 0~3 标出两者在重要性上的相对差异。

这样，你便得到了下列表格：

第 17 章
如何做出好决定

	A	B	C	D
A		B 3	C 2	A 1
B			B 2	B 1
C				C 2
D				

最后,把格子里的每一项都加起来,计算出每一选项的总分,并用百分率表示它们。结果如下:

A=1(9%)

B=6(55%)

C=4(36%)

D=0(0%)

可以看到,在不清楚哪一项更重要时,捉对比较技术是表现不同事件相对重要性的有效方法。

所有这些方法都为我们提供了比较的办法。这些办法是合理的、客观的,可以帮助我们摆脱不可靠的直觉和第一印象。现在,你可以自信地进行选择了。

反思决定

做出决定之后,我们需要花时间去反思它,这是十分重要的一步。我们最初关心的只是决定的有效性和最佳性,但如果此决定会对他人造成影响,无论这种影响是直接的还是间接的,我们都需要知道它怎样影响他人,我们可不可以做得更好。为了对此有更清楚的了解,我们需要提出下列问题(我们在第15章中也讨论过这一点):

1. 受其影响的其他人接受你的决定吗?如果是在公司里,让大家独立思考,更好地发挥其能力,能否让大家的工作更令人满意?

2. 成本和效益是否符合你的预期?

3. 你是否注意到意料之外的直接或间接影响?影响大吗?

4. 他人的反应符合你的预期吗?

5. 你需要做出调整,赢得更多信任和合作吗?

6. 你的参照点是否会蒙蔽你的双眼,让你看不到某种解决方法的所有好处,从而影响了你的判断?

7. 你对损失的规避是否干扰了你的决定而看不到可能的收益?

然而,重要的并非只是我们思考的结果,过程同样重要。事实上,影响未来决定的正是这个过程,所以就其可论证性而言,过程更重要。

在第10章中,我们强调了反思的重要性,它是我们从决定中学习的重要方式。现在,反思的时刻到了,回过头看看思考的整个过程,你会更好地理解我们在每一阶段运用能力的方法,并知道应该怎样提高。我们知道,这是一种自我监控,是敏捷思维和元认知的核心。没有它,我们就会沦为不可靠直觉的牺牲品。

第18章

如何运用做决定的技巧提升自己

在这一章中，你将学到下列内容：

- 做出决定，形成自己想法的重要性
- 怎样运用决策技巧写出更具说服力的文章和文稿
- 怎样运用决策技巧在写作中找到自己的声音
- 博士论文是评审者看到我们思考过程和决策过程的窗口
- 决策技巧是适应各企业和行业在新世纪快速变化的关键

如果一切都是确定的，我们无须做决定，只要解决问题就行了，这样一来做决定自然就与学术研究毫无关系。然而它实际上却与之息息相关。我们的独立思考正是开始于这个时候，我们不再仅是既定观点的回收器。我们开始在自己的信仰和理解体系中检验和整合想法，形成自己的观点。

在评价一种观点，评估证据的力度或其表达的清晰度时，我们就是在做决定，看看我们的评析会在多大程度上影响我们对观点正确与否的判断。就算不能直接导致某种行为的发生，决定所带来的信念也会直接或间接地成为某种行为的倚仗。

- 做决定是我们开始独立思考的标志。
- 此时我们形成了自己的观点。
- 决定塑造着我们的信念和价值观。

学术研究中的决定

很明显,判断和决策是学术研究的核心。然而,世界各国的大学却很少传授此类技巧,学生和老师也认为这些技巧无关紧要。我们所受的教育告诉我们,老师是权威,传递着确定的信息,学生根本不需要去做决定。在这里,有三种相关假设阻碍了我们发展概念思考和创新思考技巧:

- 答案具有唯一性

人们希望我们相信每个问题的答案都具有唯一性,这个答案是最好的,运用规定的技术和传统的逻辑就可以找到它。你只需要学习这些技术和逻辑,然后一而再,再而三地使用它就够了。

- 老师无所不知

同样,我们进入大学时就相信老师是知识权威。他们知道问题的答案,把答案传授给学生是他们仅有的职责。

- 学生是回收器

我们可以把这句话理解为学生只需要学习怎样精确地再现传统观点,回收既定看法以及相应的信念、价值观和态度就行了。

当然,这些假设会让我们得出这样的结论,即我们已经知道了所有事实,我们不必做决定了,只要解决问题就行了。但事实上,在现实世界中,这种情况几乎不存在。我们总会面对不确定的情况,充满了风险。因此,我们有理由相信,当雇主在毕业生中选拔申请人时,他们想要知道这些申请人能否给出有价值的判断,能否做出决定。

第 18 章
如何运用做决定的技巧提升自己

用做决策的技巧提升学术能力

在现代世界里，推理是根据不完整的局部证据来完成。为了弥补证据上的缺失，我们必须进行合理的判断。除了像逻辑和数学这样的形式学科之外，没有哪一门学科和哪一个专业不依靠判断和决定。**我们必须权衡证据，根据其力度做出有价值的判断**。虽然一些普遍原理得到大量证据的支持，但**对证据的诠释还是因人而异**——解释者的背景、经历和价值观都会对诠释产生影响。

研讨会

在参加研讨会和进行讨论时，决定的重要性马上就显现了出来。如果我们不愿意给出判断，做出决定，只依赖阅读到的权威言论，那么我们的观点、判断和解释就没有说服力，自然也不能说服别人，令他人信服了。

信　念

我们普遍认为，那些持有坚定信念的人不会在学术研究中给出价值判断，做出决定。我们常常把信念坚定的人错认作持有偏见的人。它似乎指出，以此种方式进行推理，得出结论的人一定食古不化。但实际上，拥有信念与愿意在新信息出现时评估它并不矛盾。

这让许多人相信，如果观点只是一人之见，或者它表现了某人不同的想法，那么它只是一种偏见，不可能是正确的。

> **举例**
>
> 近年来,一种大众熟知的观点声称,宗教团体认为地球寿命不超过 6,000 年,尽管有不可否认的证据,你仍带有偏见,认为地球已有 46 亿年历史。双方各执一端,互不相让。

显然,尽管其他人对一种观点深信不疑,但某人对另一观点的认识仍可能是正确的。事实上,就算其他人都坚信另一观点,他的这种观点仍可能正确。

> **举例**
>
> 1633 年,伽利略被迫放弃地球围绕太阳旋转这一观点。大家都认为他是错的,但事实上,他是正确的。

怀疑偏见的原因

在所有这些例子中,我们都没有资格称他人带有偏见。只有我们可以证明他支持某个观点的原因偏颇,他对事件带有偏见,不愿意暂时放下自己的判断以便站在对立面检验自己的观点时,我们才有资格这样说。如果有人对某事兴趣颇大,又对它坚信不疑时,我们就有理由怀疑他的判断里带有偏见。

> **举例**
>
> 政府想要成立一个新委员会,制定政策改善公众的饮食结构,处理肥胖和酗酒问题。如果他们把这一委员会交给餐饮公司的头头打

第18章
如何运用做决定的技巧提升自己

> 理——那些只知道出售垃圾食品和酒精饮料获取利润的人,我们就有理由怀疑他们的判断是偏颇的、利己的。

但是,尽管如此,这也只能是"怀疑"。**优秀的思考者虽然相信某种观点,仍然会质疑自己的判断,站在对立面,严厉地评析支持自己观点的论点。**

文　章

所有这一切都指出了在学术研究中做决定的重要性。做决定时,我们处于想法的中心,如果不愿自己做决定而依赖于权威的判断,我们就错失了学习中的这一关键阶段,不能独立思考了。不通过分析解释有效性,权衡证据可靠性并得出合理的结论,我们就是在回避责任,拾人牙慧。

- 做决定时,我们处于想法的中心,因此它在学术研究中十分重要。
- 如果不自己做出决定,我们在研讨会和文章中提出的观点,给出的理由和解释就没有说服力。

在面对一个旷日持久、难以解决的问题时,决定的效果就会显现在我们的文章中。

无　知

如果只知拾人牙慧,我们自然不用去思考,也不用在更深层面上处理观点。我们变成了学舌"鹦鹉",只会一字不差地重复别人的观点,而不去分析概念和想法、评估证据、评论观点,将它们纳入我们自己的想法、价值观和信念之中。但想用自己没有掌握的语言去表达不属于自己的观点是一件困难的事，于是种种无知迹象就会在我们身上显现出来。

这一点不足为奇。毕竟，写作是一种思考形式，而且是最难的思考形式。因此，没能置身于自己的想法之中好好思考所用到的语言，当然会一塌糊涂。我们跌跌撞撞，无法用不成形的想法说服他人，我们无法流畅表达，我们的句子将词不达意。最重要的是，我们会因此变得无知。

可悲的是，许多受过教育的聪明学生在离开大学时仍是无知的。他们可能学到许多知识，阅读了许多书籍，却**没有自己的想法**：他们不能有信心地运用想法，他们的观点没有说服力，他们的解释也不能令人信服。

在大学里，他们并不知道应该把自己培养为真正的思考者，因此他们并没有在写作中涉及更深层的内容。在表达自己时，**他们并没有表达自己的观点，只说出了他们认为老师想要他们说的内容**。从很大程度上说，他们一直都满足于回收权威的观点，而老师传授的也一直是思考的**内容**，而非**方法**。

如何避免这一点？

要避免这一点其实很简单。在学习完敏捷思维的三阶段之后，学习自己做出决定，学着启动系统 2 思考，在更深的层次上处理想法。这意味着：

- 分析观点中所用到的概念，解决模棱两可的问题。
- 构思备选的解决方案。
- 评估证据，决定哪些证据是可信的。

找到自己的声音

一旦做到这一点，你会发现找到了自己的声音，这个声音清楚地贯穿于你文章的所有内容之中。你的写作变得从容不迫，得心应手。你的文章很易

第 18 章
如何运用做决定的技巧提升自己

理解，而且总是令人叹服，并且你所写的都是自己的想法和观点。

做决定和找到自己的信念是关键。写作是一种思考形式，找出你所想的内容是找到自己声音的关键。

找出你所想的内容 ⟶ 找到你自己的声音

问题是，当我们写文章时，我们通常把读者设定为不认识的人，所以我们会采取一种非个人化的普遍交流形式。在这种情况下，文章变得笨拙而烦琐。我们越是远离口语的节奏，人们就越难理解我们想说的内容。

第一人称

人们常说，写作不应该过多地带上个人色彩，应该多使用被动语态。这就意味着不能使用第一人称"我"。接着，人们又说，如果不能避免，你必须隐身在"权威观点"之后，使用"笔者"或"据说""有人提出"这样的词汇。这样一来，此种问题更是雪上加霜了。

讽刺的是，作为读者，我们却不得不运用重要的思考技巧来穿透这些无用托词，区分出事实和观点。我们想知道"据谁说""有人提出"中的"有人"指的是哪一个？如果不止一个人，那么有多少人这样说、这样提出？比例是多少？是大多数人、少数人还是刚好 50%？

客观性

你可能会想，客观性是**我们对学术诚信的最高标准。在表达自己的观点时，**论文作者应该采取诚实的态度，坦白承认这是"我自己的"观点，你可能并不认可。我们之所以不相信这一托词，是因为我们的目标是客观性：我们判断一个观点，根据的是其一致性以及证据对它的支持度，而非观点提出者的一己之言。我们不能根据某人的主观意识接受某种观点。

但是，我们知道，没有人可以掌握所有事实。因此，在评估所有证据之后，**我们不得不用价值判断来弥补事实与信念之间的缺口**。那个时候，诚实的人会说，坦白承认你的价值判断，不要试图用牵强的方法掩盖它。我们必须这样做！

博士论文

虽然博士论文旨在评估一系列技巧，但在其核心，你日复一日、月复一月所做的是做出一系列决定。事实上，人们正是通过博士论文评估你做出重要决定的能力。大型独立研究项目涉及不同的资料、方法和技巧，它能否成功完全取决于你的决策能力。

做决定的能力涵盖了所有内容。如果说写文章还可以部分地借鉴他人，做博士论文已让你无处可逃。**博士论文就是主考官审视你思考过程和决策过程的窗口**。你能做出好的决定吗？你的决定有原因可寻吗？决定其形式的必须是**你的决定，你的价值判断**。

1. 你必须证明收集证据和确认证据的方法。

我们知道，敏捷思维的关键因素是元认知：思考所思的能力，不仅知道思考结果，还要了解其过程。博士论文关注的也是这一点。你必须解释为什么要使用这些方法、技术和手段——为什么决定使用案例研究、问卷调查或访谈法来收集资料。你必须展示结果的证明过程，同时你还必须展示自己对所选研究方法的理解，并能证明其合理性。

2. 你必须决定研究的重心、方向和组织方法。

第18章
如何运用做决定的技巧提升自己

你选择了自己想要回答的问题或想要验证的假设。在这个过程中,你将展示自己可以处理好大型的研究项目,安排好日程,能够设立目标,保持积极性,找出合情合理的答案。总之,你需要展示自己,向主考官和未来的老板证明自己有能力完成大项目,取得成功。

3. 你必须决定怎样评估资料中的观点。

接着你必须自己做出判断,指出你同意或不同意这些资料。你必须决定是另辟蹊径,用不同的方式诠释证据,还是选择不同的方法论。

4. 你必须评估不同形式的证据的价值,就其可靠性和相关性做出合情合理的判断。

你必须决定使用一手资料、二手资料,还是把两者结合起来。你的决定会影响你将做出的其他决定:证据的可靠性如何?从中得出的结论的代表性或力度如何?

5. 你必须判断怎样最好地处理资料以及从中得出结论。

一旦决定了怎样处理资料、分析数据,你就必须在博士论文中证明这些决定。

6. 你必须设计论文最终采取的结构。

你必须决定论文包括哪些章节,它们的顺序如何,以及每一章的结构应该怎样安排。

7. 你必须选择每一章的内容。

你必须决定怎样呈现这些分析、观点和证据,以及怎样把所有因素贯穿起来,进行一番流畅连贯又具有说服性的推理。

陈述理由非常重要

这一切听来让人望而却步,但只要你意识到我们所有人都必须做出决定,而且所有决定都基于毋庸置疑的价值判断,这一切就不再是难事了。我们不得不放弃对确定性的假设,意识到自己受对错标准的评价。这一点贯穿于我们所说的做决定的始终。我们要做的就是为所做的决定提供确信的、合理的支持。同时,在出现错误时,我们也可以从中学习,但我们必须为其中的证据指出合理的原因。

这就是主考官寻找的东西。他们知道,事情可能并不按预期发展。如果你的决定没有带来可靠的结果,承认这一点十分重要。你应该让主考官知道原计划有所变化,你选取的方法存在缺点,以及你将怎样克服这些问题。重要的不是结果,而是过程。

你需要记住创新思考的两个关键原则:(1)不必步步正确;(2)达到目的的方式不止一种。

用决策技巧提升就业能力

和写博士论文一样,在职场生涯中做决定,我们也必须好好准备一番。与那些主考官一样,雇主们也知道做决定时一切都是不确定的。最理想的情况是,你所做的决定合情合理,你所进行的证明清楚恰当。

但不幸的是,我们接受的大学教育认为正确答案是存在的,一切都是确定的。这种思维方式不仅加速了知识的老化,而且让我们无法在不确定的情

第 18 章
如何运用做决定的技巧提升自己

况下解决问题，做出决定。因此，**我们大多数人并不善于做决定，只是按照我们在大学中学习到的方法行事：找到权威，追随权威。**于是，这便导致了我们总是按过去的方式行事，我们工作的企业也只是不断在走老路。

敏捷思维的效果

扭转这一局面的唯一方法是成为一名敏捷思维者。这些技巧对于 21 世纪的员工来说尤为重要。

1. 避免系统 1 思考和不可靠的直觉。

敏捷思维可以帮助你看到系统 1 思考和不可靠直觉对决定的危害。你将意识到监控决定的必要性，你必须使用元认知，识别和对抗会带来坏决策的不可靠直觉。

2. 找到做决定的策略。

与大多数毕业生不同，你会找到一种合理的策略，通过这一策略做出的决定是谨慎的，经过深思熟虑的。你要评估问题的每种解决方法，找出它们可能出现的结果。然后，你可以评估每一种方法成功或失败的概率。在此基础之上，你可以运用演算法或表格分析法进行比较，并做出决定。最后，你要反思你的决定，从中学习并评估它的效果。

3. 学会生活在不确定性因素之中。

虽然这看似简单，但我们都渴望自己的生活是确定的，我们喜欢一切尽在掌握的感觉。当然，我们所受的教育也强化了这一点，它让我们认为确定性是存在的。

借用伯特兰·罗素的话，敏捷思维就是教会我们"怎样在不确定的世界中生活而不会感到迟疑和不知所措"。**在敏捷思维的几个阶段中，优秀的决**

定者会置身于事情中心，监控自己的思考。他们满怀信心，有能力在思考时思考他们思考的内容，在需要改变时改变。

敏捷思维技巧对雇主的重要意义

如果你是一名雇主，你肯定想要雇用能理解风险而且不单单只受直觉驱使做决定的人。雇主们知道，有些人能够系统地用这种方式工作，合理地评估所有选项，然后再做出决定。比起那些只凭直觉而不反思的人，这些人所做的决定更能保障和提升企业的利益。

1. 风险

为了理解、计算并精确地呈现风险，你需要发展某些技巧。我们看到，那些没有掌握此类技巧的人不能正确地计算风险，也不能清楚地呈现它，其中甚至包括需要向病人提出建议，帮助他们战胜死亡威胁的专业人士。

敏捷思维不仅教会我们怎样精确地计算风险，而且还教会我们怎样按部就班地完成每一个步骤，理由充分地做出决策。通过这种方式，我们可以在混乱中找到秩序，可以更好地理解情况，评估不确定因素和风险等级。我们还可以按照这些步骤，清楚地呈现自己的发现和建议，清晰地列出事实，以备做决定之用。

2. 敏捷思维者懂得创造不同的备选方案，而不会固执于不明就里的选择。

即使不知道**证实偏差**这一术语，大多数雇主都知道这种情况的存在。一旦我们对某事下了定论，系统1思考就会为之寻找证据，确认我们的想法是正确的，而**此时我们就会忽略其他选项，屏蔽与之相悖的信息**。丹尼尔·戈尔曼就描述过大脑怎样屏蔽会引发焦虑的信息。当然，最让我们焦虑的还是自己用不同方式思考。

第18章
如何运用做决定的技巧提升自己

因此,我们无须惊讶雇主珍视那些能够创造新想法、设计出不同解决方法以及能够开放地评估每一种答案的人。运用概念思考技巧和创新思考技巧,我们可以组织掌握的信息和想法,用不同的方式呈现问题,这样我们就可以看到潜在的解决方案以及我们要做出的决定了。

用这种方式在概念思考和创新思考阶段呈现信息是解决问题、做出决定不可或缺的部分。你要学会思索,学会进行心理模拟,找出某种行为将会带来的结果,确保你有一颗开放的心灵:这对于所有职业和企业来说都非常重要。

3. 敏捷思维者知道怎样合理地评估其他备选项。

所有雇主都需要那些能够合理评估每个选项,比较它们,并清楚地列出问题,将各种选择呈现给企业的人才。通过学习怎样成为一名敏捷思维者,你将学会怎样对风险进行合理评估及对风险水平进行管理,以及针对解决方法给出清楚合理的理由。

测试题

在第14章中,我们提到过雇主用决策能力测试题评估求职者做决定的能力。它的重点在于找出求职者能否很好地处理不完整或模糊不清的复杂信息,并在不确定的情况下得出自己判断的能力。它强调了本章开头讨论的问题:做决定并非简单地运用传统逻辑,而是一个审慎思考判断的过程。

然而,决策能力测试只能评估部分决定能力。一些雇主还想要测试我们是否具有更多的能力,看看我们能否评价不同的解决方法,处理"囚徒困境"问题,计算风险,比较相互抵触的解决方案。

总　结

B. F. 斯金纳（B. F. Skinner）曾经说过："教育无非是一切所学的东西被遗忘后所剩下的内容。"每位老师大概都能从中看出些许端倪吧！一名思考者是好是坏并非取决于他们所掌握的知识，而在于他们怎样运用这些知识。大学的最高使命应该是培养能够独立思考，能够创造想法，揭示新观点，推动理解力，使我们的社会变得更好的人。

然而，我们所受的教育好像仅仅是传递知识。当然，问题并非全出在老师身上，他们和我们一样也是受害者。我们都受制于文化和教育体制，认为教育就是获取知识。从幼时起，人们就在测试我们了解多少知识。无论何时打开电视，你总能看到电视里在褒奖那些能够回忆起大量信息的人。

我们从未提升自己的创新技巧和概念技巧，不去学习创造新想法，为难题设计出解决方案。相反，我们总在赞扬那些显示低级认知技巧、善于记忆和回忆信息的人。因此，我们这个时代的创新型成功人士，如史蒂夫·乔布斯、比尔·盖茨、马克·扎克伯格，竟都是独辟蹊径的辍学者。

总 结

我们无须惊讶老师被定义为权威,他们并不需要教学生怎样思考,只需告诉他们思考的内容就行了,更不用去管学生在这个过程中的潜力开发情况。抱着同样的信念,学生也就接受了这种教育方法:认真听讲,耐心地记笔记,死记硬背,最后再准确无误地把所学内容写在考卷上。

雇 主

然而,世界各地的雇主都开始意识到这是不恰当的。许多人不再视大学毕业证为敲门砖,而开始直接测试求职者是否掌握了他们所需要的技巧。他们指出,低级认知技巧中的理解和记忆并不能满足他们的需求。一些雇主已不再看重学校的测试结果和成绩,而通过求职时的测试情况来雇用新人。

> **举例**
>
> 2015年8月,安永会计师事务所宣布,他们要根据求职者在网络测试中的表现来决定是否安排面试,而求职者在学校的表现情况,学业成绩,此番不再纳入考察范围。接着,被《星期日泰晤士报》(The Sunday Times)评为最佳毕业生用人单位的普华永道会计师事务所也宣布,在校成绩不再列入它对求职者的考察之中。安永会计师事务所解释道:"证据显示,过去的学业成绩与日后在职业生涯中取得的成就并无关系。"

企业不再关注分数,开始通过测试题来选择求职者。如此一来,雇主们可以更精准地找到他们寻找的思考技巧,而且也为每个求职者提供了展示自己的能力和潜质的机会,方便企业吸纳更多人才。

老师的应对方式

与"关在陷阱里的南印度猴子"一样,我们也会受制于某种想法。因此,我们需要揭开"教育"这个概念的盖子,深入地思考其概念,揭示控制我们思考的想法模式,并学会用不同的方式思考。正如凯恩斯所说:"困难不在于获得新想法,而是怎样从旧想法中逃出来。"

然后我们需要教会学生敏捷思维的原理,特别是元认知和反直觉思考的重要性,因为它们会帮助我们启动系统 2 思考。如果你能让学生了解达到目的的方式不止一种,而且他们不必步步正确,他们就会意识到自己的想法是重要的,有价值的:这对于他们的学习非常重要。

不惧失败,他们就不再只会记忆信息,而会开始学着创造想法,设计自己的解决方案,进行创造思考了。在这个过程中,他们将学会应对不确定的情况,自信地处理风险,做出自己的决定。

学生的应对方式

同样,作为学生,我们需要挑战教育的传统观念,认识到自己并不是回收器、模仿者,只能接收权威的意见。我们需要学着成为敏捷思维者,学会怀疑权威的判断,提出简单的问题,创造出别人看不到的想法和观点。要做到这一点,你必须意识到自己才是教育的主导,不需要盲目地崇拜权威。你不要惧怕失败,应该对成功充满期待。

带着你在本书中学到的技巧和方法,你可以开始形成自己的见解了:它们是我们在意识到事情的真相后出现的灵感火花。只有当你深入地思考某种想法——分析它,从中得出自己的观点,并用自己的经验去检验它时——它

总　结

才会成为你自己的想法。许多年后，当你回过头来，你仍记得自己创造的智力成就。你站在山巅，俯瞰知识之云，那些你所创造的观点，仍然闪耀着炫目的光芒。

图书在版编目（CIP）数据

如何成为更聪明的人 /（英）布莱恩·格里瑟姆著；杨惠译. -- 南昌：江西人民出版社，2020.5（2022.2 重印）

ISBN 978-7-210-12172-5

Ⅰ. ①如… Ⅱ. ①布… ②杨… Ⅲ. ①思维方法 Ⅳ. ①B80

中国版本图书馆 CIP 数据核字(2020)第 046195 号

© Bryan Greetham 2016

All rights reserved. No reproduction, copy or transmission of this publication may be made without written permission.

First published in English by Palgrave Macmillan, a division of Macmillan Publishers Limited under the title Smart Thinking by Bryan Greetham. This edition has been translated and published under licence from Palgrave Macmillan. The author has asserted his right to be identified as the author of this work.

本书中文简体版权归属于银杏树下（北京）图书有限责任公司

版权登记号：14-2020-0024

如何成为更聪明的人

作者：[英]布莱恩·格里瑟姆　译者：杨　惠
责任编辑：冯雪松　特约编辑：方　丽　筹划出版：银杏树下
出版统筹：吴兴元　营销推广：ONEBOOK　装帧制造：墨白空间
出版发行：江西人民出版社　印刷：华睿林（天津）印刷有限公司
690 毫米 ×960 毫米　1/16　26 印张　字数 319 千字
2020 年 5 月第 1 版　2022 年 2 月第 3 次印刷
ISBN 978-7-210-12172-5
定价：72.00 元
赣版权登字 -01-2020-73

后浪出版咨询（北京）有限责任公司　版权所有，侵权必究
投诉信箱：copyright@hinabook.com　fawu@hinabook.com
未经许可，不得以任何方式复制或抄袭本书部分或全部内容
本书若有印、装质量问题，请与本公司联系调换，电话：010-64072833